国际儒学联合会教育系列丛书 千字文·声律启蒙

中华典藏

全注全译本

〔南朝梁〕周兴嗣／著　　〔清〕车万育／著

张圣洁／译注

丛书指导委员会主任
———滕文生　牟钟鉴　董金裕
总主编
———钱　逊　郭齐家
汉唐书局专家委员会审定

济南出版社　汉唐书局

图书在版编目（CIP）数据

千字文·声律启蒙 /(南朝梁) 周兴嗣，(清) 车万育著；张圣洁译注 . — 济南：济南出版社，2023.4
（中华典藏）
ISBN 978-7-5488-5573-6

Ⅰ.①千… Ⅱ.①周…②车…③张… Ⅲ.①古汉语—启蒙读物②诗词格律—中国—启蒙读物 Ⅳ.① H194.1 ② I207.21

中国国家版本馆 CIP 数据核字 (2023) 第 052258 号

出 版 人	田俊林
丛书策划	付晓丽　冀春雨
责任编辑	孙育臣　殷　剑　张子涵
图书审读	俞家庆　郭齐家　张岂之
装帧设计	王铭基　谭　正

出版发行	济南出版社
地　　址	济南市二环南路 1 号
编辑热线	0531-86131747　82926535（编辑室）
发行热线	82709072　86131701　86131729　82924885（发行部）
印　　刷	山东彩峰印刷股份有限公司
版　　次	2023 年 6 月第 1 版
印　　次	2023 年 6 月第 1 次印刷
开　　本	170 mm × 240 mm　16 开
印　　张	18.25
字　　数	240 千
印　　数	1—4000 册
定　　价	68.00 元

（济南版图书，如有印装错误，请与出版社联系调换。联系电话：0531-86131736）

总　序

中国共产党的二十大报告指出：我们必须坚定历史自信、文化自信，坚持古为今用、推陈出新，把马克思主义思想精髓同中华优秀传统文化精华贯通起来。2023年2月7日，习近平总书记在学习贯彻党的二十大精神研讨班开班式上发表重要讲话，指出：中国式现代化，深深植根于中华优秀传统文化。

中华优秀传统文化的显著特点是启发人的内心自觉，追求的是人的身与心、人与人、人与社会、人与宇宙自然的统一与和谐，表现出人的崇高的精神境界，其思想背后是中国人对天道、天命和道德人格典范的敬畏。中华经典记录了中华优秀传统文化的本和源、根和魂，是构成我们民族文化、民族智慧、民族心灵的庞大载体，是支撑我们民族生存、发展、创新的活水源头，是几千年来维护我中华民族屡经重大灾难而始终不解体的坚强纽带。中华经典是人生教育学典籍，或者说是人生的课本、教材，靠一代代中国人的诵读、解释，并在传承中发展、创造，在极深刻意义上参与塑成了中华民族的历史和生活世界。其中蕴含的天下为公、民为邦本、为政以德、革故鼎新、任人唯贤、天人合一、自强不息、厚德载物、讲信修睦、亲仁善邻等精神，是中国人民在长期生产生活中积累的宇宙观、天下观、社会观、道德观的重要体现，是地地道道的"中国式"。

济南出版社·汉唐书局以习近平新时代中国特色社会主义思想为指导，高度落实习近平总书记关于中华优秀传统文化的一系列重要论述，深度理解中华经典的根源与发展，联合国际儒学联合会组织全国中华优秀传统文化相关领域的专家学者，通过深耕细作，潜心编写，精心注译，严谨校对，专业编排，集结成册，向广大读者隆重推出"中华典藏"系列丛书。本丛书包括20种典籍，即《论语》《孟子》《大学》《中庸》《近思录》《周易》《道德经》《诗经》《史记》《孙子兵法》《孔子家语》《三字经》《百家姓》《千字文》《千家诗》《弟子规》《龙文鞭影》《声律启蒙》《笠翁对韵》《蒙求》，除经典原文、注释、大意（译文）外，还根据每部典籍的特点，设置了知识拓展、释疑解惑等。

终身学习、终身教育已经成了这个时代的常态。中华经典是"母乳"，是最具纯正、最富营养、最有价值的终身学习资源。中华经典是整体之学，是身心之学，是素养之学，是每一个中国人在这个动荡变革时代中培养定力、安身立命的大宝典。因此，中华经典的受益者不仅仅是在校的老师和学生，还包括各级各类领导干部、工农兵学商等各行各业人员（如企业家、工厂工人、手工业者、新农村建设者、解放军官兵、科研工作者、医务工作者、企业家等），以及海外侨胞、留学生。

中华民族的祖先曾追求这样一种境界：为天地立心，为生民立命，为往圣继绝学，为万世开太平。我郑重将"中华典藏"这套普及性丛书推荐给读者，希望我们这个团队经过近十年共同奋斗所凝结的智慧，走向大众，让诵读中华经典的琅琅之声传遍祖国的大江南北，让我们每个人心中有山河，心中有宇宙，心中有父母，心中有圣贤，心中有家国天下，心中有我们中华民族的精神，心中有我们中国人的本心、本性。让我们全民为实现中华民族的伟大复兴与构建人类命运共同体凝聚智慧、贡献力量。

是为序！

郭齐家

2023年2月于北京回龙观寓所

目录

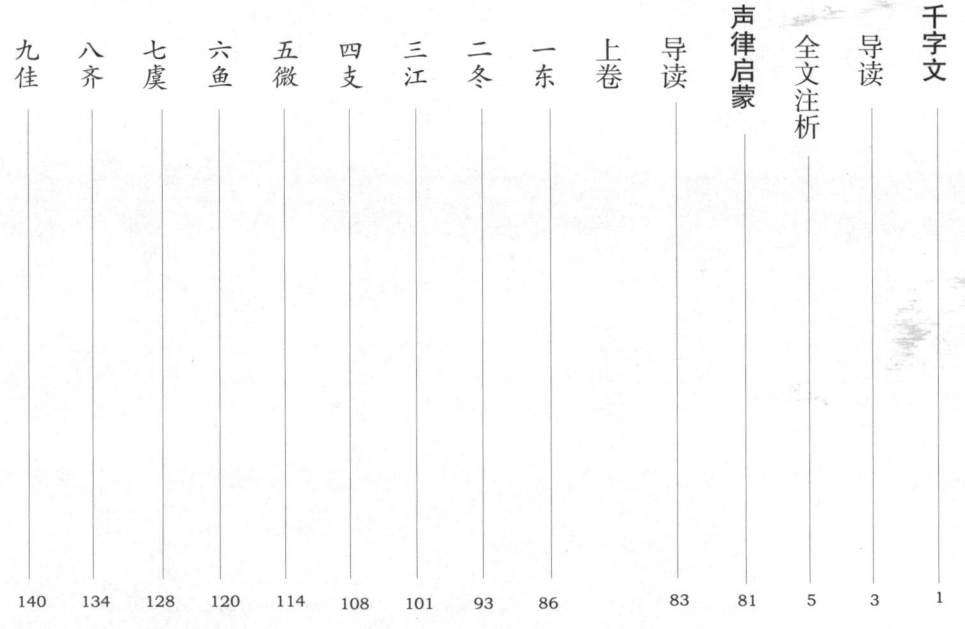

篇章体例
◎原文
◎注释
◎大意
◎知识拓展
◎释疑解惑

千字文 1
　导读 3
　全文注析 5
声律启蒙 81
　导读 83
　上卷 86
　　一东 86
　　二冬 93
　　三江 101
　　四支 108
　　五微 114
　　六鱼 120
　　七虞 128
　　八齐 134
　　九佳 140

下卷

一先 188
二蕭 195
三肴 202
四豪 207
五歌 214
十五刪 181
十四寒 173
十三元 167
十二文 161
十一真 154
十灰 147

六麻	221
七阳	227
八庚	233
九青	239
十蒸	246
十一尤	252
十二侵	257
十三覃	264
十四盐	271
十五咸	277
后记	284

千字文

导　读

说起《千字文》，大家不一定会背诵，但都知道周兴嗣为了它"一夜头白"的典故。据唐朝李倬（zhuō）的《尚书故实》记载，南朝的梁武帝（464—549）命大臣殷铁石摹拓（tà）王羲之所书碑碣字迹，从中选出 1 000 个各不相同的字，然后又命臣子周兴嗣："卿有才思，为我韵之。"周兴嗣领命后，一夜没睡，苦思冥想，终于编成了这篇四字一句、文采斐（fěi）然的《千字文》。早朝上，梁武帝夸他的时候，发现他鬓角的发丝都白了。

《千字文》是一部带有启蒙性质的小型百科全书。它的内容涵盖自然、社会、历史、教育、农艺等知识领域，汇集了大量的史实、典故、成语、格言等，讲述了封建伦理、修身处世的道理。同时，它文笔优美，辞藻华丽，句子简练，合辙押韵，易记易诵。因此，众多蒙学读物都无法望其项背。《千字文》问世之后，尤其是宋朝以后，蒙学读物层出不穷，数目众多。这些作品在通俗性和知识性方面，都做了很多努力，各有长处，但它们的一个共同缺点就是文采稍逊。《千字文》则在文采上独领蒙学读物风骚，堪称训蒙长诗。它的长处为后来《三字经》这部优秀蒙学读物的编写提供了可以借鉴的经验。

《千字文》得以广泛流传，隋唐之际的智永和尚功不可没。智永是王羲之的七世孙，他用 30 年的时间，摹写了 800 本真书（汉魏至隋唐期间的一种楷书）和草书《千字文》，分赠浙东各寺庙。这一举动，既保存了王羲之的书法艺术，又使《千字文》得到广泛传播。智永之后，历代书法大师写《千字文》者比比皆是，著名的有欧阳询、怀素、宋徽宗、赵孟頫、文徵明等。这无疑大大提高了《千字文》的知名度，促进了《千字文》在民间的传播。

唐朝以后，《千字文》这种形式被人们广泛地采用，出现一大批以"千字文"为名的作品。如唐朝僧人编有《梵（fàn）语千字文》，宋人著有《叙古千字文》，元人有《性理千字文》，明人有《吕氏千字文》，清人有《恭庆皇上七旬万寿千字文》，等等，足见《千字文》影响之大。不仅如此，《千字文》很早就漂洋过海，传播到世界各地。日本古代不仅有多种版本的《千字文》，还出现了很多内容各异但都以"千字文"为名的作品。1583年朝鲜出版了《石峰千字文》。1831年《千字文》被译成英文。此后相继出现了《千字文》的法文本、拉丁文本和意大利文本。《千字文》的影响可以说是世界性的。

为了帮助读者扫除诵读和理解上的障碍，我们做了如下技术处理：

1. 改繁体字、异体字、旧字形为简化字、正体字、新字形。人名、书名等不宜用简化字、正体字者，则保留原繁体字、异体字。

2. 正文标注汉语拼音。凡须提醒读者特别注意的读音，在释目中再予标注。同时，在注释、大意、知识拓展、释疑解惑中，对繁难字、生僻字、易误读的多音字、古代读音特殊的专名及某些字词，也酌标拼音。

3. 正文使用专名号。这对读者准确理解原文内容帮助颇大。

4. 《千字文》繁体字版中原1 000个字各不相同，转排为简化字版后，便出现了几组相同的字形，如"云（雲）腾致雨"和"禅主云亭"，出现两个"云"。这样一来，所收的字形就减为992个了。为此，我们在正文中把一个简化字（或正体字）对应两个繁体字（或传承字，或异体字）的8组，分别括注出原繁体（或异体），如"周发（發）殷汤"和"盖此身发（髪）"，"百郡秦并（併）"和"并（並）皆佳妙"等，这样便保证了《千字文》"千字千姿"的本质特征。

全文注析

天地玄黄①，宇宙洪荒②。
日月盈昃③，辰宿列张④。
寒来暑往⑤，秋收冬藏。
闰余成岁⑥，律吕调阳⑦。
云(雲)腾⑧致⑨雨，露结⑩为霜。

◎ **注释** ①〔天地玄黄〕《易·坤·文言》："天玄而地黄。"玄，青色、浅黑色。黄，黄色。②〔宇宙洪荒〕即宇洪宙荒。指空间广大，时间久远。《淮南子·齐俗训》："往古来今谓之宙，四方上下谓之宇。"洪，广大。荒，久远。③〔盈昃〕《易·丰·彖(tuàn)》："日中则昃，月盈则食。"盈，满，指月圆。昃，太阳偏西。④〔辰宿列张〕指星宿按次序排开。⑤〔寒来暑往〕《易·系辞下》："寒往则暑来，暑往则寒来，寒暑相推而岁成焉。"⑥〔闰余成岁〕《尚书·尧典》："以闰月定四时成岁。"地球绕太阳公转一周为365天多一点儿，是实际上的一年。而农历（即夏历）每年354或355天，与公历每年日差为11天多或10天多。累计起来，农历每19年要多设置7个月才能容纳公历多出来的天数，也就是差不多每5年要增加2个月。这2个月都叫闰月。余，多出来。岁，夏朝人对计时单位"年"的称谓。⑦〔律吕调阳〕律吕，中国古代校正乐器音高的器具。用12根直径相同的竹管或金属管来确定音的高度，其中成奇数的叫作"律"，成偶数的叫作"吕"，总称"六律""六吕"，简称"律吕"。古代阴阳家用六律、六吕和夏历的12个月相配，认为它们可以测知气候，调节时序，以合阴阳。有学者考证,"律吕"为"律召"之误,智永之前所书均为"律召",唐朝欧阳询以后所书均误为"律吕"。律指律管,召指招致、昭示。古代在律管内放置葭(jiā,初生的芦苇)灰,放在特定的密闭房间内。每当某一节气到来,葭灰就会向上飞起。调阳,调节阴阳。⑧〔云(雲)腾〕云气升起来。⑨〔致〕招致,导致。⑩〔结〕凝结。

◎ **大意** 天是青色的,地是黄色的,辽阔无边的宇宙是在远古时代形成的。太阳升了又落,月亮圆了又缺,满天的星宿按照一定的次序排列。

一年四季轮回,冷暖交替;(粮食生产,春季播种,夏季生长)秋季收获,冬季储藏。积累日差,形成闰月闰年;通过六律六吕(或律管内葭灰的动静)来调节时序,以合阴阳。

云气升腾导致降雨,露水凝结形成白霜。

◎ 知识拓展

太岁,古代天文学中假想的岁星。

在汉代,好事者发明了太岁神。凡太岁神所在之方位及与之相反的方位,均不可兴造、移徙或嫁娶、远行,犯者必凶。既然太岁这么厉害,后来干脆用来指代凶恶强暴的人;同时,还衍生出一句俗语:太岁头上动土。可谓一语双关。

◎ 释疑解惑

中国天文学最鼎盛的时代是隋唐时期。那时的星域分区,把视天球分成三大圈,又叫三垣(yuán):太微垣、紫微垣、天市垣。垣是院墙的意思,就是把星域分成三进的大院套,然后再按东西南北,像切西瓜一样把星域分成四块,每一块选择七组星辰,每组都是恒星。所谓恒星,就是不动的星,像太阳一样,今天是这样,明天是这样,一万年以后还是这样,永远不变,便于观察,便于比较。每一方有七组星宿,四七二十八,加起来是二十八组,就是二十八宿。

按中国古人的说法:东方苍龙、西方白虎、南方朱雀、北方玄武。实际上,是把二十八宿连起来,看它的形状像这四种动物。

东方苍龙,"角亢氐(dī)房心尾箕",把它们用线连起来看,活像一条奔腾不已的龙。西方白虎,"奎娄胃昴(mǎo)毕觜(zī)参(shēn)",连起来的形状像只张口的老虎。南方朱雀,"井鬼柳星张翼轸(zhěn)",连起来看好像一只展翅的孔雀。北方玄武,"斗牛女虚危室壁",又被分成两组,一组像条蛇,另一组像只龟。

古人从小就对星宿非常熟悉,行文写诗常常用到。如王勃《滕王阁序》:"星分翼轸,地接衡庐。"苏轼《赤壁赋》:"少焉,月出于东山之上,徘徊于斗牛之间。"斗牛是北方玄武的两宿,月亮运行到斗牛之间,表示半夜了。

古人把日叫作太阳,把月叫作太阴,再加上金木水火土五个行星,就叫作七曜(yào)或七政。中国最早使用的太阴历,就是根据月亮盈亏变化的周期来记载时间的长短,又简称阴历。夏、商、周三代各自有各自的历法,我们现在用的是夏历,也就是夏朝的太阴历。

关于闰年,公历是指每4年加1日,称"闰日"。有闰日的这一年称"闰年"。中国的农历,则需要每2年或3年加1个月,所加的这个月称"闰月",平均19年有7个闰月。闰余,农历一年和一回归年相比所多余的时日。

关于律管测候,古人烧苇膜成灰,置于律管中,放密室内,以占节候。某一节候到,某律管中葭灰即飞出,表示该节候已到。

jīn shēng lì shuǐ　　yù chū kūn gāng
金　生　丽　水①,　玉　出　昆(崐)冈②。
jiàn hào jù què　　zhū chēng yè guāng
剑　号　巨　阙③,　珠　称　夜　光④。

◎ **注释** ①〔丽水〕在云南,叫丽(lì)水,即丽江,今金沙江流经云南丽江市的一段,以产沙金著称。一说即今浙江省南部的丽水,叫丽(lí)水。②〔玉出昆(崐)冈〕《盐铁论·力耕》:"美玉珊瑚出于昆山,珠玑犀象出于桂林。"昆冈,即昆仑山。③〔巨阙〕据说春秋末、战国初越国的铁匠欧冶子为越王勾践铸造了五把名剑,其中巨阙剑是最好的。④〔夜光〕夜光珠。《搜神记·隋侯珠》上说,隋侯救了一条受伤的大蛇,一年后大蛇衔了一颗珍珠来报恩。"珠盈径寸,纯白,而夜有光明,如月之照,可以烛室,故谓之'隋侯珠',亦曰'灵蛇珠',又曰'明月珠'。"

◎ **大意**　金子产于丽水，美玉出在昆仑山。最锋利的宝剑叫"巨阙"，最明亮的珍珠叫"夜光"。

◎ **知识拓展**

　　欧冶子，春秋时越国人，善铸剑。《越绝书》记载，越王勾践时，欧冶子铸成五剑，名曰湛卢、纯钩（亦称纯钧）、胜邪、鱼肠、巨阙。吴国公子光（即后来的吴王阖闾）得鱼肠剑，使专诸用以刺杀吴王僚。

　　欧冶子到闽浙一带名山大川遍寻适宜铸剑之处。他见到湛卢山（在今福建松溪县）清幽树茂，薪炭易得，矿藏丰富，山泉清冽，适宜淬剑，就结庐于此铸剑。三年辛苦，终于铸就了锋利盖世的湛卢之剑。当时世上五大名剑中，名列第一的是湛卢。此剑可让头发及锋而断，铁近刃如泥，举世无可匹者。湛卢山也因此称为"天下第一剑山"。

　　《东周列国志》写了一个故事：湛卢宝剑铸成，越王视之为国宝。越国被吴国攻灭后，这把剑落入吴王阖闾手中，不料，有一天忽然不见了。后来，楚昭王无意中得到这把宝剑。相剑者拍马屁说："此乃吴中剑师欧冶子'湛卢'宝剑。吴王无道，杀王僚自立，又坑杀万人以殉其女，吴人悲怨，岂能得此剑？此剑所在之国，其国祚必绵远昌炽。"楚昭王大悦："此乃天降瑞兆也！"

　　湛卢剑几经辗转流传，唐时被薛仁贵获得，后传到南宋抗金名将岳飞手中。绍兴十二年（1142年），岳飞父子遇害后，湛卢剑不知下落。1965年出土的越王勾践剑，虽然无法确定是否为欧冶子所铸，但为考证湛卢剑的工艺水平提供了珍贵资料。

◎ **释疑解惑**

　　巨阙，也作"钜阙"，字面的意思就是毁缺很多。可能实际情况还真差不多。宋代沈括《梦溪笔谈·器用》记载："剑之钢者，刃多毁缺，巨阙是也。故不可纯用剂钢。"大约是铸这把剑用的钢太多了，所以坚硬有余，韧性不足，容易崩口所致。

果珍①李柰②，菜重芥③姜④。
海咸河淡，鳞潜⑤羽翔⑥。

◎ **注释** ①〔珍〕珍视。②〔柰〕俗名花红，也叫沙果。③〔芥〕芥类蔬菜。有叶用、茎用、根用三类，腌制后有特殊鲜味和香味。④〔姜〕也叫生姜。辛辣，可以去除腥味，也可以供药用。⑤〔鳞潜〕鱼在水里游戏。鳞，代指鱼类。潜，深入水中。⑥〔羽翔〕鸟类飞行。羽，代指鸟类。翔，飞行。

◎ **大意** 水果中最受珍视的是李子和沙果，蔬菜里最受重视的是芥菜和生姜。海水是咸的，河水是淡的。鱼在水里游，鸟在天上飞。

◎ **知识拓展**

　　李子味酸，能促进胃酸和胃消化酶的分泌，对胃酸缺乏、食后饱胀、大便秘结者有效。李子中含有多种营养成分，有美容养颜、润滑肌肤的作用。李子中抗氧化剂含量高得惊人，堪称抗衰老、防疾病的"超级水果"。

　　柰，苹果的一个品种，通称柰子，也称花红、沙果。果实外皮多为深红色，并有暗红色条纹或装饰断线，其肉质细密呈黄白色，有特殊的芳香，盛产于辽南地区。明代的医药学家李时珍（1518—1593）在《本草纲目·柰》中解释道："篆文柰字，象子缀于木之形。梵言谓之频婆，今北人亦呼之，犹云端好也。"

　　芥菜，一年或两年生草本植物，种子黄色，味辛辣，磨成粉末，称"芥末"，作调味品用。按用途分为三类：叶用芥菜，如雪里蕻（hóng）；茎用芥菜，如榨菜；根用芥菜，如大头菜。

　　姜，别名生姜、白姜、川姜，属多年生草本植物。开有黄绿色花，并有刺激性香味的根茎。根茎供药用，鲜品或干品可作烹调配料或制成酱菜、糖姜。茎、叶、根均可提取芳香油，用于食品、饮料及化妆品香料中，是古老的调味料。《论语》："不撤姜食，不多食。"

◎ **释疑解惑**

　　茉莉也叫"柰"。清代徐珂《清稗类钞·植物类》："茉莉为常绿灌木……北土曰柰。"另外,"柰"与"萘(nài)"虽然"长得像",但完全不是一回事。萘是一种结晶状芳香烃(tīng),是做卫生球(俗称"臭球子")的主要原料。

芥还有个读音:gài。芥(gài)菜,一年生草本植物。芥菜的变种,叶大,表面多皱纹,叶脉显著,可食。也叫"盖菜"。

lóng shī　huǒ dì　　niǎo guān　rén huáng
龙 师① 火 帝②, 鸟 官③ 人 皇④。
shǐ zhì　wén zì　　nǎi fú　yī cháng
始 制 文 字⑤, 乃 服 衣 裳⑥。

◎ **注释** ①〔龙师〕传说远古时代"三皇"之一的伏羲氏,有"龙马衔图之瑞",于是用"龙"字来命名他的百官师长(春官为青龙,夏官为赤龙,秋官为白龙,冬官为黑龙,中官为黄龙),所以叫龙官或龙师。②〔火帝〕传说远古时代"三皇"之一的神农氏,"亦有火瑞",于是便以火纪事、命名百官(春官为大火,夏官为鹑火,秋官为西火,冬官为北火,中官为中火),所以称火帝。③〔鸟官〕传说远古少昊(hào)氏刚做部落联盟首领时,正好有一只凤凰飞来,于是他便用"鸟"字命名他的百官:历正(主管天文历法的官)为凤鸟氏,司分(历正的属官,专管春分、秋分)为玄鸟氏,司至(历正的属官,专管冬至、夏至)为伯赵(伯劳)氏,司启(专管立春、立夏)为青鸟氏,司闭(专管立秋、立冬)为丹鸟氏,所以叫鸟官或鸟师。④〔人皇〕传说中的远古部落的酋(qiú)长,后来他被神化,称为人皇,与天皇、地皇合称"三皇"。⑤〔始制文字〕传说黄帝的史官仓颉(jié)创制了汉字。⑥〔乃服衣裳(cháng)〕传说黄帝的正妻嫘(léi)祖教人养蚕织丝,又有黄帝之臣胡曹制作衣服,人们才穿上了衣裳(shang)。乃,才。服,穿。衣,指上衣。裳,古代指下身所穿的裙子。

◎ **大意** 有龙师,有火帝,有鸟官,有人皇,他们都是远古时代部落联盟的首领。传说黄帝的史官仓颉创制了汉字,黄帝的妻子嫘祖教人养蚕治丝,又有黄帝之臣胡曹制作衣服,人们才穿上了衣裳(shang)。

◎ 知识拓展

嫘祖，一作"累祖"，中国远古时期人物，为西陵氏之女、轩辕黄帝的元妃。传说她是养蚕缫（sāo）丝方法的创造者，北周以后被祀为"先蚕（蚕神）"。

黄帝战胜蚩尤后，被推选为部落联盟首领。他带领大家发展生产，种植五谷，驯养动物，冶炼铜铁，制造生产工具。至于做衣冠的事，就交给嫘祖。嫘祖和黄帝手下的另外三个人做了具体分工：胡曹负责做冕（帽子），伯余负责做衣服，于则负责做履（鞋），而嫘祖则负责提供原料。她带领妇女上山剥树皮，织麻网，还把男人们猎获的各种野兽的皮毛剥下来加工。没过多久，各部落的大小首领都穿上了衣服和鞋，戴上了帽子。

有一天，几个女人在一片桑树林里发现满树结着白色的小果，她们以为找到了好鲜果，就忙着去摘，等各人把筐子摘满后，便匆匆忙忙下山。回去后，她们把白色小果拿给嫘祖看，嫘祖细细地看了果皮上的细丝线，又询问了白色小果是从什么山上、什么树上摘的，然后高兴地说："这不是果子！不过，虽然不能吃，但大有用处。"

之后，嫘祖在桑树林里观察了好几天，才弄清这种白色小果原来是一种虫子口吐细丝绕织而成的，并非树上的果子。她回来就把此事报告给了黄帝，并请求黄帝下令保护山上所有的桑树林，黄帝同意了。

从此，在嫘祖的倡导下，人类开始了栽桑养蚕的历史。后人为了纪念嫘祖的这一功绩，就将她尊为"先蚕娘娘"。

◎ 释疑解惑

在中国古代史分期中，宋、元、明、清时期属于近古，魏晋南北朝、隋唐时期是中古，夏、商、周、秦、汉时期是上古，三皇五帝时期是太古，伏羲氏以前就属于远古了。远古时的人是穴居，住地窖、山洞，既潮湿又不安全，经常遭到野兽的袭击，于是在树上搭窝盖屋，吃水果、戴树叶，就进入有巢氏时代。接着学会了钻木取火，就进入燧人氏"火帝"的时代了。火帝以后是龙师伏羲氏。伏羲也写作"伏牺"，就是制伏野兽的意思，这个时期就是历史学家说的"狩（shòu）猎阶段"。但是，从原始社会后期直到第一个奴隶制国家夏朝建立，至今一直没有具体的、确切的材料来证明那时人们的生活状况及国家机构组成等情形是怎样的，只能略知大概。所以说，文中的龙师、火帝、鸟官、人皇也都是后人的猜测。

《史记·补三皇本纪》中说：人皇有9个头，乘着云车，驾着6只大鸟。兄弟9人，分掌九州，各立城邑，一共传了150代，合计45 600年。这当然是传说，并不可信。现在一般把"三皇"定为太古时代的伏羲氏、神农氏，还有轩辕氏（即黄帝），这是见之于史的"三皇"，在殷商的历史文献上有文字可考。

推 位 让 国①，有 虞② 陶 唐③。
tuī wèi ràng guó　　yǒu yú　táo táng

吊 民 伐 罪④，周 发(發)⑤ 殷 汤⑥。
diào mín fá zuì　　zhōu fā　yīn tāng

◎ **注释** ①〔推位让国〕古代传说尧把天下禅让给舜，舜把天下禅让给禹。推、让，都是推让、禅让的意思。位，这里指部落联盟首领的位置。国，这里指部落联盟的领地。②〔有虞〕即传说中父系氏族社会后期部落联盟领袖虞舜，名重（chóng）华，号有虞氏。《史记·五帝本纪》："帝舜为有虞。"③〔陶唐〕即传说中父系氏族社会后期部落联盟领袖唐尧，名放勋，号陶唐氏。《史记·五帝本纪》："帝尧为陶唐。"④〔吊民伐罪〕抚慰受苦受难的民众，讨伐罪恶的统治者。吊，安慰，怜悯。伐，讨伐，攻打。罪，罪人，这里指商朝末代君主纣王和夏朝末代君主桀（jié）。⑤〔周发（發）〕即周武王姬发。他率兵讨伐商纣王，推翻商朝，建立周朝。⑥〔殷汤〕即商朝的开国君主成汤。他率兵讨伐夏桀，推翻夏朝，建立商朝。商朝从盘庚东迁国都于殷（今河南安阳西北）后，又叫殷朝，所以商汤又叫作"殷汤"。

◎ **大意** 把部落联盟首领的位置、地盘推让给别人的是虞舜和唐尧。抚慰受苦受难的民众，讨伐罪恶的暴君，有周武王姬发和商朝的君主成汤。

◎ **知识拓展**

尧是帝喾（kù）之子，黄帝的玄孙。他严肃恭谨，能团结族人，使邦族之间和睦相处。尧为人简朴，住的是茅草屋，门前是土垫的台阶，吃粗米饭，穿麻布衣，喝野菜汤，得到人民的拥戴。尧在位70多年，到年老时，由四岳十二牧推举继承人，大家一致推荐了舜。

舜是"五帝"之一颛顼（zhuān xū）一脉的子孙，宽厚待人，孝顺父母，友爱兄弟，为政仁和。古代"二十四孝"故事里第一位就是舜。

《史记·五帝本纪》记载，舜的父亲瞽（gǔ）叟及继母、异母弟象，多次想害死他。如让舜修补谷仓仓顶时，他们在谷仓下纵火，舜手持两个斗笠跳下逃脱；又如让舜掘井时，瞽叟与象却下土填井，舜掘地道逃脱。纵然如此，舜却毫不嫉恨，仍对父母恭顺，对弟弟友爱。他的孝行感动了天帝。舜在历山耕种，大象替他耕地，飞鸟代他锄草。帝尧听说舜非常孝顺，而且有处理政事的才干，就把两个女儿娥皇和女英嫁给他。后来，经过多年观察和考验，尧最终选定舜做他的继承人。舜登天子位后，去看望父亲，仍然恭恭敬敬，并封象为诸侯。

舜摄政28年，尧去世。舜于丧事完毕后，便让位给尧的儿子丹朱，自己退避到南河之南。但是，天下诸侯都去朝见舜，打官司的人告状也都到舜那里，民间编了许多歌谣颂扬舜，都不把丹朱放在眼里。舜觉得人心所向，天意所归，无法推卸，遂回到都城，登上天子之位。

尧去世以后，舜在政治上又有一番大的兴革。原已举用的禹、皋陶（gāo yáo）、契（xiè）、弃、伯夷、夔（kuí）、龙、垂、益等人，职责都不明确。于是舜命禹担任司空，治理水土；命弃担任后稷，掌管农业；命契担任司徒，推行教化；命皋陶担任"士"，执掌刑法；命垂担任"共工"，掌管百工；命益担任"虞"，掌管山林；命伯夷担任"秩宗"，主持礼仪；命夔担任乐官，掌管音乐和教育；命龙担任"纳言"，负责发布命令，收集意见。还规定三年考察一次政绩，由考察三次的结果决定提升或罢免。通过这样的整顿，各项工作都出现了新面貌。

舜在年老的时候，认为自己的儿子商均不肖，就确定了威望最高的禹为继任者。所以舜与尧一样，都是禅位让贤的圣王。

据说舜在尧死之后，在位39年，到南方巡狩（shòu）时，死于苍梧之野，葬于江南九嶷山，称为"零陵"。

◎ 释疑解惑

黄帝被尊为"人文初祖"，手下有6位大臣，各有贡献。创造文字的是仓颉，制作音乐的是伶伦，隶首做算数，大挠造甲子，岐伯作医学，发明衣裳的是胡曹。

坐朝①问道②，垂拱③平章④。
爱育黎首⑤，臣伏戎羌⑥。
遐迩壹体⑦，率宾归王⑧。

◎ **注释** ①〔朝〕朝堂，朝廷。②〔问道〕探讨治国的方法、措施。问，探讨。③〔垂拱〕垂衣拱手，即衣服垂地，双拳虚握。指身体一动也不动的状态，是用来颂扬君王无为而治的套话。④〔平（pián）章〕辨别清楚。平，与"辨"字意思相同，确定。章，与"彰"字相通，显著，明确。⑤〔黎首〕黎民百姓。黎，通"黧（lí）"，黑色。古代百姓以黑布缠头，所以称为"黎首"或"黔（qián）首"。⑥〔臣伏戎羌〕使各族民众服从。臣伏，使服从，使归顺。戎羌，戎族和羌族，古代对西部两个民族的称呼，这里泛指各族民众。⑦〔遐迩壹体〕远近统一犹如一个整体。出自西汉司马相如《难蜀父老》："遐迩壹体，中外禔（zhī，一说读tí，安宁）福，不亦康乎？"⑧〔率宾归王〕《诗经·小雅·北山》里"率土之滨，莫非王臣"（四海之内没有什么人不是君王的臣仆）的缩略语。宾，通"滨"，水边。归，归附，归顺。

◎ **大意** 在朝堂上召集臣僚们探讨管理天下的办法，君王垂衣拱手，无为而治，明辨事理，处理政务。圣明的君王爱护、养育百姓，使各族民众归附向往。地方无论远近都成为一个整体，天下的百姓都归顺贤明的君王。

◎ **知识拓展**

讲到这里，必须提一下"烽火戏诸侯"的周幽王，他与周文王、周武王的贤明形成了鲜明对比。

西周中期以来，随着周王朝实力的削弱，西北地区的戎狄逐渐兴盛。特别是猃狁（xiǎn yǔn），不时入侵。宣王时期，大将尹吉甫率军征伐猃狁，取得了很大胜利。但是，到了宣王晚年，周王朝更加衰弱，猃狁的侵扰越发频繁。

周幽王即位后，以好利的虢（guó）石父（fǔ）为卿，国人怨声载道。幽王三年，又改立美人褒姒（bāo sì）为后。这位新后有个毛病：一年也不笑一回。

相传为博得褒姒一笑,幽王曾点燃烽火(军事警报用),戏弄诸侯,失去诸侯信任。接着,又废掉申后(申侯之女)及太子宜臼,改立褒姒的儿子伯服为太子,还拟问罪申侯。周幽王十一年(前771年),申侯联合缯国(今山东枣庄东)和犬戎军队大举进攻西周都城丰、镐两京(在今西安西),幽王急命点燃烽火向诸侯求救,结果诸侯一个也不来救。周王室卫队毫无战斗力,一触即溃。幽王携褒姒及太子伯服仓皇出逃,终被犬戎军队追上,幽王及太子伯服被杀死于骊山脚下,西周灭亡。随后,晋、郑、卫、秦等诸侯联军又将犬戎军队打败,拥立宜臼为平王,迁都雒邑(故址在今河南洛阳洛水北岸、瀍水东西两岸,有二城,分别为成周城、王城,平王迁都至王城),史称东周。犬戎后来为秦国所灭。

◎ **释疑解惑**

犬戎族属于西羌族。许慎《说文解字》:"羌,西戎牧羊人也。"戎羌代表四方少数民族,是"南蛮北狄,西戎东夷"的简称。西戎在今天的甘肃、青海、陕西、四川一带,以游牧生活为主。周朝中叶,西戎入侵中原。当时的西戎被称作"犬戎",是周人的死对头。

至汉朝,在原来犬戎活动范围内曾出现一个人口众多的西戎白狼国。东汉明帝时,"白狼、槃木……等百余国,户百三十余万,口六百万以上,举种奉贡",自愿归属东汉。白狼国就是犬戎国的变种,以白狼为图腾。

鸣 凤 在 树①, 白 驹 食 场②。
化③ 被④ 草 木, 赖⑤ 及⑥ 万 方。

◎ **注释** ①〔鸣凤在树〕《诗经·大雅·卷阿(quán ē)》:"凤皇鸣矣,于彼高冈。梧(wú)桐生矣,于彼朝阳。"凤,凤凰,古代传说中一种吉祥的神鸟。凤鸣象征时代清明。树,这里指梧桐树,一作"竹"。②〔白驹食场(cháng)〕出自《诗经·小雅·白驹》:"皎皎(jiǎo jiǎo)白驹,食我场苗,絷(zhí)之维之,以永今朝。"一般认为这是周天子挽留贤者的一首诗。白驹是贤者的坐骑,拴住（絷）它的脚，使贤者不能骑着它走掉。食场，在平旷的空地上吃草。场，平坦的空地，草地。③〔化〕教化。④〔被〕覆盖，遍及。⑤〔赖〕惠利，这里指恩泽、恩德。⑥〔及〕到达，遍及。

◎ **大意**　吉祥的凤凰在梧桐树上鸣叫，白色的小马驹在平旷的空地上吃草。上天的教化覆盖了山川草木，王道的恩德遍及天下万方。

◎ **知识拓展**

《吕氏春秋》卷十《孟冬纪·异用》记载：

万物对任何人都是一样的，人们使用它们却各不一样，这是治乱、存亡、生死的根本。因此，国土广阔，兵力强大，未必安定；尊贵富有，未必显赫：关键在于如何使用它们。夏桀、商纣运用才智却造成了他们的灭亡，商汤、周武王运用才智而成就了他们的帝业。

商汤在郊外看见猎人四面设网，并听到他祈祷说："从天上坠落的，从地上生出的，从四方来的，让它们都落入我的罗网吧。"汤说："嗨！真那样的话，禽兽就被杀光了。除了夏桀那样的暴君，谁还会做这样的事情？"汤收起了三面的网，只在一面设网，重新教那人祈祷说："从前蜘蛛结网，现在人也学织网。禽兽想向左去的就向左去，想向右去的就向右去，想向高处去的就向高处去，想向低处去的就向低处去，我只捕猎那些触犯天命的。"汉水南边的国家听说这件事情后，纷纷说："商汤的仁德连禽兽都顾及到了。"于是，40个国家归附了汤。

周文王派人挖掘池塘，挖出了死人的尸骨。官吏把这事禀告文王，文王说："重新安葬他吧。"官吏说："这尸骨是没有主的呢。"文王说："抚恤天下的人是天下的主，抚恤一国的人是一国的主。难道我现在不是它的主人吗？"于是让官吏把那具尸体改葬。天下百姓听说这件事情后，纷纷说："文王真是贤明啊！连死人的尸骨都能得到他的恩泽，又何况活着的人呢？"

◎ **释疑解惑**

"网开三面"这个成语后来也作"网开一面"。两个成语意义相同，但"开"字的解释不同。"网开三面"即《吕氏春秋》卷十《孟冬纪·异用》记载的"去其三面"，"开"即"去"，意为去掉或打开已经张挂的四面网中的三面。也就是说，这种捕鸟兽的网已由原来张挂的四面剩下一面了，所以也可作"网开一面"。不过，这"网开一面"的"开"应作"张挂、张开"讲。

gài cǐ shēn fà　　sì dà wǔ cháng
盖① 此 身 发(髪)②，四 大③ 五 常④。
gōng wéi jū yǎng　　qǐ gǎn huǐ shāng
恭 惟⑤ 鞠⑥ 养，　岂 敢 毁 伤⑦ ？

◎ **注释**　①〔盖〕发语词，用在句子开头，没有实在意义。②〔发（髪）〕须发，胡须和头发。③〔四大〕儒家指身体发肤，即躯干、四肢、须发、皮肤。《孝经·开宗明义章》："身体发肤，受之父母，不敢毁伤，孝之始也。"佛教以地、水、火、风为"四大"，认为四者分别包含坚、湿、暖、动四种性能，人身即由此构成，因此也用作人身的代称。此处取儒家义。④〔五常〕指仁、义、礼、智、信。儒家认为它们是做人的基本准则。常，行为准则。⑤〔惟〕思，想。⑥〔鞠〕养育，抚养。⑦〔毁伤〕毁坏、伤害。亏损为毁，见血为伤。因犯罪而受刑戮，是对身体的最大"毁伤"，也是对父母的最大不孝。

◎ **大意**　人的身体发肤，既是"四大"，又蕴含"五常"。恭恭敬敬地想着自己的身体是父母养育而成的，哪里还敢毁坏、损伤它呢？

◎ **知识拓展**

《世说新语·贤媛》记载，陶侃的母亲为了儿子的前途，把一头长发卖掉换取酒食招待贵人。

陶侃，字士行，江西鄱阳人。其父陶丹是三国时孙吴的扬武将军。陶丹死后，陶家地位急剧下降。陶侃长大后，只能在县衙做个小吏。由于薪俸太少，母亲不得不纺纱织布贴补家用。

一年冬天，陶侃家忽然来了好几位客人，其中一位就是郡上的孝廉官范逵。可是自己家徒四壁，拿什么来招待人家呢？陶侃非常发愁。

母亲把陶侃叫到一边说，有亲朋自远方来，一定要热心接待好，你只管留客说话。

她先是剪下自己的长头发，卖钱买了点儿米，又到邻居家借了酒和菜，把屋柱削了当柴火，把床草剁了当马料。到晚上时，马也喂了，堂屋的桌子上也摆满了热气腾腾的饭菜。范逵一行本来没有指望这母子做什么好吃的，没想到他们竟然如此热情待客，非常高兴。酒足饭饱后，范逵和陶侃促膝长聊直到天明。见陶侃很有志向，对时局情势也很有见地，范逵认为这年轻人是个人才。

不久，范逵路过庐江到了太守张夔府上，就将陶侃大大地称赞了一番。张夔自然明白范逵的意思，很快就将陶侃召来做了一名督邮，没多久又将他升为典领文书，成为参与机要的主簿官。

由此，陶侃一路青云直上。

◎ 释疑解惑

"四大"的含义有争议。有学者说，《千字文》里面都是儒家思想，不应该有道教、佛教理念出现，因此"四大"不应该是佛教含义。这种观念是不错的，但是，考虑到当时的社会背景，两晋南北朝时，佛教逐渐兴盛，与社会主流思想的分野并不明显，佛教徒多与当时社会名流结交应酬，也方便传播教义。相应的，一些社会名流也愿意了解新思想、新事物，借以丰富知识、开阔视野、增加谈资。那么周兴嗣偶尔引用一下佛教内容，恰好反映了当时的社会思潮现状。晋代慧远《明报应论》："夫四大之体，即地、水、火、风耳，结而成身，以为神宅。"《圆觉经》："我今此身，四大和合。所谓发毛爪齿、皮肉筋骨、髓脑垢色，皆归于地；唾涕脓血、津液涎沫、痰泪精气、大小便利，皆归于水；暖气归火；动转归风。四大各离，今者妄身，当在何处？"

nǚ mù zhēn jié　　　　nán xiào cái liáng
女慕① 贞洁（絜）②，　男效 才 良。

zhī guò bì gǎi　　　　dé néng mò wàng
知过③ 必 改，　　　得 能 莫 忘④。

wǎng tán bǐ duǎn　　　mǐ shì jǐ cháng
罔 谈 彼 短，　　　　靡 恃 己 长⑤。

xìn shǐ kě fù　　　　qì yù nán liáng
信 使 可 覆⑥，　　　器 欲 难 量⑦。

◎ **注释** ①〔慕〕仰慕。②〔贞洁(絜)〕在封建社会中，指妇女严守礼教，坚守节操，不失身。③〔过〕过失，过错。④〔得能莫忘〕《论语·子张》载，"子夏曰：'日知其所亡(wú)，月无忘其所能，可谓好学也已矣。'"能，指所掌握的技能。⑤〔罔谈彼短，靡恃己长〕《昭明文选》载崔子玉《座右铭》："无道人之短，无说己之长。"罔，毋(wú)，不要，不可。靡，无，不要。恃，仗恃，倚仗。⑥〔信使可覆〕《论语·学而》载，"有子曰：'信近于义，言可覆也。'"诚实守信要做到可以审核、考查。信，诚信。使，使得，做到。覆，审核，考查。⑦〔器欲难量〕《世说新语·德行》载，"(郭)林宗曰：'(黄)叔度汪汪如万顷之陂(bēi，池塘)，澄之不清，扰之不浊，其器深广，难测量也'"。器，器量(liàng)，心胸。量，估量(liang)。

◎ **大意** 女子要仰慕严守礼教、坚贞清白的妇女，男子应仿效德才兼备的贤人。知道了自己的过错一定要改正，掌握了某种技能就不要忘掉。

不要议论别人的短处，不要倚仗自己的长处而骄傲自大。诚信要做到可以经得住审查，器量要大到使人难以估量。

◎ **知识拓展**

《三国志·蜀书·先主传》记载，章武三年（223年）春天，刘备在永安病情加重，把诸葛亮召到成都，对他说："你的才能是曹丕的十倍，必能安定国家，最终灭魏灭吴，统一中国。假如继位的皇子可以辅佐的话就辅佐他，如果他不能成材，你就自己称帝吧。"诸葛亮流着泪说："我一定尽我所能，精忠卫国，死而后已！"刘备又召来继位的儿子告诫说："你对待丞相要像对待父亲一样。"

"勿以恶小而为之，勿以善小而不为。"这是刘备去世前给其子刘禅(shàn)的遗诏中的话，目的是劝勉他要进德修业，有所作为。

◎ **释疑解惑**

为什么说"勿以恶小而为之，勿以善小而不为"？因为好事要从小事做起，积小成大，也可成大事；坏事也要从小事开始防范，否则积少成多，也会坏了大事。所以，小善积多了就成为利天下的大善，而小恶积多了则"足以乱国家"。

墨^①悲丝染，《诗》赞羔羊^②。
景行^③维^④贤，克念作圣^⑤。
德建名立，形端^⑥表^⑦正。

（mò bēi sī rǎn，shī zàn gāo yáng。jǐng xíng wéi xián，kè niàn zuò shèng。dé jiàn míng lì，xíng duān biǎo zhèng。）

◎ **注释** ①〔墨悲丝染〕出自《墨子·所染》。墨子看见染匠把白丝放进染缸里，叹道："染于苍则苍，染于黄则黄。所入者变，其色亦变。……故染不可不慎也！"墨，墨子，名翟（dí），春秋时期宋国人，墨家的创始人。②〔《诗》赞羔羊〕《诗经·召（shào）南》中有一首《羔羊》，赞美召南之国的官员受周文王德政的教化，都能节俭正直，德行像羊羔洁白的毛色一样纯美。③〔景行〕高尚的德行。出自《诗经·小雅·车辖（xiá，通"辖"）》："高山仰止，景行行止。"景，大。④〔维〕是。⑤〔克念作圣〕能够一直克制私欲，就可以成为圣人。出自《尚书·周书·多方》："惟圣罔念作狂，惟狂克念作圣。"克，克制。念，私念，私欲。圣，本义为心思通明，这里指心思通明的人，圣人。⑥〔端〕正，直。⑦〔表〕古代用来测日影的标杆，引申为物体在阳光下的影子。

◎ **大意** 墨子悲叹雪白的丝扔进盛有不同颜色染料的染缸里会染上不同的颜色，《诗经》赞颂君子品德纯美，如同羔羊洁白的皮毛。

拥有高尚的品德就是贤良，能够一直克制私欲就可以成为圣人。高尚的品德培养起来了，好的名声自然会树立起来，就好比身体站得直，影子也不斜一样。

◎ **知识拓展**

柳公权是唐朝著名的大书法家。他的字结构紧凑，骨力秀挺，洒脱而有法度，对后世影响极大。人们将另一位著名书法家颜真卿与柳公权并称"颜柳"，并用"颜筋柳骨"来形容他们的字。柳公权不仅字写得好，做人也和他的字一样，铁骨铮铮，深得世人钦佩。

穆宗皇帝非常喜欢柳公权的字，问他："你的字怎么写得这么好呢？能告诉我书法的秘诀吗？"柳公权毫不犹豫地回答："用笔在心，心正则笔正！"当时正沉溺酒色的穆宗半天没有说话，脸色都变了。

◎ 千字文

十几年后的一天，穆宗之子文宗在偏殿上与柳公权等人谈话。文宗扬起袖子来让柳公权等人"欣赏"他的龙袍，并说："这件衣服已经洗过三次了！"在场众人立刻赞颂皇上俭朴的美德。文宗正感到高兴，却发现柳公权始终一言不发，便问他怎么不说话。柳公权答道："陛下，您贵为天子，富有四海，应当选用贤良，罢黜不肖之臣，还应接受劝谏，赏罚分明，这才能使天下真正实现和乐光明。至于穿一件洗过几回的衣服，只不过是细枝末节罢了。"

柳公权说的这番话非但没有惹恼文宗，反而得到文宗的格外垂青。文宗当时便说道："我知道以你现在这么高的职位，是不应再兼任以劝诫为务的谏议大夫的。可是，因为你实在具有正直敢言的诤臣风采，所以还是委屈你兼任此职。"

柳公权以"心正"练成了流芳百世的"柳骨"，更难得的是，他又以"心正"给历史与后人塑造了一位正直敢言的良臣形象，这将作为另一种"柳骨"而留存后世。

◎ 释疑解惑

为什么说"心正则笔正"？这涉及心理学内容。

表情是一个人内心情绪的真实流露。一个人如果长时间持续一种情绪的话，就容易形成特定的表情，并进而形成一种个人特有的容颜，所以古语讲"相由心生"。在生活中，一个心态阳光、心地善良的人，其相貌往往是堂堂正正，慈眉善目；一个勤奋努力、永不服输的人，其相貌往往是清瘦精干，充满活力；一个工于心计、心胸狭隘的人，其相貌往往是形象猥琐，目光游移。

有一次，美国总统林肯的一位朋友向林肯推荐某人为阁员，林肯却因为一些原因没有任用那人。这位朋友问林肯原因，林肯说："我不喜欢他那副长相。""哦，这是不是太严厉了？一个人不应该为自己天生的面孔负责呀！"林肯回答："不，一个人过了40岁就应该对自己的面孔负责！"

kōng gǔ chuán shēng　　xū táng xí tīng
空 谷① 传 声，　　虚 堂 习② 听。
huò yīn è jī　　fú yuán shàn qìng
祸 因 恶 积，　　福 缘 善 庆③。

◎ **注释** ①〔空谷〕空旷的山谷。②〔习〕同"袭",重复。③〔祸因恶积,福缘善庆〕《易·坤·文言》:"积善之家,必有余庆;积不善之家,必有余殃。"缘,因为,由于。庆,赏赐,奖赏,这里有回报的意思。

◎ **大意** 在空旷的山谷里说话,发出的声音会传得很远;在空荡荡的堂屋中说话,也会传来回声。人遭遇祸殃,是因为坏事做得太多;人得到幸福,是因为行善有了回报。

◎ **知识拓展**

无锡七房桥钱氏家族是吴越国国王钱镠(liú)的后代。近百余年间,一门出了6位院士,可谓蜚声海内外。究其原因,恐怕要从钱家办的"怀海义庄"说起。

知道怀海义庄的人并不多,但提起国学大师钱穆、著名科学家钱伟长来,就几乎无人不晓了。怀海义庄就资助过这两位大家完成学业。

怀海义庄位于新区鸿山镇七房桥村,是目前江南地区保存下来为数不多的传统民间慈善机构之一,占地面积约450平方米。据记载,当初七房桥钱氏一族有多人经商成功,这些人共同出资创办怀海义庄,至今已有700多年。

怀海义庄的宗旨是"救灾周急,恤孤矜寡,排忧解难"。可以看出,它秉承了钱氏始祖——五代十国时的吴越国国王钱镠的家训:"利在一身勿谋也,利在天下必谋之。"

族内凡鳏寡孤独者均能领到义庄的钱粮,贫困学子都能在义庄的资助下上学。义庄在青黄不接的季节常有施粥、施粮的义举。这些义举当时帮助了很多族人。获得帮助的族人也不时捐钱捐物给义庄,于是义庄的影响越来越大,得到了当地老百姓的大力拥护。

义庄前有一条河,名为流啸傲,相传为吴泰伯所开凿。怀海义庄创建后,这条河改为放生官河。河中不准捕鱼,每逢农历初一、月半,各地百姓买了活鱼虾到此焚香放生。特别是农历三月十五,放生官河边到处都是手拿燃香、活鱼虾祭河放生的百姓,以此缅怀泰伯开凿啸傲泾、恩泽乡里、造福百姓的功绩。

当时七房桥正如钱氏家训所述:"内外门间整洁,尊卑次序谨严。"街道上不准牛羊牵入,孩童不准抛砖块到河里,如若违反,一经发现,族规无情,罚家长行差。所谓"积善之家，必有余庆"，到了近现代，七房桥钱家一下走出了6位院士：国学大师钱穆，科学家、教育家、社会活动家钱伟长，环境工程专家钱易，物理学家、教育家钱临照，工程力学专家钱令希，经济学家钱俊瑞。其中，钱穆和钱伟长为叔侄，钱穆和钱易为父女，钱临照和钱令希为兄弟。

◎ 释疑解惑

义庄是旧时族中所置的赡济族人的田庄。义庄是农业社会的产物，一个大家族中，有的穷，有的富，富有的就拿出钱来办义庄。义庄之中包括学校、公田、祠堂等设施。在历史文献中，最早有记载的义庄是北宋范仲淹在苏州所置。《宋史·范仲淹传》："置义庄里中，以赡族人。"范仲淹用俸禄置田产，收地租，用以赡族人、固宗族，以租佃制方式经营。随着社会结构的改变，义庄的内容渐渐缩窄，到了近代，几乎只以祠堂为主。在城市，被称为义庄的场所还有一个专门用途：寄放棺柩。

chǐ bì fēi bǎo　　cùn yīn shì jìng
尺 璧 非 宝，　　寸 阴 是 竞①。

◎ **注释**　①〔尺璧非宝，寸阴是竞〕出自《淮南子·原道训》："故圣人不贵尺之璧，而重寸之阴，时难得而易失也。"又见于《帝王世纪》：夏禹"不重径尺之璧，而爱日之寸阴"。璧，玉器，平圆形，正中有孔。璧的形制在古代有严格的等级区别。一般只有诸侯以上身份的人，才可以配有直径一尺的大璧。寸阴，片刻的光阴，短暂的光阴。竞，争，这里是争取、抓紧的意思。

◎ **大意**　直径一尺的玉璧算不上宝物，片刻的光阴倒是应该争取的。

◎ 知识拓展

东晋大司马陶侃是一代名将，在稳定东晋初年动荡不安的政局上颇有建树。他出身贫寒，在两晋更替的风云变幻中，竟冲破门阀政治为寒门入仕设置的重重障碍，做上了炙手可热的荆州刺史，颇具传奇色彩。《晋书》《世说新语》等书中，记载了他的不少遗闻逸事。

陶侃在府中没事时，常常早晨把一堆砖搬到书房外，傍晚又搬回书房里。别人问这其中的缘故，他回答："我正在致力于收复中原失地，唯恐承担不了这一重大责任，所以才使自己辛劳罢了。"

陶侃聪慧、谨慎、灵敏，整日盘腿正坐，对府中所有的事情都要检查管理，从不遗漏，没有一点儿空闲。他常对别人说："大禹是圣人，还如此珍惜很短的时间，对于一般人来说，就更应珍惜时间，怎么可以只想着吃喝玩乐呢？活着的时候不能有所贡献，死了以后不能留名，这是自己糟蹋自己呀！"

◎ 释疑解惑

古代的璧一般为玉制，也有琉璃制的。《说文》："璧，瑞玉，圆器也。"近似的还有玉瑗（yuàn）、玉环，三者的名称由中心的圆孔大小来决定，大孔者为瑗，小孔者为璧，孔径与玉质部分边沿相等者为环。

玉璧分大璧、谷璧、蒲璧。大璧径长一尺二寸，为天子礼天之器。礼天需用苍色，盖璧形圆，象天苍之色。谷璧，子所执，饰谷纹，取养人之义。蒲璧，男所执，瑑（zhuàn）饰为蒲形，蒲为席，取安人之义。三者统称"拱璧"，因皆须两手拱执。另有一种系璧，形较小，为佩于绅带之物。

资父事君，曰严与敬①。
孝当竭力，忠则尽命②。
临深履薄③，夙兴④温清⑤。
似兰斯馨⑥，如松之盛。
川流不息⑦，渊澄取映⑧。

◎ **注释** ①〔资父事君，曰严与敬〕赡养父亲，侍奉国君，都要庄重而恭敬。

语出《孝经·士章》："资于事父以事君，而敬同。"意为拿出侍奉父亲的心来侍奉国君，尊敬国君就像尊敬父亲一样。资，资养，供养。事，侍奉。严，严肃，庄重。②〔孝当竭力，忠则尽命〕《论语·学而》："事父母，能竭其力；事君，能致其身；与朋友交，言而有信。"尽命，拼命效力，献出生命。③〔临深履薄〕像靠近深深的水潭或走在薄薄的冰面上一样。形容提心吊胆、小心翼翼的样子。出自《诗经·小雅·小旻（mín）》："战战兢兢，如临深渊，如履薄冰。"临深，"如临深渊"的缩略语。临，挨近。履薄，"如履薄冰"的缩略语。履，行走。④〔夙兴〕"夙兴夜寐（早起晚睡）"的缩略语。出自《诗经·小雅·小宛》和《诗经·大雅·抑》。夙，早。兴，起，起来。⑤〔温清〕"冬温夏清"的缩略语。出自《礼记·曲礼上》："凡为人子之礼，冬温而夏清。"温，暖和，这里指焐（wù）被窝儿使父母觉得暖和。清，凉，这里指扇枕席使父母感到凉爽。《东观（guàn）汉记·黄香传》载，黄香在母亲去世后，事父尽孝，"暑即扇床枕，寒即以身温席"。⑥〔似兰斯馨〕像兰草一样香气远播。斯，这样。馨，芳香，指香气散布得很远。⑦〔川流不息〕像河水一样流动不停。川，河。息，停止。⑧〔渊澄取映〕像深潭中的水一样清澈照人。渊，潭，这里指潭水。澄，清澈。取映，映照，看到自己的身影。

◎ **大意** 奉养父亲，侍奉国君，都要庄重而恭敬。孝顺父母，应该尽心尽力；效忠君主，应该不惜牺牲生命。无论是忠是孝，都要像站在深渊边上或走在薄冰上面一样谨慎。每天要早起晚睡。冬天给父母焐被窝儿，使他们觉得暖和；夏天给父母扇席子，使他们感到凉爽。（这种忠孝的品格）像兰草那样香气远播，像松树那样生长茂盛，像河水那样奔流不息，像深潭那样清澈照人。

◎ **知识拓展**

黄香，东汉江夏安陆人，官至尚书令。勤于国事，一心为公，熟习边防事务，调度军政有方，受到汉和帝的宠信。后出任魏郡太守，发生水灾时，用自己的俸禄、赏赐来赈济灾民。

《二十四孝》里"扇枕温席"的主人公就是黄香。据《东观汉记·黄香传》和《后汉书·文苑传·黄香》记载，黄香9岁时，就已经懂得孝顺长辈的道理。每当炎夏到来，黄香就用扇子对着父亲的帐子扇风，让枕头和席子更清凉爽快，并使蚊虫远离帐子，让父亲可以更舒服地睡觉。到了寒冷的冬天，黄香就用自己的身体为父亲焐被窝儿，好让父亲睡觉时感到暖和。黄香的事迹流传到了京城，人称"天下无双，江夏黄童"。

◎ **释疑解惑**

古人为什么重视"忠孝"？因为古人认为，只有孝子才能成为忠臣，不孝顺父母的人很难爱国家、爱君主、爱百姓。中国在隋朝以前没有科举制度，国家挑选人才首先要从各地举荐的孝子中选拔，叫作"举孝廉"。曹操就是"孝廉"出身。他是一位伟大的政治家、军事家和文学家，白脸奸臣的形象是小说家塑造的，不是历史事实。

容止若思，言辞安定①。
笃初②诚③美，慎终④宜令⑤。
荣业⑥所基，籍甚无竟⑦。
学优登仕⑧，摄职从政⑨。
存以甘棠，去而益咏⑩。

◎ **注释** ①〔容止若思，言辞安定〕仪容举止若有所思，说话时态度安详镇定。出自《礼记·曲礼上》："毋不敬，俨若思，安定辞，安民哉。"容止，仪容举止。若思，若有所思，好像在想什么事情的样子。安定，安详镇定。②〔笃初〕开始时专心投入。这里指年轻时一心一意（地修炼德行）。③〔诚〕的确，实在。④〔慎终〕结束时谨慎。这里指到晚年仍能谨慎地保持高尚的品德。⑤〔令〕善，美好。这里是赞美的意思。⑥〔荣业〕名声和事业。⑦〔籍甚无竟〕指名声很大，传扬开来没有止境。籍甚，盛大。籍，亦读作 jiè。《汉书·陆贾（gǔ）传》："（陆）贾以此游汉廷公卿间，名声籍甚。"《史记》作

"藉（jiè）盛"。说的是声名得所藉（凭借）而更加盛大。竟，终止。⑧〔学优登仕〕出自《论语·子张》，"子夏曰：'仕而优则学，学而优则仕。'"意思是学习经典之外还有余力就去从政。优，宽裕，有余力。登仕，登上仕途，做官。⑨〔摄职从政〕担任官职，参与政事。摄，代理，辅佐。⑩〔存以甘棠，去而益咏〕西周宣王时，大臣召（shào）伯巡视召南，曾在一棵棠梨树下断案。召伯死后，人们怀念他勤政爱民的恩德，作了《甘棠》一诗来歌咏他，并相约不砍伐这棵树。甘棠，即棠梨树。去，离开。益，更加。

◎ **大意** 仪容举止要像思考事情那样严肃沉稳，说话时态度要安详镇定。年轻时能一心一意地修炼德行诚然是好事，直到晚年仍能谨慎地保持高尚的品德，更是应当赞美的。

　　这些美德是名声和事业的根基，凭借着它，前景盛大，没有止境。学习经典之外还有余力就去做官，有了官职就可以参与政事。（从政要像召伯一样勤政爱民，）留下甘棠，令人怀念，虽然离去了，人们却更加称颂他。

◎ **知识拓展**

　　周武王灭商建周之后，开通周边诸国与外族之路，各地诸侯纷纷朝贡。西鄙旅国来贡大犬，武王非常喜欢。太保召公于是作《旅獒（áo）》一文来劝谏武王。

　　召公说："啊，圣明之王敬德重行，致诸外族都来归顺。不论远近，皆献一方物产……不以珍稀之物为贵，不以常用之物为贱，百姓财货始足。犬马非土生土长者不畜，珍禽异兽不豢养于国。不以远方之物为宝，远人则能来之；所重之唯贤才，近人便可安之。啊！日夜不可不勤。不重小节，终害大德。……王如果能以此为戒，则民将安其居，而周朝可世代为王矣。"

　　周武王听了这番话，大为戒惧，从此专心治理朝政。

◎ **释疑解惑**

　　关于"笃初诚美，慎终宜令"，《老子·第六十四章》有这样几句论述："合抱之木，生于毫末；九层之台，起于累（léi，通"蔂"，土筐）土；千里之行，始于足下。""民之从事，常于几（jī，将要）成而败之。慎终如始，则无败事。"这段话大意是：合抱的大树，是由细小的树苗开始长成的；九层的高台，是由一筐一筐的泥土堆积起来的；千里远的行程，也是从脚下第一步开始的。普通人做事，总是在快要成功的时候失败的。如果结束时还能像开始时一样慎重，事情就没有失败的可能。

乐①殊②贵贱，礼别尊卑③。
上和下睦，夫唱④妇随。
外受傅⑤训，入奉母仪⑥。
诸姑伯叔⑦，犹子⑧比⑨儿。
孔怀兄弟⑩，同气连枝⑪。
交友投分⑫，切磨⑬箴规⑭。

◎ **注释** ①〔乐〕音乐。古代儒家的"六艺（礼、乐、射、御、书、数）"之一。②〔殊〕区分，区别。见《史记·太史公自序》："法家不别亲疏，不殊贵贱，一断于法。"③〔礼别尊卑〕《汉书·成帝纪》："圣王明礼制以序尊卑。"礼，礼节，礼制。《汉书·公孙弘传》："进退有度，尊卑有分，谓之礼。"别，区别，区分。④〔唱〕通"倡"，先提出或先做出。⑤〔傅〕师傅，老师。⑥〔入奉母仪〕回到家里要遵守母亲立下的规矩。入，回到家里。奉，遵奉，遵守。母仪，母亲的仪范，旧时多用于皇后。这里指母亲做出的榜样、定下的规矩。⑦〔诸姑伯叔〕父亲的各位姐妹兄弟。⑧〔犹子〕侄子的代称。《礼记·檀（tán）弓上》："兄弟之子，犹子也。"犹，犹如，如同。⑨〔比〕比照，类同，与……一样。⑩〔孔怀兄弟〕出自《诗经·小雅·常棣（táng dì，也作棠棣、唐棣）》："死丧之威，孔怀兄弟。"意思是死丧之祸，外人都惧怕、躲避，只有兄弟间才最关心。孔怀，非常关怀、思念。孔，甚，很。怀，关怀，惦念。⑪〔同气连枝〕同样禀（bǐng）受父母的血气，就像树枝不同却都连在同一棵树上一样。⑫〔投分〕

感情相投合。分，情分，情趣。⑬〔切磨〕指在学问上切磋（cuō）琢（zhuó）磨。《诗经·卫风·淇奥（yù）》："有匪君子，如切如磋，如琢如磨。"⑭〔箴规〕指在道德上互相劝勉。箴，规劝，告诫。规，劝告，劝诫。

◎ **大意** 音乐要依照身份的贵贱而有所不同，礼节要区分出长幼尊卑。地位尊贵的人和地位低下的人要和睦相处，丈夫和妻子要协调一致，一唱一随。

外出求学要听从老师的教导，回到家里要遵奉母亲立下的规矩。对待各位姑姑、伯伯、叔叔，做侄子的要像儿子对待父母一样孝顺。

兄弟之间要格外关怀，因为同样禀受父母的血气，就像树枝不同却连在同一棵树上一样。结交朋友要情趣相投，在学问上切磋琢磨，在道德上互相劝勉规诫。

◎ **释疑解惑**

为什么说"乐殊贵贱，礼别尊卑"呢？

《论语·八佾（yì）》记载，"孔子谓季氏：'八佾舞于庭，是可忍也，孰不可忍也？'"八佾是奏乐舞蹈的行列，也是表示社会地位的乐舞等级、规格。一佾指一列八人，八佾则八列，共六十四人。按周礼规定，只有天子才能用八佾，诸侯用六佾，卿大夫用四佾，士用二佾。季氏是正卿，只能用四佾，他却用八佾。孔子对于这种破坏周礼等级的僭（jiàn）越行为极为不满，因此，在议论季氏时说："在他的家庙的庭院里用八佾奏乐舞蹈，对这样的事情也能够容忍，还有什么事情不能够容忍呢！"

鲁国是周天子封给周公之国，周公之子伯禽是鲁国第一代国君。周成王感念周公有勋劳于天下，在周公去世后，命鲁公世世以天子之礼乐祭祀周公，故鲁君祭宗庙有八佾之舞。但天子之礼乐，只能在文王、周公庙用之，若用之于他庙，则是僭礼。季氏是鲁桓公的后裔，鲁国的卿大夫，他在家庙中用天子之礼乐，这是严重的僭礼行为，于己于人皆有害而无益，所以，孔子严斥他的非礼行为。

周礼规定的等级制度是为了维护社会稳定，其后数百年间，也确实达到了预期的效果。到春秋末期"礼崩乐坏"的时代，有些有权有势的卿大夫敢于僭越周礼，自行其是，越制享受，这表明周天子已经失去权威性，再无控制诸侯、卿大夫的实际能力。孔子维护周礼，是为了社会稳定，但他维护不了，因为"礼崩乐坏"乃大势所趋。

rén cí yǐn cè　　zào cì fú lí
仁 慈 隐 恻①，造 次 弗 离②；
jié yì lián tuì　　diān pèi fěi kuī
节 义 廉 退③，颠 沛④匪 亏⑤。

◎ **注释**　①〔隐恻〕即"恻隐"，怜悯，同情。②〔造次弗离〕《论语·里仁》："君子无终食之间违仁，造次必于是，颠沛必于是。"造次，匆忙，仓促。弗，不。③〔节义廉退〕守节、仗义、廉洁、退让。《史记·游侠列传》："汉兴有朱家（人名）、田仲、王公、剧孟、郭解（xiè）之徒，虽时扞（hàn，触犯）当世之文罔（wǎng，同"网"），然其私义廉洁退让，有足称者。"廉退，廉洁退让。④〔颠沛〕指受挫折或遭殃。⑤〔匪亏〕不缺失。匪，不。亏，缺失，缺损。

◎ **大意**　仁爱、慈悲、同情、怜悯之心，即使在仓促、匆忙的情况下也不能抛弃；坚守节操、维护正义、清正廉洁、肯于退让等美德，即使在颠沛流离的困境中也不能缺失。

◎ **知识拓展**

　　在古代，国家的特使出访，手中都要持着一根竹子做的"旌节"，人在旌节在，以象征国家的主权与尊严。

　　西汉天汉元年（前100年），汉武帝派苏武以中郎将身份出使匈奴。同行的有副中郎将张胜、随员常惠等百余人。

　　当苏武等人要返回汉廷时，正赶上匈奴内部发生动乱，副使张胜受到牵连后被下狱，苏武也被传令受审。苏武对常惠说："屈节辱命，虽生，何面目以归汉！"说罢拔出佩刀自刺，顿时血溅气绝。常惠等人慌忙请来医生，医治了半天，苏武才苏醒过来。匈奴单于为他的壮烈气节所感动，派人白天黑夜看护着他。

　　苏武的病体恢复后，匈奴单于先派卫律来劝降，被苏武骂回。单于便将他囚禁在大窖里，断绝饮水和食物去折磨他。恰好天下大雪，苏武就吃雪吞毡以充饥渴，好几天都没有死。匈奴单于以为有神保佑他，将他送到北海（今俄罗斯的贝加尔湖）上杳无人烟的地方去牧羊，说要等到公羊产奶时才能放他回国。

　　苏武在北海，匈奴的粮食常常过期不至，他就"掘野鼠弆（jǔ，保藏）实而食之"（挖出野鼠藏在地洞里的粮食）充饥。每天坚持拄着汉使的节杖去牧羊，即使是休息和睡觉时，节杖也始终不离身边。年深日久，节杖上的毛都掉光了。

汉昭帝即位几年之后，匈奴与汉和亲。汉廷要求匈奴放还苏武，匈奴却谎称苏武已死。不久，汉使又来匈奴，苏武的随从常惠见到了汉使，要他在面见匈奴单于时说："汉朝天子在上林苑中射猎时，得到一只足上有帛书的大雁，书信中说苏武还活着，在北海牧羊。"汉使听罢大喜，按照常惠的话去责难匈奴单于。单于吃惊地对汉使说："苏武确实还活着。"

始元六年（前81年）春天，苏武回到了长安。人们听说苏武持节回到祖国，排列着队伍欢迎他。苏武在匈奴前后共19年，奉命出使时还是壮年，回来时已须发皆白。

苏武高尚的民族气节以及穷且益坚的壮志豪情，极受世人推崇。班固在《汉书》中就指出：苏武确实做到了"使之四方，不辱君命"。

◎ **释疑解惑**

节杖代表皇帝的身份。凡使臣持节，就代表皇帝亲临，可以代表皇帝行使权力，如持节分封诸侯、持节收捕罪犯、持节镇压叛乱、持节出使外国及持节签约议和等。连诸侯在叛变时，除了私刻玺印，也不忘伪造节杖。

苏武所持节杖，实为长8尺的竹竿，最上头装饰着旄羽。节的颜色在汉初为赤色，后来改为黄色。节材在后来也有金质铜身的，不全为竹。

性静情逸①，心动②神疲。
守真③志满，逐物④意移。
坚持雅操⑤，好爵自縻⑥。

◎ **注释** ①〔逸〕安闲。②〔心动〕内心躁动。③〔守真〕保持纯洁的天性。真，本性，天性。④〔逐物〕追求身外之物。⑤〔雅操〕高雅的情操。⑥〔好爵自縻〕出自《易·中孚》："我有好爵，吾与尔靡（縻）之。"爵，古代青铜酒具。贵族因等级不同，使用的爵也不同。后世把爵作为爵位、爵号、官位的总称。好爵即指代高官厚禄、好运气、好机会。縻，拴牛的绳子，引申为牵系、拴住。自縻，自然会留住，自然会到来。

◎ **大意**　秉性沉静，心情才能安逸；内心躁动，精神就会疲惫。保持善良的天性，内心就会充实；追逐身外之物，意志就会动摇。

坚定地保持高雅的情操，好运气自然就会降临。

◎ **知识拓展**

一个人做事如果不够专注，心不在焉，就很难成功。《孟子·告子上》讲过一则故事，大意是：

弈秋是闻名全国的围棋高手，他教两名学生下棋。其中一个学生专心致志听从弈秋的教诲，另一个学生虽然也在听讲，但总在想着有大雁即将飞来，要引弓搭箭把它射下。两人虽然一起学习，但成绩相差甚远。

《列子·汤问》记载纪昌学射的故事：

甘蝇是古代一个善于射箭的人，只要他拉开弓射箭，兽就倒下，鸟就落下，百发百中。甘蝇的一位弟子名叫飞卫，向甘蝇学习射箭。由于飞卫勤奋好学，因此射箭技巧很快就超过了他的师傅。纪昌又向飞卫学习射箭。飞卫说："你先学会看东西不眨眼睛，然后我们再谈射箭。"

纪昌回到家里，仰卧在妻子的织布机下，用眼睛注视着织布的梭子练习不眨眼睛。几年之后，即使锥子尖即将刺在他的眼眶上，他也不眨一下眼睛。

纪昌把自己练习的情况告诉了飞卫，飞卫说："这还不够啊，还要学会视物才行。要练到看小物体像看大东西一样清晰，看细微的东西像看显著的物体一样容易，然后再来告诉我。"

纪昌用牦牛尾巴的毛系住一只虱子悬挂在窗口，远远地看着它。十天之后，看虱子渐渐大了。几年之后，虱子在他眼里有车轮那么大。用这种方法看其他东西，都像山丘一样大。纪昌便用燕地的牛角装饰的弓，搭上用北方出产的篷竹做的细箭，射那只悬挂在窗口的虱子，一下子就穿透了虱子的中间，绳子却没有断。纪昌又把自己练习的情况告诉了飞卫，飞卫高兴地说："你已经掌握了射箭的诀窍！"

◎ 释疑解惑

射礼是我国重要的传统礼仪，有四种：大射、燕射、宾射和乡射。从先秦时期到宋明时期，无论是国家层面的大射礼还是民间主导的乡射礼，一直延续，生生不息。

大射，是天子、诸侯祭祀前，为选择参加祭祀的人而举行的射礼；燕射，是平时燕息之日举行的射礼；宾射，是诸侯朝见天子或诸侯相会时举行的射礼；乡射，是地方官为荐贤举士而举行的射礼。射礼前后常有燕饮，乡射礼也常与乡饮酒礼同时举行。

都邑华夏①，东西二京②。
背邙面洛③，浮渭据泾④。

◎ **注释**　①〔都邑华夏〕即"华夏都邑"，古代中国的都城。都邑，京都，京城，都城。华夏，原指我国中原地带，后指我国全部领土，所以又成为我国的古称。②〔东西二京〕西汉以长安（今陕西西安附近）为都城，东汉以洛阳（今河南洛阳。洛，本作"雒（luò）"，战国时雒邑改雒阳，三国时魏改"雒"为"洛"）为都城。洛阳在东，长安在西，所以历史上称洛阳为东京，称长安为西京。③〔背邙面洛〕指洛阳背靠邙山，面对洛水。邙，山名，又称北邙山，在洛阳市北面。洛，洛水，又称南洛河，发源于陕西南部，向东流经河南省，注入黄河。④〔浮渭据泾〕古代长安城左有渭河，右有泾水。浮渭，指长安像浮在渭水上。渭，渭河，发源于甘肃。泾，泾水，发源于宁夏。二水入陕后汇合。

◎ **大意**　中国古代的都城，最著名的要数东汉的京城洛阳和西汉的京城长安。洛阳背靠邙山，面对洛水；长安左横渭河，右傍泾水。

◎ 知识拓展

武王伐纣建立了周朝，没有几年就病死了，由他14岁的儿子成王继位。成王幼小，不能理政，就由他的叔叔周公辅政。殷商的政权虽然被推翻了，但遗老遗少等贵族还在，他们并不甘心。为了安全起见，西周就在商之都城亳（bó）之外营建雒邑，然后把商朝的贵族都迁到那里，以防他们捣乱。西周后期，西部少数民族犬戎不断扰乱入侵，连"烽火戏诸侯"的周幽王也被杀死。继任的周平王实在没有办法，只好把国都东迁到雒邑，史称"东周"，雒邑即为东京。

中华民族最早的历史文献"河图洛书"就出自雒阳。被奉为"人文之祖"的伏羲氏，根据河图洛书画成了八卦和九畴。从此，周公"制礼作乐"，老子著述文章，孔子入周问礼；班固在这里写出了中国第一部断代史《汉书》，司马光在这里完成了历史巨著《资治通鉴》，程颐、程颢开创了宋代理学；著名的"建安七子""竹林七贤""金谷二十四友"曾云集此地，谱写华彩篇章，左思一篇《三都赋》，曾使"洛阳纸贵"；张衡发明地动仪，蔡伦造纸，马钧发明翻车……以雒阳为中心的河洛文化和河洛文明，是当时中华民族文化的核心和源头，构成了华夏文明的重要组成部分。

◎ 释疑解惑

古代把南视为至尊，而把北作为失败、臣服的象征。宫殿和庙宇都面朝正南，帝王的座位都是坐北朝南，当上皇帝称"南面称尊"，打了败仗、臣服他人叫"败北""北面称臣"。古汉语中一提到背，方位上就指北方，一说到面就指南方。中国人讲究面南背北，以面南为正位；西方人尚北，以北为正位。同样的罗盘，我们叫指南针，他们叫指北针。古代的地图都是上南下北，与现代欧式地图相反。

除了南尊北卑之外，在东、西方向上，古人还以东为首，以西为次。皇后和妃子们的住处分为东宫、西宫，而以东宫为大为正，西宫为次为从；供奉祖宗牌位的太庙，要建在皇宫的东侧。古人还以东西分宾主，东为主、西为宾，主人则称为东家。为了尊师，先生的座位也是坐西朝东，所以称为西宾或西席。迎请客人时，主人从东阶上，宾客从西阶上，以表示对客人的尊重。现代汉语中的"东家""房东"等也由此而来。

◎ 千字文

gōng diàn pán yù　　lóu guàn fēi jīng
宫　殿　盘　郁①，　楼　观②飞　惊　。
tú　xiě　qín　shòu　　huà cǎi xiān líng
图③写④禽　兽　，　画⑤彩⑥仙　灵　。

◎ **注释**　①〔盘郁〕曲折幽深。②〔楼观〕泛指亭台楼阁。观，宫门前两边的望楼。③⑤〔图、画〕都是名词，指绘出的画面。④⑥〔写、彩〕都是动词。写，描画。彩，彩绘。

◎ **大意**　宫殿曲折幽深，重重叠叠；亭台楼阁凌空欲飞，令人惊叹。建筑的图画上，描摹着飞禽走兽，彩绘着天仙神灵。

◎ **知识拓展**

　　阿房（ē páng）宫始建于秦王嬴（yíng）政（即后来的秦始皇）三十五年（前212年），被誉为"天下第一宫"，是秦帝国修建的新朝宫。由于宫殿规模太大，虽然每天都有十几万苦役参加营建工作，但一直到秦亡时仍然没有竣工。

　　阿房宫遗址在今陕西省西安市西郊15公里处，咸阳市东南15公里处，总面积15平方公里，为全国重点文物保护单位。阿房宫与万里长城、秦始皇陵、秦直道并称为"秦始皇的四大工程"，仅前殿就相当于故宫总面积的2/3。根据中国社会科学院考古研究所2002年至2007年的考古研究成果，阿房宫前殿占地约800亩，相当于90个标准足球场的面积。

　　1992年，联合国教科文组织对阿房宫做了调查，将其认定为世界上最大的宫殿基址，认为是当之无愧的"世界奇迹"。

◎ **释疑解惑**

　　对于阿房宫为何取名"阿房"，主要有以下几种观点：

　　第一种：秦王嬴政小时候在邯郸城生活时爱上一位邯郸女子，名阿房。秦始皇统一天下后想立她为后，却遭到众大臣反对，只因她是赵女。阿房为了不让嬴政为难，上吊自杀。秦始皇为了纪念这位他深爱过的女子，因而起名"阿房宫"。

　　第二种：由于宫址靠近咸阳而得名。"阿，近也，以其去（距离）咸阳近，且号阿房。"

35

第三种：根据此宫"四阿旁广"的形状来命名的。阿，古意为曲处、曲隅（yú）、庭之曲等。阿房宫"盘结旋绕、廊腰缦回、屈曲簇拥"的建筑结构就体现了这种"四阿旁广"的风格和特点。

第四种：因为上宫宫殿高峻，好像在"阿上为房"。《汉书·贾山传》中注释曰："阿者，大陵也。取名阿房，是言其高若于阿上为房。"这就是说，阿房宫是由于宫殿建筑在大陵上而得名。

第五种：《长安志》解释"阿"是因宫殿与山相邻，初未有名，故先称"阿房"。这种说法出自《史记》。

以上几种观点很难断定孰是孰非，至今没有定论。

丙舍①傍启②，甲帐③对楹④。
肆筵设席⑤，鼓瑟吹笙⑥。

◎ **注释** ①〔丙舍〕东汉宫中正室两边的房屋，以甲乙丙为次，其第三等舍称"丙舍"。《后汉书·清河孝王庆传》："遂出贵人姊妹置丙舍。"②〔傍启〕在侧面开启。傍，同"旁"，旁边、侧面。③〔甲帐〕最豪华的帐幕。据《汉武故事》记载，武帝用"琉璃、珠玉、明月、夜光"等"天下珍宝"造甲帐，让神仙住在里面，又造乙帐自己住。④〔楹〕厅堂前部立在两旁的柱子。⑤〔肆筵设席〕铺设竹席。指置办宴席。《诗经·大雅·行苇》："肆筵设席，授几（jī）有缉御。"肆、设，都指铺设。筵，竹席。古人席地而坐，席子不止一层，挨地的那一层席子叫筵。⑥〔鼓瑟吹笙〕指演奏各种乐曲。《诗经·小雅·鹿鸣》："我有嘉宾，鼓瑟吹笙。"鼓，弹。瑟，一种弦乐器。笙，一种管乐器。

◎ **大意** 配殿的大门在侧面开启，皇帝的帐幔正对着殿前的柱子。宫殿里摆设着丰盛的筵席，各种乐器齐奏美妙的乐曲。

◎ **知识拓展**

"鸿门宴"这个故事发生在陈胜、吴广起义后的第三年（前206年）。陈胜、吴广起义后，各地云起响应，其中有楚国贵族出身的项梁、项羽叔侄，有农民出身的刘邦。陈胜、吴广失败后，项梁扶楚怀王的孙子熊心做了楚王，刘邦也投靠了项梁。公元前207年，项梁战死，怀王派项羽等去救援被秦军围困的赵国，同时派刘邦领兵攻打函谷关。临行时，怀王与诸将约定，谁先入关，便封谁为关中王。

项羽大破秦军后，听说刘邦已攻占咸阳，非常恼火，就攻破函谷关，直抵新丰鸿门。这时，刘邦的左司马曹无伤暗中派人告诉项羽说刘邦想在关中称王。项羽听了更加恼怒，决定第二天发兵攻打刘邦。

张良向刘邦分析，不宜和项羽硬拼，刘邦只得退出咸阳，回师霸上，并把在咸阳所得的一切，原封不动地送到项羽营中，表示愿让项羽称关中王。范增已觉出刘邦的野心，便想在鸿门设宴诛除刘邦。但此事被项羽的叔父项伯知悉，项伯顾念张良曾对他有救命之恩，便向张良报信。刘邦认为这鸿门是去不得的凶险之地，张良却劝他，不去便只有死路一条，赴会也许能有生机。刘邦无奈，只得应约前往。

鸿门宴当日，刘邦巧妙地化解了项羽的怨恨。范增不甘心，便命"项庄舞剑，意在沛公"，一心要在席中把刘邦刺死，可还是被项伯和樊哙给解了围，刘邦借如厕之机逃遁而去。

◎ 释疑解惑

古人座席的位置以西为尊，请客人面（朝）东而坐，是一种特殊的礼遇。如果主人面东而坐，则表现出以我为尊的气势。

鸿门宴中，项羽、项伯朝东而坐，最尊（项羽不能让叔父项伯坐在低于自己的位置上）；范增朝南而坐，仅次于项氏叔侄的位置；刘邦朝北而坐，又卑于范增；张良面朝西坐，是在场的人中最卑微的了。宴设于项羽军中帐内，刘邦为宾。从座位安排上可以看出，项羽目中无人，自高自大，而力量的悬殊表明，刘邦的处境已令人忧心。再看项羽集团内部，谋士范增在项羽心中的地位尚不及告密的项伯，君臣隔阂已初露端倪。

司马迁关于鸿门宴座次的叙述，不仅如实反映了诸人在楚军中的地位与处境，也从侧面为项羽思想感情的变化及以后的势态发展埋下了伏笔。可能是刘邦安于北向坐的位置，以及在宴会前所表现出来的谦卑与服从，平息了项羽的愤怒，化解了危机。

升^①阶纳陛^②，弁^③转疑星。
右通广内^④，左达承明^⑤。

(shēng jiē nà bì, biàn zhuǎn yí xīng。yòu tōng guǎng nèi, zuǒ dá chéng míng。)

◎ **注释** ①〔升〕登上。②〔纳陛〕古代赐给诸侯或大臣的九种奖赏之一，即凿殿基作台阶，让受赏赐者不必受雨淋日晒，而是在檐下登此台阶朝见皇帝。陛，宫中的高台阶。③〔弁〕一种帽子。这里指官帽。④〔广内〕汉代宫殿名。汉代宫廷里藏书的地方。⑤〔承明〕汉代宫殿名。承明殿旁设有专供朝臣休息的承明庐，因此，后世以"入承明"为在朝做官的代称。

◎ **大意** 官员们上朝，登上一级级的台阶。他们头上的帽子晃动着，帽珠（上面的玉石）像是闪烁的星星。向右通向广内殿，向左直达承明殿。

◎ **知识拓展**

未央宫建于长乐宫修复后不久，是刘邦称帝后兴建，由萧何监造。自建成之后，汉代皇帝都居住在这里，所以，它的名气之大远远超过了其他宫殿。

汉代文献中有关"未央"的文字绝大多数是以宫殿名的形式出现的，而且大多特指"未央宫"。此外，传世文献和出土文献以及出土文物资料中的"未央"大多与"万岁""延寿命"等汉代流行的吉祥语同时出现。

这类文字在铜镜铭文中也大量出现，如"千秋万岁，长乐未央，结心相思，毋见忘""长乐未央，长毋相忘"等，而且具有这种铭文的铜镜在全国各地都曾出土。

此外，"未央"也是汉简中最为多见的人名之一。上至于"侯"，下至于"奴"，都有以此为名号者。由此说明，在汉代，"未央""长乐"是全国各个阶层通行的吉祥语。

作为吉语，"长乐"的意义非常容易理解，那就是"长久快乐""永远快乐"，而"未央"就是没有灾殃。另，据文献记载，汉代的方士安成曾著有《待诏臣安成未央术》一书。未央术就是神仙长生术。从文献记载看，神仙长生术在汉代非常盛行。翻开《史记》《汉书》，以"延年""延寿""千秋""万年""寿昌"等吉语命名的比比皆是，反映了当时追求长生不老、延年益寿的社会思潮的盛行。

将未央与神仙方术相联系，在铜镜铭文中也多有反映。再结合"未央"与"长乐""延寿""万岁""仙人"等吉语同时出现的特殊语境，则"长乐宫"可以理解为"快乐宫""幸福宫"，"未央宫"可以理解为"平安宫""长生宫"。

◎ 释疑解惑

中国古代的建筑都是建在高台上，堂前有阶，要进入堂屋必须升阶，所以有升堂之称。普通的台阶叫阶，帝王宫殿的台阶叫陛。皇室宫殿的台阶，通常9阶为一组，用朱砂涂色，叫作丹墀（chí）。紫禁城太和殿前的丹墀转圈9层，以示九重之天。

臣子站在陛阶之下向天子奏事，称陛下。"陛下"原来指的是站在台阶下的侍者。臣子向天子进言时，不能直呼天子，于是先呼台下的侍者而告之。后来"陛下"就成为对帝王的敬称。

弁是古代的官帽，有爵弁和皮弁之分。

爵弁是没有旒（liú，古代帝王礼帽前后下垂的玉串）的冕，冕是黑色的礼冠。爵弁是中国古代帝王及地位在大夫以上的官员们戴的礼帽，后专指帝王的皇冠。皮弁是文武百官戴的皮帽子，用白鹿皮缝制，样子像现在的瓜皮帽。鹿皮拼缝之处，缀有一行行小玉石，看上去如闪烁的星星。

既集坟典①，亦聚群英。
杜稿钟隶②，漆书③壁经④。

◎ **注释** ①〔坟典〕"三坟五典"的略称，相传是三皇五帝的古籍，已经失传。

这里泛指珍贵的古书。②〔杜稿钟隶〕指东汉章帝时的书法家杜度的草书奏章手稿和汉末书法家钟繇（yáo）的隶书真迹。③〔漆书〕用漆在竹木简上书写而编成的书。古代在毛笔和纸没有发明之前，往往把著述的内容用漆写在竹简上。据《后汉书·杜林传》记载，杜林曾于西州（今新疆高昌一带）得到漆书《古文尚书》1卷。④〔壁经〕又叫"壁书"或"壁中书"。据《汉书·艺文志》记载，汉武帝末年，鲁恭王刘馀打算扩建孔子曲阜（qū fù）老家的旧宅，从拆毁的墙壁里得到《古文尚书》及《礼记》《论语》《孝经》等几十种古书，都是用蝌蚪古文（头粗尾细、形似蝌蚪的一种书体）写成的。据后人考证，这些书是战国时的写本，在秦始皇"焚书坑儒"时，孔子的八世孙孔鲋（fù）把它们藏到了墙壁中。

◎ **大意**　广内殿集藏了古代珍贵的书籍，承明殿汇聚了众多英才。这里有杜度的草书奏章手稿和钟繇的隶书真迹，有用漆写的竹简编成的书和原来藏在孔府旧宅墙壁里的经典。

◎ **知识拓展**

　　杜度，东汉京兆杜陵人，东汉大臣。汉章帝时为齐相，工章草。号称"草圣"的张芝，曾经说自己的书法"上比崔、杜不足"，这里说的"杜"就是杜度。"崔"，是东汉另一位章草书法名家崔瑗（yuàn，大孔的璧），而崔瑗是杜度的学生。

　　杜度的书迹今天看不到了，但据看过他书迹的三国时魏人韦诞说，其书"杰有骨力而字画稍瘦，若霜林无叶，瀑水飞涟"（唐朝张怀瓘《书断》引）。晋朝卫恒《四体书势》说："齐相杜度号善草书，杀字甚安而书体微瘦。"《书断》列其章草为神品，草书大家怀素称他的章草"天然第一"。

　　钟繇，颖川长社（今河南许昌长葛东）人。汉末著名书法家、政治家。曹丕称帝，为太尉。明帝继位，迁太傅。

　　钟繇在书法方面颇有造诣，是楷书（小楷）的创始人，被后世尊为"楷书鼻祖"。据唐代张彦远《法书要录·笔法传授人名》说：蔡邕受于神人，而传与崔瑗及女蔡文姬，文姬传之钟繇，钟繇传之卫夫人，卫夫人传之王羲之，王羲之传之王献之。

◎ 千字文

◎ **释疑解惑**

"三坟五典"被认为是中国最古老的书，早已失传。《左传·昭公十二年》："是能读三坟、五典、八索、九丘。"晋人杜预注："皆古书名。""三坟"，三皇之书，也有学者认为系指天、地、人三礼或天、地、人三气的。今天见到的《三坟书》，分山坟、气坟、形坟，以《连山》为伏羲作，《归藏》为神农作，《乾坤》为黄帝作，各衍为六十四卦，系之以传，且杂以《河图》，其实是宋人伪造的。

府罗①将相，路侠②槐卿③。
户封八县④，家给⑤千兵。
高冠陪辇⑥，驱毂⑦振缨。
世禄⑧侈富，车驾肥轻⑨。
策功茂实⑩，勒碑刻铭⑪。

◎ **注释** ①〔罗〕会聚、排列的意思。②〔侠〕同"夹"，这里是夹立在两侧的意思。③〔槐卿〕指三公九卿。槐，代指槐、棘（酸枣树）。据《周礼·秋官司寇·朝士》记载，周朝在官廷外面种植槐树和棘树，三公和九卿朝见天子前，分别面向正面的三棵槐树和两侧各九棵棘树站立等待，后人就用"槐棘"或"三槐九棘"代指高官。④〔县〕春秋时期始建，地位比后来的县高；战国时期，在郡下设县；秦统一六国后，确立郡县制，县隶属郡。⑤〔给（jǐ）〕供给。⑥〔辇〕帝王的车驾。⑦〔毂〕车轮中心的圆木，外圈连接辐条，内圈用来插轴。这里代指车。⑧〔世禄〕指古代贵族世代享受爵禄。古代贵族的爵位是世袭的，只要后代子孙没有犯法，爵位没有被削去，就可以世袭。禄是根据爵位的等级不同，政府予以的配给和补贴。⑨〔肥轻〕指肥壮的马、轻便的车。⑩〔策功茂实〕把功劳记录在簿册上，褒扬他们的业绩。策，用简册记录。茂，通"懋（mào）"，褒扬，勉励。实，实绩，业绩。⑪〔勒碑刻铭〕把事迹及歌功颂德的文字刻在碑碣和铜器上。勒，刻写。铭，在器物或碑碣上记述事实、歌颂功德的文字。

◎ **大意** 豪华的府第里会聚着王侯将相，宫外的夹道上站立着三公九卿。皇帝赏给他们每家八个县的封地和上千名卫兵。

他们戴着高高的官帽，陪伴皇帝驾车巡游，车轮飞转，帽缨颤动。他们世代享受爵禄，生活奢侈豪富，驾驭肥壮的马，乘坐轻便的车。朝廷将他们的功劳记入史册，以褒扬他们的业绩，还要为他们立碑，刻上赞颂他们的铭文。

◎ **知识拓展**

汝南袁氏与弘农杨氏皆为汉末四世三公的大族。袁安在东汉章帝时为司徒，儿子袁敞为司空，孙子袁汤为太尉，曾孙袁逢为司空、袁隗为太傅，四世居三公位，人称"四世三公"。东汉杨震50岁前穷究学典，设馆授徒，时称"关西孔子"。安帝时入仕，官至司徒、太尉，为官刚正清廉，史称"清白吏"；其子杨秉、孙杨赐、曾孙杨彪，皆继承杨震遗风，均官至太尉，被后人称为"东汉四世三公"。

袁安没做官的时候，客居洛阳，很有贤名。一年冬天，洛阳令冒雪去拜访他。因院子里的雪很深，洛阳令叫随从扫出一条路才进到袁安屋里。见袁安正冻得蜷缩在床上发抖，洛阳令问："你为什么不求亲戚帮助一下？"袁安说："大家的日子都不好过，大雪天我怎么好去打扰人家？"洛阳令佩服他的贤德，推举他为孝廉。和帝时，外戚窦宪兄弟专权，他不畏权贵，多次弹劾窦氏兄弟的专横，为时人所称颂。

◎ **释疑解惑**

三公的称谓，历代有很大不同。秦汉以前，太师、太傅、太保叫作三公。这些人都是德高望重的老臣，虽然没有具体的职务，但一句话就能将皇帝的意见否决。西汉的三公是大司徒、大司马、大司空。这三公都有实权：大司马掌管全国的兵马，相当于国防部长；大司徒专门管钱、管人，相当于丞相；大司空主管国家的基本建设。

九卿是秦汉中央政府的行政长官，包括奉常、郎中令、卫尉、太仆、廷尉、典客、宗政、治粟内史、少府。九卿中只有三卿主管国家的行政，其余六卿主管皇帝的私人事务。廷尉又称大理，是全国最高法官；典客又称大鸿胪，主管少数民族和外交事务；治粟内史又称大司农，主管全国的租税赋役。九卿中的少府是宫廷总管，下设属官尚书。后来，由于事务越来越多，尚书变成尚书省。从隋朝开始，尚书省下设六部，也就是直到清朝都沿用的"兵刑工吏户礼"六部。六部的部长称尚书，副部长称侍郎。

磻溪①伊尹②，佐时③阿衡④。
奄宅⑤曲阜，微旦孰营⑥？
桓公⑦匡合⑧，济⑨弱扶倾⑩。
绮回汉惠⑪，说感武丁⑫。
俊乂⑬密勿⑭，多士寔宁⑮。

◎**注释** ①〔磻溪〕又名璜（huáng）河，渭水支流，在今陕西宝鸡东南。传说姜太公曾在磻溪钓鱼，遇周文王，被拜为太师，后来辅佐武王灭商。这里以磻溪代指姜太公。②〔伊尹〕商初大臣。名挚。因其母居伊水之上，故以伊为氏。尹为官名。传为家奴出身，是有莘（shēn）氏女的陪嫁小臣。后成为商朝成汤的宰相，辅佐成汤攻灭夏桀。③〔佐时〕辅佐朝政。④〔阿衡〕商朝官名，相当于后世的宰相，总理国家大政。⑤〔奄宅〕奄国的地方。奄是春秋时古国名，辖地在今山东曲阜。周成王即位后，武王的弟弟管叔、蔡叔勾结奄君，联合纣王的儿子武庚和东夷部族反叛。周公平息了叛乱，杀掉了管叔、武庚和奄君，放逐了蔡叔。后来周公封在鲁（今山东西南部），以奄国旧地曲阜为都城。他的长子伯禽成为鲁国第一位国君。⑥〔微旦孰营〕如果不是周公，谁治理得了呢？微，没有，不是。旦，即周公（姬姓，名旦）。孰，谁，哪一个。营，筹划，治理，经营。⑦〔桓公〕即齐桓公。"春秋五霸"的第一位霸主。⑧〔匡合〕"一匡天下，九合诸侯"的缩略语。齐桓公在管仲的辅佐下，力图挽救周朝衰微的形势，匡正天下，使各诸侯国都听从周天子的统治，并多次会合诸侯，救助弱小的或濒（bīn）临危亡的国家。匡，匡正（天下）。⑨〔济〕救济，帮助。⑩〔扶倾〕扶助濒临灭亡的诸侯国。倾，倒塌。这里指危亡，濒临灭亡。⑪〔绮回汉惠〕《史记·留侯世家》记载：汉高祖刘邦曾想废掉刘盈而另立赵王如意为太子。吕后采纳张良的计谋，请出隐居在商山的东园公、绮里季、夏黄公和用（lù）里先生四位都已八十多岁的白发老人来辅佐刘盈。刘邦看到自己都征召不来的"商山四皓（hào，老翁，白发老人）"全到了刘盈的身边，知道刘盈"羽翼成矣"，便打消了废立太子的念头。绮，是绮里季，这里代称"商山四皓"。汉惠，汉惠帝刘盈。⑫〔说感武丁〕《史记·殷本纪》记载：传说商王武丁梦见上天赐给他一位贤人，便画像访求。后来在傅岩（今安徽阜南东南）这个地方找到了一个正在夯土筑墙的名叫"说（yuè）"的苦役，他正是武丁梦中的那位贤人。于是，武丁让说做了相，商朝得以中兴。说，即傅说。⑬〔俊乂〕才德出众的人。才德超过千人为俊，超过百人为乂。⑭〔密勿〕同"黾（mǐn）勉"，努力，勉力。《汉书·刘向传》："密勿从事，不敢告劳。"颜师古注："密勿，犹黾勉从事也。"⑮〔多士寔宁〕依赖众多的贤士，天下真正得以安宁。寔，同"实"。

◎ **大意**　吕尚和伊尹，都是辅佐朝政的名相。奄国旧地曲阜，如果不是周公，谁能治理得好呢？

齐桓公在管仲的辅佐下，力图匡正天下，维护周天子的统治，并多次会合诸侯，出兵援助弱小的或濒临危亡的诸侯国。绮里季等"商山四皓"挽回了汉惠帝当年做太子时险些被废的危局，傅说因入梦使商王武丁受到感应。

这些才德出众的人勤勉做事，努力辅政；正是依靠这众多的贤士，国家才真正得以安宁。

◎ **知识拓展**

伊尹，名挚，夏末商初人。"尹"不是名字，而是"右相"的意思。因其母居伊水之上，故以伊为氏。《墨子·尚贤》："伊尹为有莘（shēn）氏女师仆。"师仆就是贵族子弟的家庭教师。在甲骨文中有大乙（即商汤）和伊尹并祀的记载。可以说伊尹是中国第一位见之于甲骨文记载的教师。

伊挚（此时还不叫尹）原为奴隶，被有莘国国君的家用厨师（奴隶）收养。伊挚自幼聪明颖慧，勤学上进，虽耕于有莘国之野，却乐尧舜之道，既掌握了烹调技术，又深懂治国之道，以致求贤若渴的商汤三番五次前往有莘国去聘请他。由于有莘王不答应，商汤只好娶有莘王的女儿为妃，于是，伊挚便以陪嫁奴隶的身份来到汤王身边。

《孟子·万章上》说，伊挚教汤效法尧舜而以德治天下，为汤谋划伐夏救民的方略。

公元前1601年，伊挚看到灭夏的时机已经成熟，便协助商汤讨伐夏桀。夏桀战败南逃，夏朝灭亡。商朝建立后，商汤便封伊挚为尹。

商汤死后，伊尹历经外丙、中壬两位君主，又做了商汤长孙太甲的师保。传说，太甲不遵守商汤遗留的大政方针。为了教育太甲，伊尹将太甲放逐到成汤墓葬之地桐宫，他与诸大臣代为执政，史称"共和执政"，并著《伊训》《肆命》《徂后》等训词，讲述如何为政，什么事可以做，什么事不可以做，以及如何继承成汤的法度等问题。太甲守桐宫三年，追思成汤的功业，深刻反省，学习伊尹的训词，逐渐认识了自己的过错，并开始悔过返善。当太甲有了改恶从善的表现后，伊尹便适时亲自到桐宫迎接他，并将王权交给他，自己继续当太甲的臣子。在伊尹的耐心教育下，太甲复位后"勤政修德"，继承成汤之政，果然有了良好的表现，商朝的政治又出现了清明的局面。《史记》称"诸侯咸归殷，百姓以宁"。于是伊尹又作《太甲》三篇褒扬太甲。太甲终成有为之君，被其后代尊奉为"太宗"。

◎ 释疑解惑

齐桓公到底是不是贤明之主？辅佐他的管仲是好人还是坏人？

有一次，孔子与他的弟子子路、子贡谈起了管仲，师生双方各抒己见，褒贬不一。

子路说："齐桓公杀死了他的哥哥公子纠，公子纠的师傅管仲却活下来了。如此看来，管仲怕不能算有仁德吧？"

孔子说："不能这么看，管仲是有仁德的，他使齐国强大起来。"

子贡说："管仲怎么能算仁人呢？公子纠都被齐桓公杀了，作为师傅的管仲

中华典藏 ◎ 千字文·声律启蒙

按礼节、按情理都应该以身殉难，可他非但不死，反而去辅佐仇人，对齐桓公忠心耿耿，这能叫'仁'吗？"

孔子说："看一个人，仅仅盯住他的小节是不行的呀。你们好好想一想，假如没有管仲，齐国会强盛起来吗？管仲辅佐齐桓公，使他称霸于诸侯，一匡天下，老百姓不是直到现在还在受益吗？"（《论语·宪问》："管仲相桓公，霸诸侯，一匡天下，民到于今受其赐。微管仲，吾其被发左衽矣！"）

晋楚更霸①，赵魏困横②。
假途灭虢③，践土会盟④。
何遵约法⑤，韩弊烦刑⑥。
起翦颇牧⑦，用军⑧最精。
宣威⑨沙漠，驰誉⑩丹青⑪。

◎**注释** ①〔晋楚更霸〕晋文公和楚庄王相继做春秋时期诸侯的霸主。晋，指"春秋五霸"之一的晋文公。楚，指"春秋五霸"之一的楚庄王。更，交替，这里指楚庄王取代晋文公（做霸主）。②〔困横〕即"困于横"，被"连横"政策困扰。横，也叫连横、连衡。战国时，张仪游说（shuì）楚、齐、燕、韩、赵、魏六国与秦国合作的外交路线叫连横。③〔假途灭虢〕《左传·僖公五年》记载：晋献公向虞国借路去攻打虢国，在灭掉虢国之后回师的路上，又顺手消灭了虞国。假，借。④〔践土会盟〕《左传·僖公二十八年》记载：公元前632年，晋、齐、宋、秦四国在城濮〔今山东鄄（juàn）城西南。濮，音pú〕之战中打败楚国。随后，晋文公与齐、宋、蔡、郑、卫、莒（jǔ）等国在郑国的践土（今河南原阳西）这个地方结盟。⑤〔何遵约法〕萧何遵行汉高祖刘邦进入关中时约法三章（"杀人者死，伤人及盗抵罪"）的原则，制定了汉初的《九章律》。何，指萧何，汉初丞相。⑥〔韩弊烦刑〕韩非受困于自己倡导的严刑苛法。韩，指韩非，战国末期法家的代表人物。弊，困，受害于。烦，繁杂，烦苛。⑦〔起翦颇牧〕分别指战国中期秦国将军、武安君白起，战国末期秦国将军、武城侯王翦，战国中期赵国将军、信平君廉颇和战国末期赵国将军、武安君李牧。⑧〔用军〕指挥军队打仗。⑨〔宣威〕宣示声威。⑩〔驰誉〕传播名声。⑪〔丹青〕原指丹砂（朱砂）和青臒（huò）两种颜料，此处指史册。古代用丹册纪勋，用青册纪事。丹，红色。

◎ **大意**　晋文公和楚庄王相继做过春秋时期诸侯的霸主，战国时赵国和魏国一度被张仪的"连横"外交困扰。晋献公向虞国借路去消灭虢国（回师途中又消灭了虞国），晋文公在践土与齐、宋、蔡、郑、卫、莒等国会盟并成为新的霸主。

萧何遵行汉高祖刘邦进入关中时约法三章的原则，制定了汉初的《九章律》。韩非受困于自己倡导的严刑苛法，死在秦国的监狱中。白起、王翦、廉颇和李牧对领兵打仗最为精通。他们的威名远达沙漠边地，他们的声誉永垂史册。

◎ **知识拓展**

"春秋五霸"的头一名是齐桓公，第二位就是晋文公。孔子对这二位的评价是："晋文公谲（jué）而不正，齐桓公正而不谲。"（《论语·宪问》）谲就是诡诈。晋文公因家庭变故在外流浪多年，饱尝人间冷暖，所以他为人处事用诡诈计谋的时候多。

晋文公，名重耳，为晋献公之子。因献公宠爱骊姬，杀太子申生，又欲害重耳。重耳不得不在外避难19年，后借秦穆公之力回国即位时，已经62岁。在位期间，他重用有才干的赵衰、狐偃等人，发愤图强，国力日益强盛，出现了"政平民阜，财用不匮"的局面。同年，周王室发生内乱，周襄王逃出避难。晋文公利用这一机会兴兵勤王，护送襄王回国，提高了晋国在中原诸侯中的威望。晋国在文公时代达到鼎盛，据有今天山西中南部、河北南部、河南西北部和陕西的一部分。直到春秋末期的"三家分晋"，才有赵、韩、魏取代晋国跻身"战国七雄"之列。

公元前632年，晋楚两国为争霸主地位而在城濮大战，楚国战败，晋文公当上了霸主。

"五霸"之中的楚国地域最广、人口最多、物产最丰，所以发展很快。在春秋时代，历史资料里留下了170个国家的名字，楚国就先后吞并了其中的40个。

公元前614年，楚庄王继位，执政三年，不发号令，终日郊游围猎，沉湎声色。伍参请庄王猜谜语："有鸟止于阜，三年不飞不鸣，是何鸟也？"庄王答："三年不飞，一飞冲天；三年不鸣，一鸣惊人！"公元前611年，楚国发生灾荒，戎人骚扰，附属的庸国、麇（mí）国勾结百濮叛楚。庄王集中力量伐灭威胁最大的庸国，又吞并了麇国，控制住局面。此后，又极力整顿内政，任用贤才，厉行法治，加强兵备，使楚国出现一派国富兵强的景象。

公元前597年，楚庄王率领大军攻打郑国。晋国派兵救郑，在邲（bì）地（今河南郑州市东）与楚国大战，晋国惨败。公元前594年（一说公元前589年）冬，楚、鲁、蔡、秦等14国在蜀（今山东泰安西）会盟，正式推举楚国主盟，楚庄王遂成为称雄中原的霸主。

韩非（约前280—前233）本是韩国的贵族子弟，有口吃的毛病，不善于讲话，却擅长著书立说。他和李斯都是荀子的学生，李斯自认为学识比不上韩非。

《史记·老子韩非列传》记载，韩非看到韩国渐渐衰弱下去，屡次上书韩王，无奈韩王不纳。韩非痛恨治理国家不致力于修明法制，不能凭借君王的权势来管理部下，不能任用贤能之士富国强兵，反而任用夸夸其谈、对国家有害的文学游说之士，并且让他们的地位高于讲求功利实效的人。他认为文人用文字钻国家法律的空子，游侠靠武艺违犯国家禁令。国家太平时，君主宠信那些徒有虚名的文人，形势危急时，还是要使用那些披甲戴盔的武士。现在国家养的人并不是所需要的，而要用的人又不养。所以，他写下《孤愤》《五蠹（dù）》《说难（shuì nán）》等十余万字的著作。他的著作传到了秦国，秦王一见如获至宝，立即攻打韩国，为的就是要得到韩非。

韩非一到秦国，秦王即与他日夜长谈，非常喜欢他。秦朝实施的各项政策，在很大程度上是根据韩非子的理论制定的。还没等秦王重用韩非，李斯、姚贾等人因忌妒而毁谤韩非，说："韩非本是韩国贵族的后裔。现在大王要吞并六国，韩非到头来还是要帮助韩国的。如果大王不用他，再放他回去，这是自种祸根哪，不如以法诛之！"秦王以为此话有理，就下令有司给韩非定罪。李斯乘机给韩非送去了毒药，叫他自杀。韩非想当面向秦王述说是非，又见不到，悲愤交加，在狱中服毒自尽。秦王下令后即悔，马上派人去赦免他，可惜韩非已经死了。

韩非子最终死在自己倡导的烦刑苛法之下。他明知游说帝王之难，还写了部名为《说难》的专著，本人却逃脱不了游说君主的灾祸。

◎ 释疑解惑

丹青，原指丹砂和青䨼（huò），可作颜料，后来成为画工的代称。三国魏曹丕《与孟达书》："故丹青画其形容，良史载其功勋。"

本文此处指史籍。古代用丹册纪勋，以青史纪事。

丹册即丹书。古代帝王赐给功臣世袭的享有免罪等特权的证件。

青史，古代以青竹简记事，故称史籍为"青史"。

汗青，古时在竹简上记事，先以火烤青竹，使水分如汗渗出，便于书写，并免虫蛀，故称。

九州①禹迹②，百郡秦并（併）③。
岳宗泰岱④，禅主云亭⑤。
雁门⑥紫塞⑦，鸡田⑧赤城⑨。
昆池⑩碣石⑪，巨（鉅）野⑫洞庭⑬。
旷远⑭绵邈⑮，岩岫⑯杳冥⑰。

◎ **注释** ①〔九州〕指《尚书·夏书·禹贡》所列的冀、豫、雍、扬、兖（yǎn）、徐、梁、青、荆九州，是传说中我国中原地区最早的行政区划。后泛指全中国。②〔禹迹〕传说中大禹治水走过的地方。迹，脚印。③〔百郡秦并（併）〕天下各郡在秦兼并六国后归于一统。百郡，泛指天下所有地方行政区域。春秋时期已有县、郡设置，至战国后期，各国郡县的设立已很普遍。初县大于郡，后郡大于县。并（併），兼并，合在一起。④〔岳宗泰岱〕五岳以泰山为尊。岳，特指五岳，即东岳泰山、西岳华（huà）山、南岳衡山、北岳恒山、中岳嵩（sōng）山。宗，以……为宗，最尊崇。岱，泰山又名岱岳、岱宗。⑤〔禅主云亭〕古代帝王积土为坛而祭天叫作"封"，扫平地面而祭地叫作"禅"。据《史记·封禅书》记载，从远古无怀氏、伏羲、神农、炎帝到五帝，以至禹、商汤、周成王，除黄帝禅亭亭（即今云亭山，在山东泰安境内）、禹禅会稽（也称茅山，位于今浙江绍兴境内）、周成王禅社首（泰山的附属神山）外，均封泰山，禅云云（云云山，在山东泰安东南）。云亭，指云云山和亭亭山，都是泰山下面的小山。⑥〔雁门〕山名，又名雁门塞，在今山西代县西北。山上有著名的雁门关。⑦〔紫塞〕指长城。秦汉时期的长城是用紫色的泥土修筑的，所以叫"紫塞"。⑧〔鸡田〕古代西北重要驿站。一般认为在宁夏灵武一带。唐代刘宪《奉和圣制幸望春宫送朔方大总管张仁亶（dǎn）》有"凉风过雁苑，杀气下鸡田"句，雁苑即雁门关。唐代王贞白《拟塞外征行》："寇骑满鸡田，都护欲临边。"⑨〔赤城〕古代北方边关重镇。汉代始于上谷郡筑赤城，城在山上；北魏时又修从赤城至五原的长城两千余里，设置守军抵御柔然南侵。清代设赤城县（今河北赤城），隶属宣化府，今属河北张家口。一说在浙江天台（tāi）东北，为天台山南门。⑩〔昆池〕即今云南滇（diān）池。⑪〔碣石〕山名。在今河北昌黎北，古代濒临渤海。秦始皇、曹操曾于此观海。⑫〔巨（鉅）野〕即巨野泽，古代大湖，后来干涸（hé）。在今山东巨野北部。⑬〔洞庭〕即洞庭湖。在湖南北部，长江南岸。⑭〔旷远〕辽阔。⑮〔绵邈〕悠远。⑯〔岩岫〕山洞。⑰〔杳冥〕幽深。

◎ **大意** 九州处处留下大禹治水时走过的足迹。天下各郡在秦兼并六国后归于一统。五岳中最受人尊崇的是东岳泰山（祭天的仪式在泰山举行），祭地的仪式主要在云云山和亭亭山举行。

雁门塞、古长城，鸡田驿、赤城峰，滇池水、碣石山，巨野泽、洞庭湖……中华大地辽阔悠远，奇峰幽洞气象万千。

◎ **知识拓展**

《史记·封禅书》记载，历代的帝王在政权更替、新君登基的时候，首先都要来泰山举行祭拜天地的封禅大典。由于历朝的规矩不同，具体地点也就有异。

◎ 千字文

例如三皇的封禅，伏羲、神农封在泰山，禅在云云山；黄帝封在泰山，禅在亭亭山。尧、舜则是封泰山，禅云云山。云云山在泰山的东南，亭亭山在泰山的南面，都离泰山很近，山很小。

唐代段成式《酉阳杂俎》卷十二《语资》记载：唐明皇要封禅泰山，任命张说（yuè）为封禅使。张说的女婿郑镒（yì）本是九品官。按照老规矩，封禅以后，自三公以下都能迁升一级，而郑镒靠了张说的关系，一下子升到五品官，同时赐给红色官服。唐明皇看到郑镒一下子升了几级，感到很奇怪，就询问原因，郑镒一时无话可答。这时宫廷乐师黄幡绰便来调侃，说道："这是因为靠了泰山之力呀。"

黄幡绰说的"泰山"一语双关，既指封禅一事，又指岳父，后来人们就称岳父为"泰山"。

◎ 释疑解惑

关于"赤城"，传统的解释都认为是浙江天台（tāi）山南门，但是联系上下文，应该指宣化古赤城。众所周知，千字文对仗十分严格整饬。"雁门紫塞，鸡田赤城"说的是古代北方边关重镇，"昆池碣石，巨野洞庭"则南北纵横，列举秀美山川，从文义上十分和谐。因此，把赤城解释为筑于宣化的古城更合理。

zhì běn yú nóng　　　wù zī jià sè
治　本　于　农①，　务　兹　稼　穑②。
chù zài nán mǔ　　　wǒ yì shǔ jì
俶　载　南　亩③，　我　艺　黍　稷④。
shuì shú gòng xīn　　quàn shǎng chù zhì
税　熟⑤贡　新⑥，　劝⑦赏　黜　陟⑧。

◎ **注释**　①〔治本于农〕治国的根本在于发展农业。《汉书·文帝纪》："农，天下之大本也。"于，在。②〔务兹稼穑〕做好播种、收获这一类农事活动。务，从事，致力于。兹，这。稼穑，农事活动的总称。稼，种植（谷物）。穑，收割（谷物）。③〔俶载南亩〕语出《诗经·小雅·大田》："俶载南亩，播厥百

51

谷。"俶,开始。载,从事工作,这里指翻土压草、播种。南亩,泛指农田。④〔我艺黍稷〕语出《诗经·小雅·楚茨(cí)》:"自昔何为?我艺黍稷。"艺,种植。黍稷,泛指庄稼。黍,黍子,去皮后叫黄米,煮熟后有黏性。稷,唐朝以前把谷子当成稷,唐朝以后把黍当成稷。⑤〔税熟〕庄稼成熟要征收赋税。⑥〔贡新〕新收获的蔬菜水果要向上纳贡。⑦〔劝〕劝诫,勉励。⑧〔黜陟〕指官吏的进退升降。黜,降职或罢免。陟,提拔。

◎ **大意** 治国的根本在于发展农业,要搞好播种、收获这一类农事活动。春天开始耕田,种上庄稼。庄稼成熟了,政府要征收田租赋税;新鲜的蔬菜水果成熟了,要向上纳贡。朝廷会根据官员的政绩,或劝诫,或奖赏,或降职免官,或提拔重用。

◎ **知识拓展**

后稷,姬姓,名弃,是黄帝的玄孙,帝喾(kù)的嫡长子。后稷的母亲名叫姜嫄(yuán),有邰(tái)氏之女,是帝喾的元妃。

传说一日姜嫄郊游,碰见一个巨人足印。她将脚套在巨人足印的大拇指上,十月后产下一子。姜嫄以为儿子是妖,就把他抛入隘巷,巷中过往的牛马都自觉避开。后来姜嫄派人把他丢到山林中,碰巧山中人多,没丢成。最后将他抛到河冰上,又飞来一只大鸟,用自己丰满的羽翼把他盖住,以防他被冻僵。姜嫄得知后,以为这是神的指示,便将他抱回精心抚养。因最初要抛弃,所以起名"弃"。

《诗经·大雅·生民》说弃为儿童时,好种树、麻、菽。他成人后,好耕农,相地之宜,善种谷物稼穑,民皆效法。后稷曾在尧舜时代当农官,教民耕种,被认为是最早种稷和麦的人。

◎ **释疑解惑**

古代的耕作制度,在农田里开挖一条条的排水沟,叫作"畎(quǎn)",畎之间隆起的用来种庄稼的土地叫垄或亩。畎亩南北走向的叫南亩,东西走向的叫东亩。因古代的田亩多为南亩,故以南亩泛指农田。《诗经·豳(bīn)风·七月》:"同我妇子,馌(yè,送饭)彼南亩。"

亩是地积单位。上古时代(先秦)宽1步、长100步为1亩,6尺为1步。《孟子》:"五亩之宅,树之以桑。"按秦制240步为1亩。现代的1亩为60平方丈，合667平方米。10分地为1亩，100亩为1顷。

周朝的耕地采取井田制，大约100亩耕地为1井，平分为9块，形如"井"字。"井"字中间的1块为公田，属诸侯所有；其余的8块为私田，每户各1块。干活儿的时候，先公田后私田。

黍稷是古人主要的粮食作物，黄米（黏米）叫黍，谷子（小米）叫稷。黍稷在此代表五谷。五谷不包括稻米，上古时代，中国北方只有梁、菽、麦、黍、稷，稻子是后来从南方引进的。浙江省余姚市的河姆渡遗址出土有五谷的种子。通过用同位素碳14测定年代，这些种子距今7 000年左右，属新石器时代。这证明，中国以农业立国的历史大约有7 000年。

孟某①敦素②，史鱼秉直③。
庶几④中庸⑤，劳谦谨敕⑥。
聆音⑦察理，鉴貌辨色⑧。
贻厥嘉猷⑨，勉其祗植⑩。

◎ **注释** ①〔孟某〕这里指孟子。孟子名轲（kē），但从王羲之的墨迹中所选的1 000个字里没有"轲"字，故以"某"字代替。②〔敦素〕崇尚质朴。敦，崇尚，注重。③〔史鱼秉直〕春秋后期，卫国大夫史子鱼秉性刚直。《论语·卫灵公》载，"子曰：'直哉史鱼！邦有道如矢，邦无道如矢。'"《韩诗外传》卷七记载，史子鱼临死前对儿子说："我多次说蘧（qú）伯玉是位贤者，君主却不任用他；说弥（mí）子瑕（xiá）不是好人，君主却不罢他的官。作为臣子，没能尽到荐举贤人、斥退坏人的责任，我死后棺材不配停在正堂治丧，只停在侧室就行了。"卫灵公来吊唁（yàn），看到这种反常现象后便问是怎么回事。史子鱼的儿子便如实地把父亲的遗嘱告诉了卫灵公。灵公马上重用蘧伯玉而罢了弥子瑕的官，然后命令史家在正堂治丧。历史上称这件事为"子鱼尸谏"（死后以自己的尸体向君主进谏)。《韩诗外传》评价道:"生以身谏,死以尸谏,可谓直矣!"史鱼,名鳅(qiū),字子鱼,这里省称鱼。秉直,秉性刚直。④〔庶几〕接近,差不多。⑤〔中庸〕儒家的最高道德标准,主张以不偏不倚、调和折中的态度立身处世。⑥〔劳谦谨敕〕勤劳、谦恭、谨慎、严整。⑦〔聆音〕聆听话音。⑧〔鉴貌辨色〕观察面貌,辨明脸色。⑨〔贻厥嘉猷〕留给子孙处世的良谋。贻厥,"贻厥子孙"的略称。出自《尚书·夏书·五子之歌》:"有典有则,贻厥子孙。"贻,留给。厥,其,他的。嘉猷,良策,良谋。猷,计划,谋划。⑩〔祗植〕谨慎地立身处世。祗,恭敬,这里指谨慎。植,树立,这里指立身处世。

◎ **大意** 孟子崇尚质朴,史鱼秉性刚直。做到勤劳、谦恭、谨慎、严整,距离儒家的最高道德标准——中庸就差不多了。与人交往要注意聆听对方话语,体察是非曲直;观察对方容貌,辨明脸色心思。要给子孙留下处世的良谋,勉励他们谨慎地立身处世。

◎ **知识拓展**

说到耿直的臣子,除了号称良史的史鱼、董狐和直言进谏的比干(gān)、魏征外,东汉初年的强项(头颈)令董宣也很有特点。

董宣,字少平,陈留圉(yǔ)地(今河南开封县陈留镇)人。东汉光武帝时,董宣被特别征召为洛阳县令。当时湖阳公主的家奴白天杀了人,因为藏匿在公主家里,官吏无法抓捕。公主出门,让这个家奴陪乘。董宣在夏门外的万寿亭等候,拦住公主的车马,用刀圈地,大声数说公主的过失,呵斥家奴下车,接着便把家奴打死了。

公主立即回到宫里向光武帝告状。光武帝极为愤怒,召来董宣,要用鞭子打死他。董宣磕头说:"希望让我说一句话再死。"

光武帝说:"想说什么话?"

董宣说:"皇帝您因德行圣明而中兴复国,如果放纵家奴杀害百姓,那么您拿什么来治理天下呢?臣不用鞭子打,请让我自杀吧。"他当即用脑袋去撞击柱子,顿时血流满面。

光武帝命令小太监扶着董宣,让他磕头向公主谢罪,董宣不答应。(刘秀让小太监)强迫他磕头,董宣两手用力撑地,不肯低头。光武帝无可奈何,管他叫

"强项令"。公主说："陛下过去做百姓的时候，隐藏逃亡犯和死刑犯，官吏不敢到家门。现在做皇帝，难道威严还不能施加给一个县令吗？"

光武帝笑着说："做皇帝和做百姓不一样。"当即赏赐董宣三十万钱，董宣全部分给手下众官吏。从此，董宣捕捉打击依仗权势横行不法的人，没有谁不害怕得发抖，京城称之为"卧虎"。百姓歌颂他说："有董少平在的地方就没有人击鼓鸣冤。"

董宣当了5年洛阳县令，74岁时死在任上。光武帝派使者探望，只见布被覆盖着他的尸体，他的妻子和儿女相对而哭，家里只有几斛大麦、一辆破车。听到使者的报告，光武帝很伤心，说："董宣廉洁，到他死我才知道。"因董宣曾经做过年俸二千石的官员，光武帝便赏赐董宣系印纽的绿色绶带，按大夫的礼节安葬了他。

说到中庸，汉代的胡广跟这个词有关。

胡广（91—172），字伯始，南郡华容（今湖北监利）人。东汉名臣、学者。

胡广两岁丧母，少时孤苦贫困，成人以后，曾在郡府里任散吏。后被南郡太守法雄举荐为孝廉，到雒阳（三国魏改称洛阳）参加殿试。汉安帝亲自主持考试章奏，胡广被选为第一，授尚书郎。

汉安元年（142年），胡广升任司徒。建宁元年（168年），胡广任太傅，总录尚书事。

胡广以奉行中庸之道著称，为官30多年，历事6朝，受到隆重的礼遇。他每次逊位辞病，或者被免职回乡，不满一年，便又再次升职。他担任过一次司空、两次司徒、三次太尉，最后官至太傅。他所辟命的掾（yuàn）属，都是天下名士。他非常熟悉先朝的典章制度，通晓当代的朝廷规章，所以京都有谚语说："万事不理问伯始，天下中庸有胡公。"然而，胡广温柔敦厚，谨小慎微，以此取媚朝廷，没有忠贞正直的气节，因此而被天下人轻视；又取媚于宦官，废黜功勋卓著的滕抚，使得"天下怨之"。

◎ 释疑解惑

中庸是儒家的政治、哲学思想，主张待人处事不偏不倚，无过无不及。但是，搞不好就会成为老好人、和事佬。孔子称这样的人为"乡原（yuàn）"，说他们伪善,很可恶。《论语·阳货》载,"子曰:'乡原,德之贼也。'"

《孟子·尽心下》记载得很明确:

万章问:"全乡里的人都老实谨慎,所到之处无人不老实谨慎,孔子却认为他们是对高尚道德的亵渎(xiè dú),这是为什么呢?"

孟子说:"想否定他们却举不出什么过错,想讽刺他们却无法讽刺。他们和同于世俗,融合于污浊的社会,住在那里好像忠实诚信,行为方式好像很廉洁,大家都喜欢他们,他们也自以为是,却不入尧舜之道,所以称他们是'亵渎高尚道德'的人。孔子说,'我讨厌似是而非的人。讨厌莠草,害怕它们混淆了真正的禾苗;讨厌巧言令色的人,害怕他们混淆了义;讨厌尖酸刻薄、巧言善辩的人,害怕他们混淆了真正的诚信;讨厌郑国的音乐,害怕它们搅乱了真正的雅乐;讨厌紫色,害怕它们抢夺了朱红色的地位;讨厌乡愿,害怕他们亵渎了高尚道德。'"

孟子认为,"乡原"这种人从表面上来看,都是光明正大的正人君子,然而骨子里却充满了个人的私欲。清廉过分的官员往往是贪官,他贪的不是一点儿金银珠宝,而是最高的地位。

那么,怎样为人处世才是正确的呢?《论语·子路》记载,"子贡问曰:'乡人皆好之,何如?'子曰:'未可也。''乡人皆恶之,何如?'子曰:'未可也。不如乡人之善者好之,其不善者恶之。'"

省躬①讥诫,宠增②抗极③。
殆④辱近耻,林皋幸即⑤。
两疏⑥见机⑦,解组⑧谁逼?

◎ **注释** ①〔省躬〕反省自身。②〔宠增〕恩宠增加。③〔抗极〕防止达到极点。抗,抵御,防止。④〔殆〕这里是接近的意思。⑤〔林皋幸即〕归隐山林是有幸的。林皋,靠近水边的山林。皋,水边高地。幸,有幸。即,到……去。⑥〔两疏〕指西汉宣帝时受命给太子当老师的太傅疏广和少傅疏受叔侄。

⑦〔机〕事物变化的迹象和征兆。⑧〔解组〕辞去官职。说的是疏广、疏受在任太子太傅、少傅5年后,都推托有病,辞官还乡。组,组绶,系官印的绶带。

◎ **大意** 听到别人的讥讽或告诫,要反省自己。恩宠不断增加,要防止达到极点。预感到羞辱将要临头时,辞官归隐山林便是大幸。疏广、疏受看到危险的征兆,决定辞官还乡,又有谁强迫他们交出官印呢?

◎ **知识拓展**

疏广(?—前45),字仲翁,号黄老,东海兰陵(今山东省临沂市兰陵县)人。西汉名臣。宣帝时为太子太傅。疏广的侄子疏受,当时亦以贤明被选为太子家令,后升为太子少傅。疏广、疏受在任职期间,曾多次受到皇帝的赏赐,并称"二疏"。

《汉书》记载,疏广年轻的时候好学,通晓《春秋》,在家教授学业,求学的人从远方投奔到他的门下。他被征召为博士、太中大夫,任太子太傅。

疏广哥哥的儿子疏受也按贤良的资格被举荐担任太子家令,不久升任太子少傅。太子每回上朝,叔侄俩都随同觐(jìn)见皇上,太傅在前,少傅在后。叔侄二人一同担任太子的师傅,满朝廷把这看作是荣耀的事。

他们在这样的职位上5年后,疏广对疏受说:"我听说,'知道满足就不会受辱,懂得止步就没有危险','功成名就而主动引退,符合天道'。如今官也做了,名声也树立了,这样还不离职,恐怕要后悔的,还不如我们叔侄二人一起出关,告老还乡,不也很好吗?"疏受磕头说:"听从大人指教。"当日,叔侄一起借口有病,请假归乡。皇上因为他们年纪已老,特准退休荣归,加赐黄金20斤,皇太子赠送黄金50斤。公卿大夫、故友乡人在东都门外陈设帷帐给他们饯行,送行者的车有数百辆。

疏广回到家乡以后,每天让家人陈设食具,摆上酒食,邀请族人老友宾客一起娱乐。过了一年多,疏广的子孙私下说:"我们希望赶在大人在世时多少置办些家产立下基业,如今每天吃吃喝喝,资财恐怕不久将要耗尽。"疏广说:"我难道老糊涂了不顾念子孙吗?但是原本有旧田宅,让子孙在这些田宅里辛勤劳作,足够供应穿衣吃饭,跟普通人一样。如果再增加他们的财产而出现盈余,只不过是让子孙怠惰罢了。贤明的人有过多的财富,就会抛弃自己的志向;愚昧的人有过多的财富,就会增加他们的过失;富有的人,是众人怨恨的对象。我既然没有什么用来教化子孙的，就不打算增加他们的过失又招致众人对他们的怨恨。另外，这金子是皇上赏赐给我用来养老的，所以，我乐意跟乡亲宗族共同分享，来度完我的余生，不也是可以的吗！"族人心悦诚服。于是他就这样终老一生。

◎ **释疑解惑**

否（pǐ）、泰是《易》的两个卦名。天地交、万物通谓之"泰"，天地不交而闭塞谓之"否"。后常以泰、否指世事的盛衰、命运的顺逆。《周易》六十四卦中，"泰"之后是"否"，"否"转一轮后才变成"泰"，寓意从好变坏容易，而从坏变好难。

索居①闲处，沉默寂寥。
求古寻论②，散虑③逍遥④。
欣奏⑤累遣⑥，戚(慼)谢⑦欢招⑧。

◎ **注释** ①〔索居〕独居。②〔求古寻论〕研读古籍，寻求高论。古，指古代的典籍。③〔散虑〕解除思虑，排除杂念，即不再为世事操心。④〔逍遥〕自由自在，无拘无束。⑤〔奏〕进，来。⑥〔累遣〕指将烦累的情绪排遣掉。遣，送走，排遣，排解。⑦〔戚(慼)谢〕烦闷消散。戚，悲伤，忧愁。谢，离去，消散。⑧〔招〕招来，引来。

◎ **大意** 离群独居，悠闲度日；深沉无语，清静寂寥。研求古代典籍，寻求先贤高论，排除俗虑杂念，活得自在逍遥。喜悦不期而至，烦累烟消云散；忧愁随风而去，欢乐不请自来。

◎ **知识拓展**

传说上古时代，尧想把帝位让给许由。许由不但拒绝了尧的请求，而且连夜逃进箕山，隐居不出。

当时尧还以为许由谦虚，对他更加敬重，便又派人去请他，说："如果坚决不接受帝位，希望您能出来当个九州长。"不料许由听了这个消息，更加厌恶，立刻跑到山下的颖水边去掬水洗耳。

许由的朋友巢父（fǔ）也隐居在这里。这时，巢父正巧牵着一条小牛来给它饮（yìn）水，便问许由在干什么。许由就把尧请他做官的事告诉巢父，并且说："我听了这样不干净的话，怎能不赶快洗洗我清白的耳朵呢！"巢父听了，冷笑一声，说道："哼，谁叫你在外面招摇，造成名声！现在惹出麻烦来了，完全是你自讨的，还洗什么耳朵！算了吧，别弄脏这清溪，玷（diàn）污了我小牛的嘴！"说着，牵起小牛，径自走向水流的上游去了。

《庄子·逍遥游》和汉代蔡邕《琴曲歌辞·琴操·箕山操》都记载了这个典故。

◎ 释疑解惑

本段中的"沉默"，是深沉闲静的意思。寂寥，恬静，淡泊。三国魏人嵇康《卜疑》："有宏达先生者，恢廓其度，寂寥疏阔。"东晋后期，由于政局黑暗，社会动荡，身居高位的人动辄得咎，朝不保夕，大家被迫采取明哲保身、谨小慎微的处世之道。因此，淡泊宁静是在魏晋士大夫中流行的修身准则。《东观汉记·郑均传》："好黄老，淡泊无欲，清静自守。"诸葛亮《诫子书》："非淡泊无以明志，非宁静无以致远。"

渠荷①的历②，园莽③抽条④。
枇杷⑤晚翠⑥，梧桐⑦蚤凋⑧。
陈根⑨委翳⑩，落叶飘摇。
游鹍独运⑪，凌摩绛霄⑫。

◎ **注释** ①〔渠荷〕池塘里的莲花。渠，沟，这里指池塘。②〔的历〕光亮鲜明。③〔莽〕丛生的草木。④〔抽条〕发芽长出枝条。⑤〔枇杷〕一种果树，四季常绿，生长在较温暖的南方。⑥〔晚翠〕入冬还保持着翠绿的颜色。晚，岁晚，指冬天。⑦〔梧桐〕落叶乔木。⑧〔蚤凋〕初秋即开始落叶。蚤，通"早"。⑨〔陈根〕宿草，即经年的草。⑩〔委翳〕枯萎凋谢。委，通"萎"。翳，通"殪（yì）"，死。这里指宿草枯萎腐烂。⑪〔游鹍独运〕谓鹍鹏奋然高飞远行。《庄子·逍遥游》："北冥有鱼，其名为鲲。鲲之大，不知其几千里也；化而为鸟，其名为鹏。鹏之背，不知其几千里也；怒而飞，其翼若垂天之云。"鲲，后讹为"鹍"。"鹍鹏"常用以比喻才能卓异、志向高远的人。运，移动，运转，这里指飞翔。⑫〔凌摩绛霄〕飞上高空，触摸到红色的云彩。凌，升。摩，接触，抚摩。绛，深红色。

◎ **大意** 池塘里的莲花开得光亮鲜艳，庭园里丛生的草木发芽生枝。枇杷的叶子入冬还保持着翠绿的颜色，梧桐刚进秋天就开始凋零。隔年的草枯萎腐烂，落叶随风飘舞。遨游的鹍鹏独自高飞远行，凌空而上，直入红色的云霄。

◎ **知识拓展**

梧桐落叶最早，故古代以"梧桐一叶落"表示秋天来临。后比喻事物衰落的征兆。《广群芳谱·木谱六·桐》记载，"立秋之日，如某时立秋，至期一叶先坠，故云：梧桐一叶落，天下尽知秋"。

古人常常用容易凋谢的植物比喻脆弱的生命。《世说新语·言语》记载：顾悦和晋简文帝（司马昱）同岁，可顾悦的头发早白了。简文帝问："你的头发为什么先白了?"顾悦回答："蒲柳柔弱，到秋天叶子就落了；松柏坚实，越历经风霜越茂盛。"顾悦以蒲柳自喻，以松柏喻简文帝，简文帝听后大悦。顾悦之言虽有恭维之意，但发人深思。

◎ **释疑解惑**

很多人把"陈根"解释为老树根，这是望文生义。《礼记·檀弓上》载，"曾子曰：'朋友之墓有宿草而不哭焉。'"汉郑玄注："宿草，谓陈根也。"唐孔颖达疏："宿草，陈根也，草经一年，陈根陈也。朋友相为哭一期，草根陈乃不哭也。"

这个用法在古诗文里很常见。

耽读玩市，寓目囊箱①。
易輶攸畏，属耳垣墙②。

◎ **注释** ①〔耽读玩市，寓目囊箱〕《后汉书·王充传》记载：王充家里穷，买不起书，就常常到雒阳集市上转悠，翻阅书摊上所卖的书，看一遍就能背诵下来。耽，沉醉于。市，街市，集市。寓目，过目，看。囊箱，这里指装书的容器。②〔易輶攸畏，属耳垣墙〕说话轻率随便是可怕的，隔壁可能有人正把耳朵贴在墙上偷听。语出《诗经·小雅·小弁（pán）》："君子无易由言，耳属于垣。"易，轻率，轻易。輶，本指轻车，这里引申为"轻忽、轻率"的意思。攸，所。属耳，把耳朵贴在墙上，即偷听。垣，矮墙。

◎ **大意** 东汉王充年少时迷上了读书，即使到街市上玩儿，眼睛也总是盯着盛书的口袋和箱子。

说话随随便便是可怕的，隔壁可能正有人把耳朵贴在墙上偷听呢。

◎ **知识拓展**

王充（27—约97）是东汉时期杰出的思想家。6岁识字，8岁入书塾，20岁到雒阳太学求学。他把太学里收藏的书几乎读遍了，又去街市的店铺里找书来读。王充读书十分认真，记忆力又强，一部新书，读过一遍就能把主要内容记下来。

因为王充对朝廷的腐败看不惯，所以不做官，一生大都在家里写书。《论衡》就是他的名著。

为了写《论衡》，他搜集的资料装满了好几间屋子。为了避免别人打扰，王充闭门谢客，拒绝应酬，用了数年的功夫才写成。《论衡》这部书的主要内容是宣传科学和无神论，对迷信进行了批驳。

当时有人讲春秋时楚惠王吃酸菜，发现酸菜里有一条水蛭（zhì）。如果他挑出这条水蛭，厨师就会因此被处死。他怜悯厨师，就不声不响连水蛭一起吞下去了。到了晚上，楚惠王大便时，不但把水蛭排泄了出来，而且原来肚子疼的病也痊愈了。他们说这是"善有善报"。

王充批驳了这种说法。他的解释是，因为人肚内的温度高，水蛭经受不住，热死了，所以被排泄出来；又因为楚惠王肚内有瘀血，水蛭恰好吸血，在水蛭还没热死的时候，把他肚内的血都吸走了，所以楚惠王的病自然会好了。这是巧合，不是"善有善报"。

还有一次，雷电击死了一个人。有些宣传迷信的人又说：这是他做了亏心事，天上的雷公把他劈死了，这就是"恶有恶报"。王充在现场观察到死人的头发被烧焦了，身上也有被烧焦的臭味。他的解释是，打雷时有闪电，闪电是火，因此，雷实际上是天火，被雷公劈死的人实际上是被天火烧死的，而且天上并没有雷公，也不是"恶有恶报"。

在《论衡》中像这样破除迷信、宣传科学思想的内容是很多的。这部书是公元1世纪时一盏闪烁着智慧之光的明灯，王充也堪称一位出色的思想家。

◎ 释疑解惑

文中提到的"囊箱"是什么东西呢？这要从古代书籍的包装谈起。

中国古代书籍的装帧形式，与其制作材料、制作方法、便于翻阅、利于图书保护等方面紧密相关。例如甲骨文的装订，是中间钻孔用绳串联。正规书籍产生后，装订形式先后出现过简策、帛书卷子装、纸书卷轴装、经折装、旋风装、梵（fàn）夹装、蝴蝶装、包背装、线装、毛装等形式。

就拿简策来说吧。简策就是编简成策的意思。"策"是"册"的假借字。"册"是象形字，像是绳穿、绳编的竹木简。一根一根写了字的竹片称为"简"，把若干根简编连在一起就成了"策（册）"。

为了保护正文不致磨损，古人编简时常在正文简前边加编一根不写文字的简，叫作赘（zhuì）简。今天书籍的封面，仍然带有赘简的遗意。赘简上端常常书写篇名，下端书写书名。古人很重视篇名，把篇名写在赘简上端，以示醒目，而书名反倒写在赘简的下端，以示篇名的归属。这种格局对后世书籍影响深远。直到宋代，卷端题名还常常是小题在上，大题在下。

一篇文章的竹简编完，或一卷编好的简写完，便以最后一根简为轴，像卷竹帘子一样从尾向前卷起。卷起的简需要捆好，而后放入布袋或筐箧（qiè）中。居延出土的简策中有"书箧一"的记载。《汉书·贾谊传》："俗吏之务在于刀笔筐箧。"这些盛装简策的布袋、筐箧相当于"帙（zhì）"，而一帙通常包含10卷。

"帙"就是本文中提到的"囊箱"。

具膳①餐②饭，适口充肠。
饱饫③烹宰④，饥厌⑤糟糠⑥。
亲戚故旧⑦，老少异粮。

◎ **注释**　①〔具膳〕做饭，安排伙食。②〔餐〕吃。③〔饫〕饱。这里指已经吃腻了，不想再吃。④〔烹宰〕指精美的肉食品。烹，煮。宰，杀牲畜。⑤〔厌〕通"餍（yàn）"，吃饱。⑥〔糟糠〕酒糟、米糠之类粗劣的食物。糟，酿酒剩下的渣滓。糠，稻子、谷子等脱下来的皮壳（ké）。⑦〔故旧〕老朋友。

◎ **大意**　备餐吃饭，合口味、能吃饱就行。吃饱了，即使见到鸡鸭鱼肉也不想再吃；肚子饿了，即使是酒糟谷糠也会吃个够。亲戚朋友来做客，长辈和晚辈的饮食要有所区别。

◎ **知识拓展**

　　易牙，春秋时代一位著名的厨师，是齐桓公宠幸的近臣。他擅长调味，所以很得齐桓公的欢心。他又是第一个开私人饭馆的人，所以被厨师们称作祖师。

　　一次，桓公对易牙说："寡人尝遍天下美味，唯独未食人肉。"不久，桓公喝到一小鼎鲜嫩无比的肉汤，便问易牙："此系何肉？"易牙哭着说是自己儿子的肉，为祈国君身体安泰无虞，杀子以献主公。从此，桓公更加宠信易牙。

　　易牙和管仲同时在齐国为臣。周襄王七年（前645年），管仲患了重病，齐桓公去探望他，询问他谁可以接受相位。齐桓公欲任鲍叔牙，管仲诚恳地说："鲍叔牙善恶过于分明，见人一恶，终身不忘，这样是不可以为政的。"齐桓公问："易牙怎样？"管仲说："易牙为了满足国君的要求，不惜烹了自己的儿子以讨好国君，没有人性，不宜为相。"管仲向他推荐了为人忠厚、不耻下问、居家不忘公事的隰（xí）朋。遗憾的是，齐桓公并没有听从管仲的话。

　　易牙听说齐桓公与管仲的这段对话后，便去调唆鲍叔牙，说管仲阻止齐桓公任命您为相。鲍叔牙笑道:"管仲荐隰朋,说明他一心为社稷宗庙考虑,不存私心偏爱友人。现在我做司寇,驱逐佞臣,正合我意。如果让我当政,哪里还会有你们的容身之处?"

不久管仲病逝,齐桓公就将易牙撤职,永远不准他入朝。

过了三年,齐桓公不见易牙,感觉吃东西都没有滋味了,又召他回宫。第二年,齐桓公得了重病,易牙与竖刁等人拥立公子无亏,迫使太子昭奔宋,齐国五公子因此发生内战。易牙等堵塞宫门,假传君命,不许任何人进宫。桓公被活活饿死,尸体在床上放了67天,直到新立的齐君无亏把他的尸体收殓。后来,齐人又杀了无亏,立太子昭为君,即齐孝公。

经过这场内乱,齐国开始衰落,中原霸业逐渐移到了晋国。

◎ 释疑解惑

古代的"老少异粮"指的是老人吃好的,年轻人或晚辈吃次的,讲究长幼有别。明代汤显祖《牡丹亭·道觋(xí)》:"赴会的,都要具膳餐饭,行脚(僧人为寻师求法而游食四方)的也要老少异粮。"

丁福保(1874—1952)编纂的《少年进德录》讲道,"《礼》曰:'老少异粮''童子不衣(yì,穿衣)裘帛'。夫不衣裘帛者,非止谓年幼不宜,亦使知老少之分,又使知惜福也。"

现代养生学认为,老人和孩子的食物应注意有所不同。请客人吃顿饭是待客之道,也是人之常情,但是要注意将老少区别开。老人牙口不好,消化功能弱,要吃软的、暖的;小孩子身体正值发育期,牙齿好,胃火大,爱吃凉的、硬的、黏的。

妾(qiè)御(yù)绩(jì)纺(fǎng)①,侍(shì)巾(jīn)帷(wéi)房(fáng)②③。
纨(wán)扇(shàn)员(yuán)洁(jié)(潔)④,银(yín)烛(zhú)炜(huī)煌(huáng)⑤。
昼(zhòu)眠(mián)夕(xī)寐(mèi)⑥,蓝(lán)笋(sǔn)⑦象(xiàng)床(chuáng)⑧。

◎ **注释** ①〔妾御绩纺〕妻妾从事绩麻纺纱等各种家务劳动。妾,泛指妻妾。

◎ 千字文

御，从事。绩纺，绩麻纺纱，这里泛指操持家务。绩，把麻搓捻成线。②〔侍巾〕即"侍执巾栉（zhì）"，手里拿着毛巾、梳子侍候丈夫。③〔帷房〕内房、卧室。帷，帐幔（màn）。④〔纨扇员洁（潔）〕《昭明文选》收录班婕妤（jié yú）的《怨歌行》："新裂齐纨素，皎洁如霜雪。裁为合欢扇，团团似明月。"纨扇，细绢（juàn）做的扇子。纨，白色细绢。员，通"圆"。⑤〔炜（huī）煌〕辉煌。见于唐朝诗僧寒山《诗》之一〇四："富儿会高堂，华灯何炜煌。"又见于宋朝沈括《梦溪笔谈·杂志二》："时见有帘帏，灯烛炜煌，皆莫知何处。"炜，光明，光辉。⑥〔寐〕睡。⑦〔蓝笋〕青竹。指用青篾（miè）精编的竹席。⑧〔象床〕用象牙装饰的床。

◎ **大意**　女人贤惠，勤俭持家，侍候丈夫，无微不至。细绢做的团扇洁白素雅，银色的蜡烛明亮辉煌。白天小憩，夜晚安眠，铺的是青篾精编的竹席，睡的是用象牙装饰的宝床。

◎ **知识拓展**

古代普通人家的妻子要总体管理家务，妾则要负责绩麻纺线、织布做鞋一类的女红（gōng）。不过，历史上有很多皇后或国君夫人勤俭节约，亲自纺线织布。举例如下：

《史记·越王勾践世家》记载：勾践被吴王放回国后，身着粗布，顿顿粗食，跟百姓一起耕田播种。勾践夫人带领妇女养蚕织布，发展生产。勾践夫妻与百姓同甘共苦，激励了全国上下奋发图强，立誓早日灭吴雪耻。

元世祖忽必烈的皇后，在元朝建立之初，曾于太府监支用了一些丝绸。元世祖说："这些东西均为军国所需，非私有之物，皇后怎可任意支取？"从此以后，皇后亲率宫女纺织，将旧弓弦的丝织成绸缎以做衣服。宣徽院的羊皮置之无用，她取来缝为地毯。其勤俭节约如此。

明太祖朱元璋的原配妻子马皇后勤俭持家，非常贤淑。平常穿的衣服，洗了又洗，早已破旧不堪，也不愿换新的。后来听了元世祖的皇后煮弓弦、织帛衣的故事，就命人在后宫架起织布机，亲自织些绸衣料、缎被面什么的，赐给那些年纪大的孤寡老人。剩余的布料，马皇后则裁成衣裳，赐给王妃公主，并解释说："你们生长在富贵家庭，不知纺织的难处，要爱惜财物。"

65

明朝崇祯皇帝的皇后出身贫寒，又在藩邸（信王府）生活过一段时间，始终保持平民本色。她在后宫常常身穿布衣，吃素食，与皇帝一起提倡节俭，一切女红纺织之类事务，都亲自动手。

◎ **释疑解惑**

氏族社会时期，国中有"媵（yìng）制"。这是一种氏族首领才有资格实行的婚姻制度，即女儿出嫁时，岳家必须以同姓侄女辈陪嫁。陪嫁过去的姊妹或女奴都属于媵妾，但姊妹媵妾的身份比女奴高。后来正式出现了"妾"。妾虽然生儿育女，但享受不了"妻"的待遇。原因很简单——为妻的女子，家庭出身都要高于妾；妾一般都来自卑贱低下的家庭，甚至是作为战败方奉献的贡礼。因此，妻为"娶"，而妾为"纳"；娶妻时送到岳父家的财物被称为"聘礼"，而纳妾时给予的财物，则被称为"买妾之资"。妾没有资格被扶正为妻，有妾无妻的男人，仍是未婚的。而嫡妻死了，丈夫哪怕姬妾满室，也是无妻的鳏（guān）夫，要另寻良家聘娶嫡妻。

弦歌① 酒宴，接杯② 举觞③；
矫手顿足④，悦豫⑤ 且康⑥。

◎ **注释**　①〔弦歌〕用弦乐器伴奏而歌唱。弦，指琴瑟等弦乐器。②〔接杯〕碰杯。接，碰。③〔觞〕古代的一种酒杯，双耳，浅腹，平底，呈椭圆形。④〔矫手顿足〕即手舞足蹈。矫，举起。顿，脚使劲跺（duò）地，指打拍子或做舞蹈动作。⑤〔豫〕喜悦。⑥〔康〕安康，安宁。

◎ **大意**　奏乐唱歌，摆酒开宴；碰杯敬酒，开怀畅饮；手舞足蹈，快乐安康。

◎ **知识拓展**

孔子的弟子子游以知礼名世，当时许多人在搞不清某些礼乐典章制度时，总是向子游请教。子游在许多场合也纠正了一些人在礼仪上的不当之处。

对于孔子礼乐思想和上古典章礼仪制度的传承，子游没有仅仅停留在迎往送来、丧葬祭祀上，而是将其运用到了教民治国中。《礼记·檀弓上》记载，卫灵公的孙子司寇惠子与子游交往甚密，惠子去世后，子游到灵堂吊唁。子游发现惠子之兄文子不怀好意，企图违背礼制，趁机废除惠子的长子虎的继承权，立惠子的庶子继承家业。于是，他根据礼仪重服吊丧，又站立到家臣的位置上，以极隆重的礼仪进行祭吊，并一再对文子强调说，这样做是"礼也"！文子认识到违背礼制立庶废嫡是不可行的，只得请出惠子的长子虎"南面而立"为祭主，恢复了虎的继承权，从而使卫国避免了一场废嫡立庶阴谋祸乱的发生。

据《论语·阳货》记载，子游在跟从孔子游历诸侯国返回鲁国后被任命为武城宰，成为一方行政首长。在武城，他注重礼乐教化，使民风大变，境内弦歌之声飘扬，百姓安居乐业。年迈的孔子听说后，亲往观看。孔子到武城后，"闻弦歌之声"，就笑着对子游说："割鸡焉用牛刀？"子游回答说："过去我听老师您说过，做官的学了道就会有仁爱之心，老百姓学了道就会明白事理，容易治理。"孔子听后深为赞赏，对其他弟子说："子游说得对呀，刚才我的话是开玩笑啊！"

◎ 释疑解惑

"矫手顿足"说的是一种古老的宴会舞蹈——踏歌，即踏地，歌舞时以脚踩踏地面为节拍。《赵飞燕外传》："时十月五日，宫中故事，上灵安庙，是日吹埙（xūn）击鼓，连臂踏地，歌《赤凤来》曲。"《后汉书·东夷传》："舞辄数十人相随，蹋（tà）地为节。"踏歌是古老的舞蹈形式，远在两千多年前的汉代就已兴起，到了唐代更是风靡盛行。

嫡 后（後）① 嗣 续②，　祭 祀③ 烝 尝④。
dí　hòu　　　　sì　xù　　　jì　sì　　zhēng cháng

稽 颡 再 拜⑤，　悚⑥ 惧 恐 惶。
qǐ　sǎng　zài　bài　　sǒng　jù　kǒng huáng

◎ **注释** ①〔嫡后（後）〕正妻所生的儿子。嫡，中国封建社会婚姻关系中的正房，即大老婆。后，后代，这里指继承祖业的嫡长子。②〔嗣续〕接续，继

67

承。③〔祭祀〕置备供品向神灵、祖先或死者行礼，是一种表示敬意，祈求保佑、赐福的仪式。④〔烝尝〕古代冬祭和秋祭的名称。这里代指一年四季的祭祀。⑤〔稽（qǐ）颡再拜〕出自《礼记·檀弓上》："稽颡而后拜，颀（kěn，通'恳'，悲伤的样子）乎其至也（先稽颡而后行拜礼答谢前来祭奠者，最能表达至哀之情）。"稽颡，古代的一种跪拜礼，拱手至地，额头着（zhuó）地，是心情极为哀痛的表示。颡，额。再拜，行两次拜礼。《荀子·大略》："平衡（跪，拱两手，头至手而不至地）曰拜，下衡（两手拱至地，头至手）曰稽首，至地（头触地）曰稽颡。"⑥〔悚〕恐惧。

◎ **大意**　（男主人去世后）由正妻所生的长子继承家业，主持一年四季祭祀神灵和先人的仪式。祭祀时，他要先磕（kē）头表达自己哀痛的心情，然后再行拜礼以答谢参加祭奠的宾客，整个过程都应充满惶恐敬畏之心。

◎ **知识拓展**

　　三国时期，魏国青州刺史钟毓和司徒钟会是亲兄弟，二人小时候比较顽皮。一次，兄弟俩趁父亲钟繇白天睡觉时，偷喝家里的药酒。钟繇发觉后，装作还在睡觉，暗中观察这小哥俩。只见钟毓先行拜礼而后喝酒，钟会直接喝了酒却不行拜礼。过后，钟繇问钟毓为什么要先拜而后饮。钟毓回答："酒以成礼，不敢不拜。"钟繇又问钟会为何不拜。钟会回答："偷本非礼，所以不拜。"

◎ **释疑解惑**

　　祭祀是华夏礼典的一部分，最重要的有"五祀"，即禘（dì）、郊、宗、祖、报五种祭礼。《国语·鲁语上》："先臣惠伯以命于司里，尝、禘、蒸、享之所致君胙（zuò）者有数矣。"韦昭注："秋祭曰尝，夏祭曰禘，冬祭曰蒸，春祭曰享。"

　　《周礼·天官·内宰》："上春。诏王后帅六宫之人而生穜稑（tóng lù，先种后熟的谷类叫穜，后种先熟的谷类叫稑）之种，而献于王。"汉郑玄注："且以佐王耕事供禘郊也。"贾公彦疏："禘谓祭庙，郊谓祀天，举尊言之。其实山川社稷等皆用之也。"

　　郊祀：古代于郊外祭祀天地，南郊祭天，北郊祭地。郊谓大祀，祀为群祀。《汉书·郊祀志下》："帝王之事莫大乎承天之序，承天之序莫重于郊祀……祭天于南郊，就阳之义也；瘗（yì）地于北郊，即阴之象也。"

宗祀：谓对祖宗的祭祀。《孝经·圣治章》："昔者周公郊祀后稷以配天，宗祀文王于明堂以配上帝。"

祖祀：祭祖。即对亡祖灵魂之敬拜与祭奠仪式。

报：报岁。每年收获后祭神，谓"报岁"。亦指收获时节。隋炀帝《敬灵龛疏》："盛矣哉，是我大师证道之基趾也；至矣哉，是我良田之报岁也。"

古代还有一种"五祀"，指祭祀住宅内外的五种神。汉代王充《论衡·祭意》："五祀报门、户、井、灶、室中霤（liù）之功。门、户，人所出入；井、灶，人所欲食；中霤，人所托处。五者功钧，故俱祀之。"中霤即后土之神。

<pre>
jiān dié jiǎn yào   gù dá shěn xiáng
 笺①   牒②   简 要 ， 顾③ 答   审④ 详 。
</pre>

◎ **注释**　①〔笺〕指书信。②〔牒〕公文。③〔顾〕问。④〔审〕周到，周密。

◎ **大意**　书信和公文要简明扼要，问话和答话要周到详细。

◎ **知识拓展**

王戎（234—305），字濬（jùn）冲，西晋名士，"竹林七贤"之一。父亲王浑，官至凉州刺史，封贞陵亭侯。

王戎与王浑的朋友、比自己大24岁的阮籍交好。当时阮籍与王浑同任尚书郎，每造访王浑时，与他见一面就离去；而和王戎交谈，则很久才出来。阮籍对王浑说："濬冲清虚可赏，和你不是一类人。与你说话，不如与阿戎说。"钟会评论说："裴楷清通，王戎简要。"（《世说新语·德行》）

王戎身材短小，性格坦率而不注重仪表，为人健谈，善于提出话题，并能抓住谈话的要领。一次，众名士一起到洛水边游玩，回来的时候，乐广问王衍："今天玩得高兴吗？"王衍说："裴颜（wěi）擅长谈论名理，滔滔不绝，志趣高雅；张华谈《史记》《汉书》，娓娓动听；我和王戎谈论季札、张良，也是高超而玄妙。"

◎ 释疑解惑

"裴楷清通，王戎简要"说的是魏晋玄谈之风。

玄谈是由魏国正始年间（240—249）王弼、何晏提出玄学开始的。汉末"黄巾之乱"，中央集权瓦解，儒家经术也随之衰落。乱世之中，老庄思想抬头，加上曹操等人崇法术刑名，便有了玄学产生的历史背景。魏晋玄学寻求顺时应变的处世之道，在乱世中保全自己。魏晋时期的学者，大多从老子、庄子的学说，甚至从《周易》的理论中，寻找"玄"的道理，促成玄学流行。

从汉末清议到魏晋玄谈，谈论的内容随着时代的发展而发生变化，然而谈论的风气则有增无减。清谈成为士族生活的必需，人们的才智全倾注于谈辩。玄谈由正始年间开始，经"竹林七贤"、西晋，到东晋发展到最盛。特别是东晋，社会风气几乎全为清谈所笼罩。

骸垢① 想浴②，执③ 热愿凉。
驴骡 犊④ 特⑤，骇跃⑥ 超骧⑦。

◎ 注释

①〔骸垢〕指身体脏了。骸，身体。垢，污，脏。②〔浴〕洗澡。③〔执〕拿着。④〔犊〕小牛。⑤〔特〕公牛。⑥〔骇跃〕受了惊吓跳起来。⑦〔超骧〕超过马奔跑的速度。骧，马奔跑。

◎ 大意

身上脏了想洗澡，拿着烫手的东西想让它凉下来。驴、骡、牛犊、公牛受了惊吓会跳起来，比奔马跑得还要快。

◎ 释疑解惑

古代六畜指马、牛、羊、鸡、狗、猪。《三字经训诂》对"此六畜，人所饲"有精辟的评述："牛能耕田，马能负重致远，羊能供备祭器，鸡能司晨报晓，犬能守夜防患，猪能宴飨速宾。"六畜各有所长，在漫长的农业社会里，为人们的生活提供了基本保障，所以，人们常说年景好为"五谷丰登，六畜兴旺"。

中国的六畜可以分为两组：马、牛、羊和猪、狗、鸡。马、牛、羊多见于青铜时代文化遗址，与游牧生活方式有关；猪、狗、鸡常见于新石器时代文化遗址，与定居农业生产方式相关。夏、商、周三代六畜逐渐齐备，表明东方定居农业文化与西来游牧文化的融合。马是游牧文化的标志，从青铜时代开始成为显贵的家畜；猪是东亚新石器时代最重要的家畜，是定居农业文化的象征。

六畜的起源或分布并不局限于中国。大体而言，狗和猪的驯化在东亚和西亚，均可追溯到近万年以前；牛和羊，西亚明显早于东亚数千年；鸡则东亚更早；马的最早驯化地是中亚。概言之，猪、狗、鸡是起源于东亚本土，而马、牛、羊则来自中亚或西亚。

zhū zhǎn zéi dào　　bǔ huò pàn wáng
诛① 斩 贼 盗②，　捕 获 叛 亡③。

◎ **注释**　①〔诛〕把罪犯杀死。②〔贼盗〕在封建社会里，统治者称聚众造反的人。贼，做大坏事（多指危害国家和百姓）的人。盗，强盗，偷窃或抢劫财物的人。③〔叛亡〕指叛乱逃亡的罪犯。

◎ **大意**　把聚众造反的国贼和偷抢财物的强盗杀掉，把叛乱逃亡的罪犯抓回来。

◎ **知识拓展**

防风氏是远古防风国的祖先，又称汪芒氏，大致生活在尧、舜、禹时代，当时是一个部落首领。这个部落叫防风族，也叫汪风族。

《国语·鲁语下》记载，大禹召集群神到会稽山，防风氏抗命不至，大禹借此把他杀了。

防风氏被杀后，鲜血顺着山坡流下，"血染上下红"，鲜血先流过的地方叫上红，后流过的地方叫下红。这两个村庄历经几千年仍旧存在，位于安徽蚌埠禹墟北部约3公里的涂山脚下。时光变迁，村庄的名字演变成了上洪和下洪。村庄附近有一个叫作风冢的地方，据说就是防风氏的坟墓。

其实防风是一位治水的英雄，威信很高。相传，共工撞断支撑天地的不周山，神州一片汪洋。防风身材高大，用双手取得天上泥灰，填垫坑洼，泥灰化成大山，把洪水挤进大海。因其神勇可嘉，邻近诸邦国俱奉为酋长。防风氏忠于职守，疾恶如仇，帮助大禹扫除奸佞、制定法律。防风氏是被大禹错杀的，不久大禹为他平反昭雪，并亲自拜祭。

◎ 释疑解惑

捕快至少在原始社会末期、奴隶社会前期就出现了，他们负责缉捕罪犯、传唤被告和证人、调查罪证，只不过那时候不叫捕快。

捕快在古代属于"贱业"，他们的后代不能参加科举考试，以免有辱斯文。即便他们脱离捕快行业，其子孙也必须在三代以后方有参加科举考试的资格。

捕快是没有俸禄的，每年的伙食补贴即"工食银"不过10两银左右，养家糊口自是艰难，于是敲诈勒索便成为风气。

捕快平日身着便装，腰挂表明身份的腰牌，怀揣铁尺、绳索。领班称"捕头""班头"。在明清律法中，称捕快为"应（yìng）捕"或"应（yìng）捕人"，即"本有逮捕罪人之责的人"。有的大州县，捕快往往配备马匹执行公务，故又称之为"马快"，而徒步者，则称之为"步快""健步"。捕快所承担的侦破任务有时间限制，叫"比限"，一般5天为一"比"，重大的命案3天为一"比"。过一个"比限"，无法破案的，捕快便要受到责打。

布射① 僚丸②，嵇琴③ 阮啸④。
恬笔⑤ 伦纸⑥，钧巧⑦ 任钓⑧。
释纷⑨ 利俗⑩，并(並)皆佳妙⑪。

◎ **注释** ①〔布射〕吕布射箭。出自《三国志·吕布传》：袁术派部将纪（jǐ）

灵进攻刘备，刘备向吕布求救。吕布和纪灵打赌，如果他能从百步外一箭射中营门中一支戟（jǐ）的小枝，纪灵就得撤兵。结果，纪灵赌输。吕布用一支箭解除了纪灵和刘备的兵争，救了刘备。②〔僚丸〕熊宜僚抛丸。出自《庄子·杂篇·徐无鬼》：楚惠王时，白公胜想造反，派人去见楚国的勇士熊宜僚，请他杀死令尹子西和司马子期。宜僚正在抛球玩儿，没有搭理来人。白公胜没有宜僚的帮助，无法杀死令尹子西和司马子期，也就没敢造反。丸，抛丸，一种游戏，就是把手中的多个小圆球循环不止地逐个向上抛出。③〔嵇琴〕嵇康善于弹琴。《晋书·嵇康传》说嵇康"弹琴咏诗，自足于怀"。④〔阮啸〕阮籍善于长啸。相传这种长啸法是他从一位道士那里学到的。《晋书·阮籍传》说阮籍"博览群籍，尤好庄老，嗜酒能啸，善弹琴"。《世说新语·栖逸》："阮步兵（阮籍）啸闻数百步。"啸，撮口发出长而清越的声音。⑤〔恬笔〕蒙（méng）恬制笔。恬，秦朝的大将蒙恬。出自西晋崔豹《古今注·问答释义》："蒙恬始造，即秦笔耳。"⑥〔伦纸〕蔡伦造纸。据《后汉书·蔡伦传》记载：东汉蔡伦发明用树皮、麻头、破布和渔网为原料造纸。"帝善其能，自是莫不从用焉，故天下咸称'蔡侯纸'。"⑦〔钧巧〕马钧手巧。三国时魏国人马钧"巧思绝世"，曾改进丝绫机和诸葛亮发明的"连弩（nǔ）"，并制作龙骨水车、轮转式发石机和指南车等，成为当时著名的机械制造家，被称为"天下之名巧"。⑧〔任钓〕任国的公子钓鱼。《庄子·杂篇·外物》记载：任国的公子曾用一只巨大的鱼钩，以五十头阉（yān）了的公牛为鱼饵，"蹲乎会稽，投竿东海"，钓上一条特大的鱼。后来将鱼剖开，做成鱼干儿，与人们分享，从浙江以东到苍梧（今广西境内）以北，没有没吃饱的。⑨〔释纷〕解除纷争。指吕布、熊宜僚的事迹。⑩〔利俗〕有利于社会。指蒙恬、蔡伦、马钧的事迹。⑪〔佳妙〕美好。

◎ **大意** 吕布精于射箭，熊宜僚善于抛丸，嵇康擅长弹琴，阮籍善于长啸。蒙恬制笔，蔡伦造纸，马钧巧于制造，任国的公子善于垂钓。他们有的给人解决纷争，有的给社会提供便利，技艺超群，均称绝妙。

◎ **知识拓展**

阮籍（210—263），"竹林七贤"之一。曾任步兵校尉，世称"阮步兵"。他崇奉老庄之学，在政治上则采取谨慎避祸的态度。

魏明帝曹叡（ruì）死后，由曹爽、司马懿夹辅曹芳，二人明争暗斗，政局十分险恶。正始十年（249年），曹爽被司马懿所杀，司马氏独专朝政，杀戮异己，被株连者很多。阮籍本来在政治上倾向于曹魏皇室，对司马氏集团心怀不满，但同时又感到世事已不可为，于是采取不涉是非、明哲保身的态度，或者闭门读书，或者登山临水，或者酣醉不醒，或者缄口不言。

司马昭想与阮籍联姻，阮籍竟大醉60天，使事情无法进行。

阮籍目睹司马氏废掉魏元帝，好友嵇康惨遭屠戮，不愿奴颜婢膝侍奉西晋朝廷，遂装疯卖傻，隐归乡里，每日醉酒后独立高台引颈长啸。黄土台因阮籍栖身长啸而得名"啸台"。

◎ 释疑解惑

嵇康能弹一手好琴，阮籍的啸技与之并称为"嵇琴阮啸"。所谓啸，乃是古人的一种特殊的声乐艺术。它由汉末三国时代推移到两晋士林，其桥梁性人物正是阮籍。魏晋时代，以"竹林七贤"为代表的魏晋名士冲破了虚伪礼教的束缚和名缰利锁的羁绊，倡导率意而行、酣放恣肆的任达之风，而"啸"正是以富于艺术美的音乐形式生动地反映了这种时代风气。当时的"啸"有明确的五音规定，却没有固定的曲调，其音乐性和随意性可以很好地表达啸者内心的丰富情感。

毛施淑姿①，工颦②研③笑。
（máo shī shū zī，gōng pín yán xiào）

◎ **注释** ①〔毛施淑姿〕毛施，指春秋时的美女毛嫱（qiáng）和西施。见《管子·小称》："毛嫱、西施，天下之美人也。"淑，善，美。②〔工颦〕皱起眉来很好看。《庄子·外篇·天运》中说，西施因为心口疼而皱起眉头，比她不皱眉时还好看。工，善于。颦，同"矉"，皱眉。③〔研〕通"妍"，美丽。

◎ **大意** 毛嫱、西施姿容很美，皱起眉头更显漂亮，笑起来格外俏丽。

◎ **释疑解惑**

　　天下人大多知道西施，却少有人知道和她一起去吴国的另一位美女郑旦。当时郑旦与西施有"浣纱双姝（shū）"之称，后来两人一同被越王勾践选中，进献吴王为妃，以迷惑吴王夫差，离间其君臣关系。

　　传说刚到吴国时，西施因脚大而自卑，郑旦就帮她做长裙；西施说自己的眼睛不如郑旦大，郑旦就拉西施去照井水，说两个人的眼睛在水中看上去就像四条鱼，鱼不是身体长就好看的，好比眼睛也不是大就算美的。于是，西施不再自卑，并与郑旦成为密友。两个人在吴国忍辱负重，在万分艰难危险中，坚决执行了越王交付的任务。公元前473年，越国军队攻占吴国都城，灭掉吴国，郑旦与西施功不可没。现今鸬鹚（lú cí）湾村仍以郑姓为主，村北临江建有郑旦亭，以纪念郑旦这位传奇女子。

年矢①每催，曦晖②朗曜③。
璇玑④悬斡⑤，晦魄⑥环照。
指薪⑦修祜⑧，永绥⑨吉劭⑩。

◎ **注释**　①〔年矢〕时光像箭一样飞快地逝去。矢，箭。②〔曦晖〕太阳的光辉。③〔曜〕照耀。④〔璇玑〕古时称北斗星的斗勺四星，这里代指北斗星。⑤〔斡〕旋转，运转。⑥〔晦魄〕夜月。晦，夜晚。魄，月亮刚出来或将没（mò）时的微光。⑦〔指薪〕出自《庄子·内篇·养生主》："指穷于为薪，火传也，不知其尽也。"意思是用手指不停地抓取柴火，推入灶门，前面的烧完了，后面的又续上来，所以火不会灭。这里比喻把自己的品德、学问或技艺留传给后代子孙。⑧〔修祜〕修炼德行来为自己和子孙求福。祜，福。⑨〔绥〕安宁。⑩〔劭〕美好。

◎ **大意**　光阴似箭，催人衰老，阳光明媚，照耀人间。北斗星高悬在天上，随着季节的变换而转动；月升月落，循环往复，银光四射，照亮夜空。把自己的品德和学问留传给儿孙，修炼自己的德行来求福，就会永世安宁、吉祥美好。

◎ **释疑解惑**

　　北斗是由天枢、天璇、天玑、天权、玉衡、开阳、摇光七星组成的。古人把这七星想象成舀酒的斗形：天枢、天璇、天玑、天权组成斗身，古称魁；玉衡、开阳、摇光组成斗柄，古称杓（sháo）。

　　北斗星在不同的季节和夜晚不同的时间，出现于天空不同的方位，所以古人就根据初昏时斗柄所指的方向来决定季节：斗柄指东，天下皆春；斗柄指南，天下皆夏；斗柄指西，天下皆秋；斗柄指北，天下皆冬。

　　北斗七星从"天璇"通过"天枢"向外延伸一条直线，大约延长5倍，就可见到北极星。

　　道教称北斗七星为七元解厄星君，居北斗七宫，即：天枢宫贪狼星君、天璇宫巨门星君、天玑宫禄存星君、天权宫文曲星君、玉衡宫廉贞星君、开阳宫武曲星君、摇光宫破军星君。

　　　　　jǔ　　bù　　yǐn　lǐng　　　　fǔ　　yǎng　láng　miào
　　　　　矩　步①　引　领②，　　俯　仰③　廊　庙④。
　　　　　shù　dài　　jīn　zhuāng　　　pái　huái　zhān　tiào
　　　　　束　带⑤　矜　庄⑥，　　徘　徊⑦　瞻　眺⑧。

◎ **注释**　①〔矩步〕方步，指走路端正稳重。②〔引领〕指走路时挺直脖子，目视前方。领，颈（jǐng），脖子。③〔俯仰〕指一举一动。俯，低头。仰，抬头。④〔廊庙〕指朝廷和宗庙。⑤〔束带〕系（jì）着腰带，指穿着（zhuó）整齐。束，系。带，腰带。⑥〔矜庄〕严肃庄重。⑦〔徘徊〕散步的样子。⑧〔瞻眺〕前瞻远望。瞻，往前或往上看。眺，登高望远。

◎ **大意**　走起路来，端正稳重，挺直脖子，目视前方，一举一动都要像在朝廷上和宗庙里一样庄重大方。穿着整齐，神态严肃，稳稳当当地行走，从容不迫地前瞻远望。

◎ 知识拓展

霍光（？—前68），西汉权臣、政治家。历经武帝、昭帝、宣帝三朝，官至大司马、大将军。其间曾主持废立昌邑王。汉宣帝地节二年（前68年），霍光去世，次年霍家因谋反被族诛。

霍光身高七尺三寸，皮肤白皙，眉目疏朗，胡须很美，不但有官威官相，还是当时有名的美男子。他常被人和伊尹并提，称为"伊霍"，后世往往以"行伊霍之事"代指权臣摄政废立皇帝。

昭帝时期，霍光独揽大权。他采取休养生息的措施，多次大赦天下，鼓励发展农业，使国力得到一定的恢复。这段时期和后来的宣帝朝被合称"昭宣中兴"。

元平元年（前74年），汉昭帝驾崩，没有儿子。霍光迎立汉武帝孙昌邑王刘贺即位，但随后就以其淫乱无道而废黜了他。霍光同群臣商议后，决定迎武帝曾孙刘病已（后改名刘询）继承帝位。这就是汉宣帝。

甘露三年（前51年），汉宣帝因匈奴归降，回忆往昔辅佐有功之臣，乃令人画十一名功臣图像于麒麟阁以示褒扬，霍光列为第一。为了表示尊重，唯独霍光不写全名，只尊称为"大司马、大将军、博陆侯，姓霍氏"。

◎ 释疑解惑

中国文化以北为尊，宫殿都是坐北朝南，上朝时官员文东武西，对应青龙（文官）白虎（武职）。从皇帝的位置来讲，文左武右。

左第一的一般是宰相（清代称中堂），右第一一般是太尉（清代称军机大臣），按品阶与官位高低站下去，一般是四品（包括四品）以上的京官。王公贵族一般有官职才能上朝。

每逢岁首举行"大朝会"，是始于西周的一种礼仪规格最高的朝仪，一直沿用至清代。"大朝会"即百官朝见天子。《周礼·春官·大宗伯》载："春见曰朝，夏见曰宗，秋见曰觐，冬见曰遇，时见曰会，殷见曰同。"相当于年度"述职报告"。

参加朝会者来自各个部门，品秩亦有高低，所以开会时要进入指定的位置，这叫"朝班",即朝参班次的意思。又因为官员经常会升级降级,或在不同部门间调来转去,所以具体到个人而言,朝班也不是一成不变的。现代的机关会议,出席者应坐的位次,照例都由会务组使用"名牌"标示,对名入座,不会搞错,古人没发明这个办法,所以"乱班"现象时有发生。

《万历野获编》卷十三记载,明神宗时,因朝会时开时辍,"班行遂无定序"。有一次,一个阁部官员和一个监察官员互争位次,请编制朝班的蔡献臣分辨是非。蔡谁也不想得罪,便引成例:如按常朝,你是对的;如按大朝,他亦不错。由此可见,各种朝会有不同的位次安排,这是在中央机关供职的官员必须掌握的一门学问,否则一上班就要出错儿。

朝会的时间,根据议程多少有长有短,一般多在辰时(午前7至9时,这里多指9时)结束,称"散朝""放班"或"退朝"。五代以后,常有这样的情况:早朝时,皇帝并不上殿与百官见面,而是将宰相或首辅等一些重臣召入内殿开小会。小会开完后,宰相出来,领着百官在殿廷行礼后,宣布退朝。《梦溪笔谈》记载,宋神宗即位之初,韩琦任宰相,遇到小会时间过长,便照过去的习惯,让其他官员自行退朝。王陶任御史中丞后,为此弹劾韩琦。皇帝因此下令,如遇执政大臣奏事到辰时还未结束,"即一面放班",就是允许百官自己退朝,以后便定为制度。

gū lòu guǎ wén　　yú méng děng qiào
孤 陋 寡 闻①,**愚 蒙**② **等 诮**③。

◎ **注释**　①〔孤陋寡闻〕学识浅陋,见闻不广。出自《礼记·学记》:"独学而无友,则孤陋而寡闻。"②〔愚蒙〕愚昧无知。③〔等诮〕同样会受到讥讽。等,等同,一样。诮,讥讽。

◎ **大意**　学识浅陋,见闻不广,会和愚昧无知的人一样被人讥讽。

◎ 知识拓展

大学者也有闹笑话的时候。明代冯梦龙《警世通言》第三卷《王安石三难苏学士》讲道：

一天，苏东坡去看望宰相王安石，恰好王安石出去了。他看到王安石的书桌上有一首咏菊诗的草稿，才写了两句："西风昨夜过园林，吹落黄花满地金。"他心想，菊花最能耐寒、耐久，敢与秋霜斗，只有干枯在枝头，哪见过被秋风吹得满地皆是呢？"吹落黄花满地金"很明显是错了。于是续写道："秋花不比春花落，说与诗人仔细吟。"

后来，苏轼被贬黄州，在重阳节秋风过后，邀请好友陈季常赏菊。只见后园菊花纷纷落瓣，满地铺金，枝上却连半朵花也没有。他顿时目瞪口呆，想起给王安石续诗的往事，才醒悟自己的无知。

◎ 释疑解惑

《论语·为政》记载，子曰："由，诲女知之乎！知之为知之，不知为不知，是知（zhì，同'智'）也。"意思是：知道就是知道，不知道就是不知道，这就是一种智慧。这是一句广为流传的孔子名言，后世被用来提醒人们用老实的态度对待知识问题，来不得半点儿虚伪和骄傲。要养成踏实认真的学习态度、实事求是的作风，避免鲁莽虚荣的风气。学问愈深，未知愈重；越是学识渊博，越要虚怀若谷。对不熟悉、不理解的东西，我们不仅应当老实地承认"不知道"，还要敢于说"不知道"。

孔子主张"知之为知之，不知为不知"，对不知道的事物采取存而不论的态度，那么，中等智力以下的人当然不可能样样都知道。除了神怪幽明之事外，承认有所知、有所不知，是一种老实的态度，也是最聪明的态度。唯其有所"不知"，才能成其"有所知"。宋代的大臣吕端，宋太宗称他"小事糊涂，大事不糊涂"，就是弃"小慧"而就"大智"的一个好例子。

$$\underset{谓^①}{\text{wèi}}\ \underset{语}{\text{yǔ}}\ \underset{助^②}{\text{zhù}}\ \underset{者}{\text{zhě}},\ \underset{焉}{\text{yān}}\ \underset{哉}{\text{zāi}}\ \underset{乎}{\text{hū}}\ \underset{也}{\text{yě}}。$$

◎ **注释** ①〔谓〕称，叫作。②〔语助〕语气助词。

◎ **大意** 叫作语助词的，有"焉、哉、乎、也"。

◎ **释疑解惑**

语助，古代语言中不表示实在意义的虚词。这跟现代汉语的解释略有区别。现代汉语的语助词指在语言中专门表示各种语气的助词，一般位于句末或句中停顿之处，也称语气词。

古代汉语的语助词千奇百怪，五花八门。比如《礼记·檀弓上》："何居，我未之前闻也。"汉郑玄注："居读为姬姓之姬，齐鲁之间语助也。"《诗经·邶风·日月》："日居月诸，照临下土。"毛传："日乎月乎，照临之也。"居、诸也是语气助词。

声律启蒙

漢唐書局

导 读

　　诗词和对联是中国古代重要的文学形式，两千多年来一直薪火相传，至今仍具有强大的生命力。在古代，从读私塾的幼童起，就开始这种文学形式的训练。这种文学形式对声调、音律、格律等都有严格的要求，因此，一些声律方面的著作也应运而生，《声律启蒙》就是其中较有代表性的一种。

　　《声律启蒙》的作者车万育，字双亭，号鹤田，湖南邵阳人。清康熙三年（1664年）进士，官至兵科给（jǐ）事中。他为官清廉，刚正不阿。平生著述甚多，却以此书最为流行。

　　我国传统的蒙学教材在内容上，大致可分为"识字→基础知识到阅读训练→属（zhǔ）对（即对对子）→作诗作文"四个阶段，涵盖字、词、句、段、篇、册等各级教育目标，是优势互补的配套教材。识字阶段，"三、百、千"每种少则四五百字，多则千余字，刚好达到初级阅读所需的识字量。而在读诗文之前，必须排除名物、典故的障碍；在属对、作诗作文之前，也要先懂声律，识名物，知典故。因此，古人选取《声律启蒙》《蒙求》《龙文鞭影》《幼学琼林》等作为这一阶段的必读书，以后在读诗文时遇到名物、典故，便自然明了，作诗作文也就得心应手了。

　　我国的韵文（诗、词、曲、联语等）是讲究押韵的。古人为了选用韵字的方便，把同韵的字集中到一起，分成若干部。如隋朝的陆法言编了一本《切韵》，把同韵的字编为206部。到南宋时，平水人刘渊把同韵的字整合成107部，王文郁则将其整合成106部，叫作"平水韵"，其中平声韵30部（分上、下两卷），上（shǎng）声韵29部，去声韵30部，入声韵17部。每一韵部都选一个代表字来做它的称谓。如"一东"，就是平声韵的第一部，"东"是它的代表字，与"东"同韵的字都分在这一韵部里。《声律启蒙》选用"平水韵"30个平声韵部里的常用字做韵脚，编成联语，每部3组，每组10对。从内容上看，包罗天文、地理、花木、鸟兽、人物、器物和习用典故、成语、神话传说、历史故事等；从形式上看，既有单字对、双字对、三字对、五字对、七字对，又有隔句对，虚实相应，规整匀称。一册在手，从中可以得到语音、词汇、修辞和文史知识等多方面的训练和提高。因此，这本书在启蒙读物中独具一格，流传广远，经久不衰，深受人们的喜爱。

如果把我国几千年来的文学艺术比作浩瀚的海洋，那么，对联就是这万顷碧波中朵朵绚丽的浪花，而《声律启蒙》又是其中最美的一朵。

《声律启蒙》全书都是对联，那么，古人为什么喜欢对对子呢？对联又有什么特别的讲究呢？

对联，也称"对""联""对句""对子"。简单地说，就是互相对偶的文句，由上联和下联组成。一般张贴、悬挂或镌刻在门、厅堂及柱子上。对联讲究对仗工整贴切，上句末字声调必仄，下句末字声调必平。根据张贴或悬挂的位置与性质的不同，对联可以分为门联、楹联，以及寿联、挽联、春联等。

《西湖二集》第三十一卷《忠孝萃一门》："洪武爷抚定了婺（wù）州，于城楼上立大旗二面，亲书对联道：山河奄有中华地，日月重开一统天。"洪武爷就是明朝开国皇帝朱元璋。时至今日，还流传着他巧对对联的佳话。

清代阮葵生《茶余客话》卷十二："明太祖都金陵，于除夕前诏公卿士庶家门外悉加春联，帝微行出观以为乐。"明太祖微服出行期间，经过一户人家，见门上不曾贴春联，便去询问，知道这是一户阉猪的人家，还未请人代写。朱元璋就特地为那户阉猪人家写了"双手劈开生死路，一刀割断是非根"的春联。联意贴切、幽默。经明太祖这一提倡，此后春联便沿袭成俗，一直流传至今。明清两代，对联的风气非常盛行。

对联最主要的规矩就是对偶。讲细一点儿，通常要求字数相等、词性相对、平仄相拗、句法相同。这四项中最关键的是字数相等和平仄相拗。汉字音调古有平、上、去、入四声，今有阴平、阳平、上声、去声四声，皆分平仄两大类。平对仄就是相拗。

当然，这只是基本的规矩。一副好的对联，除了对仗工整，还要文辞优美，用典精当。这一点，大家在阅读本书时自会有所体会。

为了帮助读者扫除诵读和理解上的障碍，我们做了如下技术处理：

1. 改繁体字、异体字、旧字形为简化字、正体字、新字形。人名、书名等不宜用简化字、正体字者，则保留原繁体字、异体字。

2. 正文标注汉语拼音。凡须提醒读者特别注意的读音，在释目中再予标注。同时，对注释、知识拓展、释疑解惑中的繁难字、生僻字、易误读的多音字、古代读音特殊的专名及某些字词，也酌标拼音。

3. 正文使用专名号。这对读者准确理解原文内容帮助颇大。

4. 对文中所涉及的历史人物、事件及掌故等，我们核查了上百种相关典籍，做了详而明的注释，避免了引文不确及史实表述不清等弊病。

上　卷

一　东

云对雨，雪对风。
晚照①对晴空。
来鸿对去燕②，宿鸟③对鸣虫。
三尺剑④，六钧弓⑤。
岭北对江东。
人间清暑殿⑥，天上广寒宫⑦。
两岸晓烟⑧杨柳绿，
一园春雨杏花红。
两鬓风霜，途次⑨早行之客；
一蓑烟雨⑩，溪边晚钓之翁。

◎ **注释**　①〔晚照〕夕阳。②〔来鸿、去燕〕来来去去的大雁和燕子，比喻书信往来，互通音讯。鸿，大雁。③〔宿鸟〕晚间回巢栖息的鸟。④〔三尺剑〕古代的剑大约长三尺，所以叫三尺剑。《史记·高祖本纪第八》记载，汉高祖刘邦说："吾以布衣提三尺剑取天下，此非天命乎？"⑤〔六钧弓〕一种强弓。出自《左传·定公八年》。鲁定公曾对大臣们说："颜高之弓六钧。"大臣们都拿过来传着看。钧，古代的重量单位之一，一钧为三十斤。⑥〔清暑殿〕东晋皇宫名，孝武帝司马曜（yào）于太元二十一年（396年）正月所建。九月，孝武帝死于殿中。⑦〔广寒宫〕又名"月宫"，传说中嫦娥所居住的月中宫殿。传说唐明皇（唐玄宗）和申天师在中秋之夜到月宫游览，看见宫门的匾额上题写着"广寒清虚之府"，因此，又称月宫为"广寒宫"。⑧〔晓烟〕清晨像轻烟一样淡淡的雾气。⑨〔次〕驻扎，停留。⑩〔一蓑烟雨〕在迷蒙的细雨中披着蓑衣。蓑，即蓑衣，用草或棕毛制成的雨披。出自宋代苏轼《定风波》词，原作"一蓑烟雨任平生"。

◎ 知识拓展

两岸晓烟杨柳绿

施盘（1417—1440），字宗铭，直隶吴县（今属江苏省，其行政区划相当于苏州市吴中区和相城区）人。明英宗正统四年（1439年）己未科一甲第一名进士（状元），授翰林院修撰。传闻本科原取张和，因张和有眼疾而改取施盘。他及进士时年仅23岁。施盘考取状元后，仍每日订立读书计划，在翰林院充分利用藏书，刻苦攻读，大有长进。他恭勤职守，求师问学，其诗直逼古人，深为武英殿大学士杨溥（pǔ）所器重。施盘病重时，翰林同僚为他四处求医，每日都有人前往探视。卒于正统五年（1440年）。去世后众翰林皆哭吊痛惜。《明诗纪事》有其《送友》诗："杨柳含烟翠欲流，杨花飞雪点行舟。春风送别淮阴道，落月啼鹃动客愁。"

施盘小时候家里很穷，上不起学。他从5岁开始就上山砍柴、割草卖钱；同时利用空闲时间，偷偷向村里的一位老秀才学习认字、读书、吟诗、作对。

9岁那年，施盘进城卖柴，路过一家私塾，听到里面传出来朗朗的读书声，不由得入了神。恰好此时私塾的主人张都宪（明都察院、都御史的别称）坐轿回家，发现了小施盘，就问他站在那里干什么。小施盘说想进私塾读书。张都宪一听，哈哈大笑说："穷小子也想进我家私塾念书？也不想想自己的身份！"经不住小施盘再三恳求，张都宪这才说："这样吧，我出一上联，只要你能对上，我可以破例让私塾老师收你。"张都宪出的上联是："新月如弓，残月如弓，上弦弓，下弦弓。"这上联连用四个"弓"字、两个"月"字、两个"弦"字。张都宪认为这下子一定会难倒这个卖柴童。没想到，小施盘沉思片刻，随口而出："朝霞似锦，暮霞似锦，东川锦，西川锦。"下联连用四个"锦"字、两个"霞"字、两个"川"字，而且用"朝""暮"对"新""残"，用"东""西"对"上""下"，十分工整，更有一种意境的美。张都宪非常激动，顿生爱才之心，满口答应施盘的要求，不仅不收施盘的学费，还让他做自己孩子的陪读。后来，施盘参加科考，成为明朝正统年间苏州的第一位状元。

沿①对革②，异对同。
白叟③对黄童④。
江风对海雾，牧子⑤对渔翁。
颜巷陋⑥，阮途穷⑦。
冀北⑧对辽东⑨。
池中濯足水⑩，门外打头风⑪。
梁帝讲经同泰寺⑫，
汉皇置酒未央宫⑬。
尘虑萦心，懒抚七弦绿绮⑭；
霜华⑮满鬓，羞看百炼青铜⑯。

◎ **注释** ①〔沿〕沿袭。②〔革〕变革。③〔白叟〕白头发的老头儿。叟，年老的男人。④〔黄童〕儿童。幼儿头发的颜色发黄,所以叫"黄童"。⑤〔牧子〕牧童。⑥〔颜巷陋〕《论语·雍也》载,孔子称赞弟子颜回,说他住在简陋破旧的房子里,每天吃粗粮、喝凉水,如果换了其他人,早就受不了这个苦了,而颜回却"不改其乐",始终坚持自己的志向。巷,宅屋(一般误为"巷子")。陋,(住的地方)狭小,不华美。⑦〔阮途穷〕《晋书·阮籍传》载,魏晋诗人阮籍对当时的统治集团不满,因此不与当政者合作,不谈政事,每天纵酒谈玄。有时,他毫无目的、不辨方向地独自一人驾车出游,遇到阻塞(sè)走不通时,就大哭着返回原路。穷,阻塞不通,与"通"相对。⑧〔冀北〕《左传·昭公四年》:"冀之北土,马之所生。"《南齐书·王融传》:"秦西冀北,实多骏骥。"用以指良马产地,也指人才荟萃之所。唐代韩愈《送温处士赴河阳军序》:"伯乐一过冀北之野,而马群遂空。"⑨〔辽东〕地区名,指今辽宁辽河以东地区,或通称今辽宁省。据托名东晋陶潜(即陶渊明)的《搜神后记》记载,辽东人丁令威学道离家,千年后化作白鹤回到故乡,停在城门华表柱上。"时有少年,举弓欲射之,鹤乃飞,徘徊空中而言曰:'有鸟有鸟丁令威,去家千年今始归。城郭如故人民非,何不学仙冢垒垒。'遂高上冲天。"⑩〔濯足水〕洗脚的水。出自《孟子·离娄上》:"沧浪(láng)之水浊兮,可以濯我足。"又见屈原《渔父(fǔ)》。濯,洗。⑪〔打头风〕逆风,顶头风,又称"石尤风"。据元朝伊世珍《琅嬛(huán)记》所引《江湖纪闻》记载,传说古代有一位姓尤的商人娶了石氏女子为妻,二人感情很好。尤某要出远门做买卖,无论石氏怎么劝阻,他都不听。他走了很久也不回来。石氏思念成疾,临死时说:"我恨自己没能阻止他远行,以致有今天这个结局。从今往后,凡是有商旅远行,我便要变成大风,替天下的妻子们阻挡他们。"于是后世把逆风称为"石尤风"。⑫〔梁帝讲经同泰寺〕据《梁书·武帝本纪》记载,南朝梁武帝笃(dǔ)信佛教,他曾在同泰寺亲自登坛宣讲佛经。⑬〔汉皇置酒未央宫〕汉高祖刘邦统一天下后,曾经在都城长安新落成的未央宫前大摆庆功酒宴。⑭〔尘虑萦心,懒抚七弦绿绮〕世俗的杂念缠绕在心头,便懒得去弹琴。尘虑,世俗的杂念。萦,萦绕,缠绕。抚,轻按琴弦,这里指弹奏。绿绮,传说汉朝文学家司马相(xiāng,一说读xiàng)如写了一篇《玉如意赋》,梁王看了十分欣赏,便将一把名叫"绿绮"的琴送给他。后来,人们就用"绿绮"来形容名贵的琴。宋代黄庭坚《放言十首》其二:"匣中绿绮琴,欲抚已绝弦。"⑮〔霜华〕比喻像霜一样的白发。⑯〔青铜〕铜锡合金。这里指我国古代用铜锡合金制成的镜子。宋代顾逢《寄金华方养晦》:"懒对青铜镜,羞看两鬓丝。"

◎ **知识拓展**

梁帝讲经同泰寺

江南春

[唐] 杜牧

千里莺啼绿映红,水村山郭酒旗风。

南朝四百八十寺,多少楼台烟雨中。

这首《江南春》中提到的"四百八十寺",大都是梁武帝当政的时候建造的。南京雨花台也和梁武帝有关。据说梁武帝邀请来的高僧云光法师在此设坛讲经,感动上苍,落花如雨,雨花台由此得名。

梁武帝萧衍,字叔达。公元502年,代齐建梁,雅好诗文,颇有文采。他在位期间大肆建立寺院,自己也带头吃斋礼佛。在其倡导下,光是建康(今江苏南京)便建了500余座寺庙,僧尼达10万之众。

公元527年,萧衍第一次舍身同泰寺。这次舍身的理由很充分,是为了给天下民众祈福。萧衍声称从此不再为帝,专心佛门事业。这次荒唐的舍身闹剧在文武百官苦苦哀求四天后,才落下帷幕。

两年后,萧衍第二次舍身同泰寺。这次舍身,只用哀求根本打动不了萧衍,在百官集资1亿钱为其赎身后,他才同意再次回到龙椅上。这次事件的结果是,萧衍从中尝到了经济利益的甜头,直接导致第三次、第四次舍身事件的发生。

公元546年,83岁的萧衍不仅自己舍身,还带去了官人,赎金也从1亿钱涨到了2亿钱。547年,萧衍最后一次舍身,又费了1亿钱。但这次不仅仅是1亿钱的赎金那么简单,在最后一次于同泰寺舍身的晚上,寺中忽然起火,导致佛塔尽毁。老朽昏聩的萧衍认为只有重建佛塔,并建得比以往更辉煌高大,才能镇住放火的"魔鬼"。建塔的命令下达后,大批百姓被征用采石伐树,试图建立起一座12层的高塔。幸运的是塔还没有建完，萧衍便被羯（jié）人侯景拘禁而致饿死。

◎ 释疑解惑

读了上面这个故事，很多人会纳闷儿：佛教或者说宗教为什么会有这么大的"魔力"，竟让九五之尊的皇帝都撂挑子不干、舍身出家了呢？

社会科学认为，宗教是人类社会发展到一定历史阶段出现的一种文化现象，属于社会意识形态。其主要特点为：相信现实世界之外存在着超自然的神秘力量或实体，使人对这一神秘力量产生敬畏及崇拜，并从而引申出信仰认知及仪式活动。其发展演变过程：由拜物教而多神教，而一神教，由氏族图腾崇拜到民族神和民族宗教，最后又出现了世界性宗教。

当然，宗教的养生思想、修炼方法、处事为善等内容，也是吸引世人的重要原因。至于皇帝或者王侯将相一类人放弃功名富贵而出家修道的，一是极少，二是原因都很复杂，在此不细说了。感兴趣的朋友不妨自己查找史料看一看。

贫对富，塞[①]对通。

野叟[②]对溪童[③]。

鬓皤[④]对眉绿[⑤]，齿皓[⑥]对唇红。

天浩浩[⑦]，日融融[⑧]。

佩剑对弯弓。

半溪流水绿，千树落花红。

野渡燕穿杨柳雨[⑨]，

芳池鱼戏芰荷风[⑩]。

nǚ zǐ méi xiān　　é xià xiàn yì wān xīn yuè
女子眉纤，额下现一弯新月⑪；
nán ér qì zhuàng　　xiōng zhōng tǔ wàn zhàng cháng hóng
男儿气壮，胸中吐万丈长虹⑫。

◎ **注释**　①〔塞〕堵塞，阻塞，不通畅。②〔野叟〕在田间耕作的老农。野，田野，田间。③〔溪童〕在溪边放牛的牧童。一说，在溪边玩耍的儿童。④〔鬓皤〕两鬓现出白色。皤，白色。⑤〔眉绿〕眉毛乌黑发亮。绿，形容鬓发须眉乌黑发亮的颜色。⑥〔皓〕洁白。⑦〔浩浩〕浩瀚广阔。⑧〔融融〕形容暖和。⑨〔野渡燕穿杨柳雨〕在旷野的渡口边，燕子在细雨中穿过杨柳的枝条。⑩〔芳池鱼戏芰荷风〕在风中，菱叶荷花散发着幽幽的芳香，鱼儿在池塘里欢快地游戏玩耍。芰，菱角的一种。两个角的叫"菱"，四个角的叫"芰"。⑪〔女子眉纤，额下现一弯新月〕纤，细。新月，农历月初时的月亮，这里比喻女子弯弯的细长的眉毛。唐代李贺《昌谷诗》："泉樽陶宰酒，月眉谢郎妓。"王琦汇解："梁武帝诗'容色玉耀眉如月'，谓眉之湾环，状如初月也。"（陶宰，陶潜。谢郎，谢安。史书记载，谢安每次游山玩水，都要歌妓陪伴。）⑫〔男儿气壮，胸中吐万丈长虹〕长虹，又叫彩虹，是大气中一种光的现象。天空中的小水珠经日光照射发生折射和反射作用而形成的弧形彩带，由外圈至内圈呈现红、橙、黄、绿、蓝、靛（diàn）、紫七种颜色。古人认为虹是一种阳气。《战国策·魏策四》："夫专诸之刺王僚也，彗星袭月；聂政之刺韩傀也，白虹贯日。"《史记·鲁仲连邹阳列传》："昔者荆轲慕燕（yān）丹之义，白虹贯日，太子畏之。"裴骃（yīn）《集解》引应劭（yīng shào）曰："精诚感天，白虹为之贯日也。"古人认为白色长虹穿日而过，世间必定有大英雄做出非常之事来。

二　冬

春对夏，秋对冬。
暮鼓对晨钟①。
观山对玩水，绿竹对苍松②。
冯妇虎③，叶公龙④。
舞蝶对鸣蛩⑤。
衔泥双紫燕⑥，课蜜几黄蜂⑦。
春日园中莺恰恰⑧，
秋天塞外雁雍雍⑨。
秦岭云横，迢递八千远路⑩；
巫山雨洗，嵯峨十二危峰⑪。

◎ **注释**　①〔暮鼓、晨钟〕寺庙中早晚的敲钟击鼓之声。②〔苍松〕青松。苍，青色。③〔冯妇虎〕"冯妇搏虎"的省略语。《孟子·尽心下》载，春秋时晋国一位叫冯妇的男子，善于和老虎搏斗。有一次，他到野外，看到一群人在追赶一只老虎。老虎背靠山崖抵抗，大家谁都不敢上前。人们见到冯妇，便赶紧请他帮忙；而冯妇也就捋（luō）起袖子，伸出胳膊，走下车来（去与老虎搏斗）。冯妇这样做受到大家的欢迎，却遭到士人的耻笑（笑他冒失莽撞）。④〔叶公龙〕"叶公好（hào）龙"的省略语。汉朝刘向《新序·杂事》载，叶公子高喜欢龙，他家的墙壁上雕刻着龙，器物上勾画着龙。后来，龙真的到他家来了，把头探进窗户，把尾巴甩到堂上。他却吓得面如土色，拔腿就跑。叶，旧读shè。⑤〔鸣蛩〕鸣叫的蟋蟀。蛩，蟋蟀。⑥〔衔泥双紫燕〕一双双紫色的飞燕衔着泥巴筑巢。⑦〔课蜜几黄蜂〕几只黄色的蜜蜂采蜜。课蜜，采蜜。⑧〔恰恰〕形容黄莺清脆的叫声。杜甫《江畔独步寻花七绝句》其六："留连戏蝶时时舞，自在娇莺恰恰啼。"⑨〔雍雍〕形容大雁的和鸣声。《诗经·邶（bèi）风·匏（páo）有苦叶》："雍雍鸣雁，旭日始旦。"⑩〔秦岭云横，迢递八千远路〕出自唐朝诗人韩愈《左迁至蓝关示侄孙湘》诗。韩愈曾劝阻唐宪宗迎佛骨进皇宫，因而被贬到距京都长安8 000里之远的潮州（在今广东东部）做刺史。在途中，他写了这首诗，首联为"一封朝奏九重天，夕贬潮阳路八千"，颈（jǐng）联为"云横秦岭家何在，雪拥蓝关马不前"。云横，云雾纵横缭绕。迢递，形容路途遥远。⑪〔嵯峨十二危峰〕（巫山）12座山峰高耸险峻。唐朝诗人戴叔伦有《巫山高》诗曰："巫山峨峨高插天，危峰十二凌紫烟。"嵯峨，形容山势高耸险峻。危，高。

◎ 知识拓展

巫山雨洗，嵯峨十二危峰

巫山祠梳洗楼

［宋］孙应时

山川楚国六千里，云雨阳台十二峰。

神女可无哀郢（yǐng）意，强教梳洗为谁容？

"巫山神女"是中国古代汉族神话传说之一。神女，一说为炎帝（赤帝）之女，一说为王母之女，本名瑶姬（或作"姚姬"），未嫁而死，葬于巫山之阳，因而为神，其精魂化为灵芝。北魏郦道元《水经注·江水二》："郭景纯曰：丹山在丹阳，属巴。丹山西即巫山者也。又帝女居焉。宋玉所谓天帝之季女，名曰瑶姬，未行而亡，封于巫山之阳，精魂为草，实为灵芝。所谓巫山之女，高唐之阻。"

◎ 声律启蒙

　　战国时，楚国宋玉《高唐赋》称"先王"游高唐时，在白天梦见神女愿荐枕席，神女临去时称自己"旦为朝云，暮为行雨，朝朝暮暮，阳台之下"。后宋玉《神女赋》叙楚襄王夜梦神女，得见神女之美艳绝伦，以及神女洁身自持而拒绝楚襄王求爱之事。

　　此后，"巫山神女"常用以比喻美女，"巫山云雨""阳台梦"遂成为男女欢好之典。"曾经沧海难为水，除却巫山不是云"喻指对爱情的忠诚。

　　根据原始宗教神话观念，楚王与神女交合乃天地相会，可以达到政治清明、民族振兴、国家富强，以及个人身心强健、延年益寿的目的。三峡民间流传有巫山神女为行船指点航路、为百姓驱除虎豹、为人间耕云播雨、为治病育种灵芝等传说。

◎ **释疑解惑**

　　古代的名山大川都有神灵代表，这是什么意思呢？

　　在中国，有关山神的传说源远流长。《山海经》里就记载了有关山神的种种传说。《太平广记》里也收录了大禹囚禁商章氏、兜庐氏等山神的故事。《五藏山经》里还对诸山神的状貌做了详尽的描述。古代汉族人民将山岳神化而加以崇拜。《礼记·祭法》："山林川谷丘陵，能出云，为风雨，见怪物，皆曰神。"

　　传说舜曾巡祭泰山、衡山、华（huà）山和恒山。历代天子封禅祭天地，也要对山神进行大祭。祭山时大多用玉石和玉器埋于地下，也有用"投"和"悬"的祭法，即将祭品鸡、羊、猪或玉石投入山谷或悬在树梢。

　　五岳神是古代汉族民间信仰的山神。五岳指的是东岳泰山、西岳华山、中岳嵩（sōng）山、北岳恒山和南岳衡山。关于五岳的祭扫，《周礼·春官·大宗伯》曰："以血祭祭社稷、五祀、五岳，以狸（埋）沈（沉）祭山林川泽。"《礼记·王制》曰："天子祭天下名山大川：五岳视三公，四渎视诸侯。诸侯祭名山大川之在其地者。"汉宣帝时，"自是五岳、四渎皆有常礼"。

　　中国古代的五行观念认为：东方属木，其颜色为青色；西方属金，为白色；北方属水，为黑色；南方属火，为赤色；中央属土，为黄色。晋代葛洪《枕中书》以"太昊（hào）氏为青帝，治岱宗山；颛顼（zhuān xū）氏为黑帝，治太恒山；祝融氏为赤帝，治衡霍山；轩辕氏为黄帝，治嵩高山；金天氏为白帝，治华阴山"。

五岳神在唐代被封为王。天台（tāi）道士司马承祯更谓："今五岳神祠是山林之神也，非正真之神也。五岳皆有洞府，有上清真人降任其职，山川、风雨、阴阳、气序，是所理焉。冠冕服章，佐从神仙，皆有名数。"（见《文献通考·郊社考一六》）。

五岳神在宋代被封为帝，宋以后称"五岳大帝"。其中东岳大帝最为尊贵，所以古代的帝王登极，都必到泰山封禅祭告天帝以保佑政权昌运长久。

明对暗，淡对浓。

上智①对中庸②。

镜奁③对衣笥④，野杵⑤对村舂⑥。

花灼烁⑦，草蒙茸⑧。

九夏⑨对三冬⑩。

台高名戏马⑪，斋小号蟠龙⑫。

手擘蟹螯从毕卓⑬，

身披鹤氅自王恭⑭。

五老峰高，秀插云霄如玉笔⑮；

三姑石大，响传风雨若金镛⑯。

◎ **注释** ①〔上智〕天资最聪颖的人。出自《论语·阳货》："唯上知（zhì，同'智'）与下愚不移。"②〔中庸〕平常的。这里指中等之才。③〔镜奁〕镜匣，即盛放梳妆用品的匣子。④〔衣笥〕衣箱。笥，盛饭或盛衣物的方形竹器。

⑤〔野杵〕野外捶衣服的声音。杵，一头粗一头细的圆木棒，用来在臼（jiù）里捣粮食或洗衣服时捶衣服。⑥〔村舂〕村中舂米的声音。舂，把东西放在石臼或乳钵（bō）中捣去皮壳或捣碎。⑦〔灼烁〕形容花儿开得热烈红火。灼，明亮。烁，光亮的样子。⑧〔蒙茸〕形容草杂乱的样子。⑨〔九夏〕夏季的九十天。⑩〔三冬〕冬季的三个月。⑪〔戏马〕一般指江苏省徐州市铜山区南的项羽掠马台。⑫〔蟠龙〕也就是盘龙斋。《晋书·刘毅传》记载，桓玄曾"于南州起斋，悉画盘龙于其上，号为'盘龙斋'"。抚军将军刘毅小名叫盘龙，他在平定了梁州刺史刘稚的反叛并将其生擒后，入住盘龙斋。⑬〔手擘蟹螯从毕卓〕《世说新语·任（rèn）诞》载，晋人毕卓非常喜欢喝酒，他曾经说："一手持蟹螯，一手持酒杯，拍浮酒池中，便足了一生。"擘，掰（bāi）。螯，螃蟹的第一对脚。⑭〔身披鹤氅自王恭〕晋人王恭仪表很美。一次，他披着鹤氅走在雪地里，孟昶（chǎng）看见了，说道："这真是神仙哪！"氅，用鸟的羽毛编成的外套。⑮〔五老峰高，秀插云霄如玉笔〕五老峰高耸挺秀，像直插云霄的一支玉笔。五老峰，庐山最高的山峰，因为山的形状非常像五位老人而得名。唐代李白《登庐山五老峰》："庐山东南五老峰，青天削出玉芙蓉。"又，宋代杨万里《过白土岭望见芙蓉峰七八峰最东一峰特奇》诗："天外数枝青玉笔，飞入锦囊寒突兀。"⑯〔三姑石大，响传风雨若金镛〕三姑石在江西省都昌县境内，一说在今福建武夷山市西南武夷一曲。当敲击或风吹雨打时，三姑石会发出像大铜钟一样响亮的声音。金镛，大铜钟。镛，大钟。

◎ 知识拓展

三姑石大，响传风雨若金镛

三姑石

〔宋〕李纲

风舞芳林鬓脚垂，朝云行雨湿仙衣。

不知当日缘何事，化石山头更不归。

三姑石

[宋] 安麐（lín）

雾鬟烟鬘仿佛梳，老翁指点说三姑。

娉婷不嫁非无意，谁是人间大丈夫。

武夷山国家度假区所在地三姑村，其地名源自对面山巅上的三块巨石，人称"三姑石"。

"三姑"是指"太素孔君、太微庄无君、太妙叶元君"。三位仙姑曾在武夷山中修行。宋治平年间（1064—1067），崇安大旱，田土龟（jūn）裂，禾苗枯焦。有一天，农人江小三在换骨岩下灌田，忽见三位道姑打扮的女子沿山径走来。她们见江小三等农人灌田辛苦，便招江小三上前，授以小葫芦和秘诀后便飘然而去。江小三如法施行，顷刻间，乌云密布，大雨如注，救活了枯焦的禾苗。为感谢这三位仙姑，江小三来到了她们居住的"云虚洞"。正端详间，忽见洞门大开，一道童引出这三位仙姑。江小三慌忙上前叩谢。三位仙姑告诉他："我们本是会稽上虞人，唐天宝年间，来武夷山学道，栖息于天柱峰下。一日遇见皇太姥，授以丹诀，承她指点，在换骨岩云虚洞中修炼。今修炼已毕，就要离开武夷山。"说完，这三位仙姑就不见了。后乡人为纪念这三位仙姑，便将换骨岩巅的这三块巨石取名为"三姑石"，将三姑岩对面的村庄改名为"三姑村"。

◎ **释疑解惑**

古代很多关于神女的传说都跟"三姑"有关系，这有什么特别的缘故吗？

先说"三姑"。据说是传说中的管蚕女神。元代马臻《村中书事》诗之一："村妇相逢还笑问，把蚕今岁是三姑？"清代翟灏（hào）《通俗编·禽鱼》："《月令广义》：凡四孟年，大姑把蚕；四仲年，二姑把蚕；四季年，三姑把蚕。"这个"三姑"跟农业生产有关。

坑三姑：即紫姑神。相传为隋朝李景之妾，于正月十五之夜，为大妇阴杀于茅坑，后为厕神。世人每年以其死日迎祝于厕间，故俗呼为"坑三姑"。每当上元节的时候，居家妇女便要迎厕神。节前一天，准备粪箕一只，饰以钗环，簪以花朵，另用银钗一支插箕口，放在坑厕侧设供。同时，另设供案，点烛焚香，让

◎ 声律启蒙

小儿辈对它行礼。妇女们就把自己的心事向其诉说，或代自己未出嫁的女儿祈祷。从各地迎紫姑神的活动看，紫姑神的主要职责不是司人家之厕，而是代卜人事的吉凶和与人一起游乐。这个"三姑"跟日常生活有关。

这么一看就好理解了——"三姑"其实是我们的保护神哪！

仁对义，让①对恭。
禹舜对羲农②。
雪花对云叶③，芍药对芙蓉。
陈后主④，汉中宗⑤。
"绣虎"⑥对"雕龙"⑦。
柳塘风淡淡，花圃月浓浓⑧。
春日正宜朝看蝶，
秋风那更夜闻蛩⑨。
战士邀功，必借干戈⑩成勇武；
逸民⑪适志⑫，须凭诗酒养疏慵⑬。

◎ **注释** ①〔让〕谦让，礼让。②〔禹舜、羲农〕禹，也叫"大禹"或"夏禹"，古代夏后氏的首领，传说为"五帝"之一颛顼（zhuān xū）的曾孙。舜，史称"虞舜"，父系氏族社会后期部落联盟领袖。羲，即伏羲氏，神话传说中人类的始祖。农，即制作农具教人耕作并亲尝百草教人治病的神农氏。③〔云叶〕据明朝徐光启的《农政全书》记载，云叶是生长在密县山中的一种树，它的枝叶像桑树，叶子状如云头，因此得名。④〔陈后主〕南朝陈的末代皇帝陈叔宝。

99

他在位 7 年，大建宫室，生活奢侈，每天和妃嫔（pín）、文臣游乐宴饮。他喜欢制作艳词，如《玉树后庭花》，被后人称为亡国之曲。公元 589 年，隋兵攻入建康（今江苏南京），陈后主被俘，后在洛阳病死。⑤〔汉中宗〕指西汉宣帝刘询。他在位 25 年（前 74—前 49），励精图治，任用贤能，重视吏治，减轻赋税徭役。曾设置西域都护府，对发展西域地区的生产、保障东西商路的畅通都有一定作用。⑥〔"绣虎"〕三国时魏国的曹植写的诗文既富于文采，又风骨遒劲（qiú jìng），被誉称为"绣虎"。⑦〔"雕龙"〕战国时齐国的驺奭（zōu shì）善于修饰文辞，被誉称为"雕龙奭"。⑧〔柳塘风淡淡，花圃月浓浓〕宋代晏殊《寓意》："梨花院落溶溶月，柳絮池塘淡淡风。"花圃，栽培花草等的园子。⑨〔秋风那更夜闻蛩〕在秋风中，心情抑郁，哪里还禁（jīn）得起再听夜里蟋蟀的鸣叫呢？那，哪里。⑩〔干戈〕古代的两种兵器，泛指武器。这里代指战争。干，盾牌。戈，一种装有长柄，有横刃，用于钩杀、横击的兵器。⑪〔逸民〕古代称避世隐居不做官的人。⑫〔适志〕遂心如愿。指满足自己隐逸山林的心志。⑬〔疏慵〕疏放、懒散。

三　江

楼对阁①，户②对窗。

巨海对长江。

蓉裳③对蕙帐④，玉斝⑤对银釭⑥。

青布幔⑦，碧油幢⑧。

宝剑对金釭。

忠心安社稷⑨，利口覆家邦⑩。

世祖中兴延马武⑪，

桀王失道杀龙逄⑫。

秋雨潇潇⑬，熳烂⑭黄花都满径⑮；

春风袅袅，扶疏⑯绿竹正盈⑰窗。

◎ **注释**　①〔阁〕风景区或庭园里的一种四方形、六角形或八角形的建筑物，一般两层，周围开窗，多建筑在高处，可以站在里面远望。②〔户〕门。③〔蓉裳〕用荷花做成的下衣。出自《楚辞·离骚》："制芰荷以为衣兮，集芙蓉以为裳。"蓉，芙蓉，荷花。④〔蕙帐〕帐的美称。出自南朝齐孔稚珪（guī）《北山移文》："蕙帐空兮夜鹄（hè，通"鹤"）怨，山人去兮晓猿惊。"蕙，蕙兰，多年生草本植物，叶狭长而尖，初夏开黄绿色有香味的花。⑤〔斝〕青铜制成的酒器。⑥〔釭〕油灯。⑦〔幔〕布帐子。⑧〔碧油幢〕用青绿色的油布做成的帷幕。幢，帷幕。⑨〔社稷〕代称国家。社，土神。稷，谷神。⑩〔利口覆家邦〕能言善辩而不敦厚会使国家灭亡。出自《论语·阳货》："恶（wù）利口之覆邦家者。"利口，指伶牙俐齿、能言善辩。覆，覆灭，灭亡。家邦，国家。⑪〔世祖中兴延马武〕东汉光武帝刘秀为了使国家中兴而邀请马武参加自己的队伍。世祖，指刘秀。中兴，由衰微而复兴。延，聘请，邀请。马武，东汉初南阳湖阳（今河南唐河南）人。新莽末，参加绿（lù）林起义军，后归刘秀，屡建战功，封杨虚侯。⑫〔桀王失道杀龙逄〕夏朝末代君王桀荒淫无道，杀害了忠臣关龙逄。龙逄，即关龙逄，因多次直谏，触怒夏桀，被囚禁杀死。⑬〔潇潇〕形容小雨飘洒的样子。⑭〔熳烂〕即烂漫，颜色鲜艳。⑮〔径〕小路。⑯〔扶疏〕形容枝叶茂盛、疏密有致的样子。⑰〔盈〕满。

旌对旆①，盖②对幢③。

故国④对他邦⑤。

千山对万水，九泽⑥对三江⑦。

山岌岌⑧，水淙淙⑨。

鼓振⑩对钟撞⑪。

清风生酒舍⑫，白月照书窗。

阵上倒戈辛纣战⑬，

道旁系剑子婴降⑭。

夏日池塘，出没浴波鸥对对⑮；

春风帘幕，往来营垒燕双双⑯。

◎ **注释** ①〔旌、旆〕都是古代的旗子。旌的杆顶上用五色羽毛做装饰，旆的末端很像燕尾。②〔盖〕车篷。③〔幢〕古代一种垂筒形、饰有羽毛的竖挂的旗子，用于军事指挥、仪仗行列、舞蹈表演等。④〔故国〕故乡。⑤〔他邦〕即他乡、异乡，远离家乡的地方。⑥〔九泽〕又称"九薮（sǒu）"。古代的九大湖泊。据《周礼·夏官·职方氏》所记，有扬州的具区、荆州的云梦、豫州的圃田、青州的望诸、兖（yǎn）州的大野、雍州的弦蒲、幽州的貕（xī）养、冀州的杨纡（yū）、并（bīng）州的昭余祁（qí）。⑦〔三江〕古代各地众多水道的总称。比较早的说法，如《尚书·禹贡》指太湖的三条支流——娄江、松江、东江，《国语·越语上》指吴江、钱塘江、浦阳江，《汉书·地理志》指北江、中江、南江。⑧〔岌岌〕形容高耸的样子。⑨〔淙淙〕流水的声音。⑩〔鼓振〕敲鼓。⑪〔钟撞〕撞钟。撞，敲击。⑫〔清风生酒舍〕清风吹拂着酒馆（带来了阵阵酒香）。⑬〔阵上倒戈辛纣战〕在牧野之战中，商纣王的将士在阵前起义，反过来攻打他，结果他被周武王彻底打败。倒戈，掉转矛头，指起义。辛纣，就是商纣王帝辛。⑭〔道旁系剑子婴降〕据《史记·高祖本纪》记载，刘邦率军攻进咸阳时，秦始皇的孙子末帝子婴"系颈（jǐng）"（用绳子拴住自己的脖子），把皇帝所用的玉玺（xǐ）等放在道旁的亭子中，率官员投降。史书中并没有"系剑"的记载，这里用"系剑"可能是与上文"倒戈"相对的一种象征性的写法。也有学者认为"剑"字乃"颈"字之误。⑮〔出没浴波鸥对对〕一对对鸥鸟在水中一浮一沉地嬉戏。⑯〔春风帘幕，往来营垒燕双双〕春风吹动帘幕，成双成对的燕子飞去飞来地衔泥筑巢。营垒，这里指筑巢。

◎ **知识拓展**

阵上倒戈辛纣战

商汤建立商朝600多年后，传位至第三十一位君主帝辛（商纣王）时，国家已是危机四伏。据《史记·殷本纪》记载，帝辛"资辨捷疾，闻见甚敏；材力过人，手格猛兽；知（智）足以距（拒）谏，言足以饰非；矜人臣以能，高天下以声，以为皆出己之下"，但"好酒淫乐，嬖（bì）于妇人"。在政治上，帝辛耗巨资建鹿台、钜桥，造酒池肉林，使国库空虚，宠信爱妃妲己以及飞廉、恶来等一帮佞臣，妄杀王族重臣比干（gān），囚禁箕子，造成诸侯臣属纷纷离叛；在军事上，帝辛致力于攻打东南夷族，虽然战争取得了胜利，俘虏了"亿兆（上百万）夷人"，帝辛也被誉为"百克（百战百胜）"，但商军主力远征东夷，造成商都朝歌（今河南淇县）空虚，无兵可守。

周部落是渭水中游的古老部落，居住于今陕西中部，依靠优越的自然环境逐渐发展起来。到姬昌时，他对内重用吕尚、散宜生、太颠、闳夭、南宫适（kuò，非孔子弟子）等一帮贤臣，国力日强；对外宣扬德教，积极调停各方国间的争端，使诸侯纷纷依附。姬昌趁征伐四起之机大搞统一战线，而各国由于要供应商朝攻打东夷的大量士兵和物资，又受到商王的猜忌和钳制，早已苦不堪言，当然也乐于向"西伯侯"靠拢。据《史记》记载："天下三分，其二归周。"

商王宣称王权得自"天命"，周人就讲"天命无常，惟德是辅"，说商王无德，西伯有德，所以天命已经转移到姬昌身上。但姬昌对商朝仍然小心翼翼，殷勤供奉，甚至在自家祠堂祭祀商朝先王（在周原还有相关的甲骨文出土），以麻痹帝辛的耳目。

公元前1050年，姬昌病逝，世子姬发（即周武王）继位。周武王继续利用商朝暂时无暇西顾的良机向东扩张。公元前1048年，周武王曾观兵于孟津。《史记》中说"不期而会盟津者八百诸侯"，其实不是"不期而会"。根据甲骨文所揭，此次出兵早有联络，关中和江汉间的许多方国都有参与，但并无八百之多，基本上是西南方的羌、戎各国。

此时商朝发生了内乱。帝辛杀了叔父比干，囚禁了叔父箕子，另一些被牵连的贵族如微子等则审时度势，投奔了周。周武王从来奔的殷商贵族那里得到了不少朝歌的机密情报。时机已经成熟，周武王决定出兵伐商，同时通知会盟的诸侯一起出兵。

公元前1046年1月26日，周武王亲率战车300乘（shèng）、虎贲（bēn）3 000人，以及步兵数万人，出师东征。2月21日，周军抵达孟津，与庸、卢、彭、濮、蜀、羌、微、髳（máo）等部族会合。此时，联军总数达4.5万人，不少方国的国君甚至亲自率兵参战。史书称联军共有"六师"。军事史家推测：大概300乘战车、3 000名虎贲为一个"装甲师"，是第一梯队；其余4万多人分为5个"师"，在后面组成方阵，为第二梯队。联军于2月26日布阵未完就下了雨，但兵贵神速，联军不得不冒雨继续东进，从汜（sì）地（今河南荥阳汜水镇，一说由孟津渡河）渡黄河后，兼程北上，至百泉（今河南辉县西北）折而东行。

27日清晨，联军庄严誓师。周武王说："母鸡司晨，是家中的不幸。现在纣王只听信妇人之言，连祖宗的祭祀也废弃了。他不任用自己的王族兄弟，却让逃亡的奴隶担任要职，让他们去危害贵族，扰乱商国。今天，我姬发是代替上天执行惩罚！……战士们，努力呀！"周军将士士气大振。这一段史实即为《尚书》所记载之"牧誓"。28日拂晓，联军进至牧野。《诗经·大雅·大明》记载："牧野洋洋……时维鹰扬。凉彼武王，肆伐大商，会朝清明。"

帝辛惊闻联军来袭，仓促间，只好武装大批奴隶、战俘，连同守卫国都的军队，奔赴牧野迎战。据《史记》记载，帝辛出动的总兵力有70万人，另一些文献记载是17万人。《诗·大雅·大明》称："殷商之旅，其会如林。"

据《逸周书·克殷》记载，联军先由吕尚率数百名精兵上前挑战，震慑商军并冲乱其阵脚，然后周武王亲率主力跟进冲杀，将对方的阵形彻底打乱。商军中的奴隶和战俘全无斗志，纷纷逃命，加上被后面人潮推动，于是乱打一气，甚至倒戈相向。身后联军的战车、甲士、步兵如同汹涌的潮水一般进攻，使帝辛的最后一道防线也守不住了，不得不逃离战场。商军残余的抵抗虽然持续了一天，但已无力挽回局面。帝辛见大势已去，返回朝歌，登上鹿台，"自燔（fán，焚烧）于火而死"，商朝自此灭亡。

周武王赶到鹿台时，向帝辛的尸体连发三箭，然后下车，用轻剑击刺帝辛的尸体，并亲自斩其头颅悬旗示众。另有100多位商朝的大臣贵族被俘，他们被带回周京，作为武王祭祖的人牲而被杀死。

◎ 释疑解惑

商朝灭亡了，那么商王族的后代到哪儿去了？被杀了还是被流放了？

公元前1046年，姬发灭商。微子启赤身携带祭器到周军营门前，请求周武王保留商族的后裔。武王应允。武王死后，他的两个弟弟管叔、蔡叔联合纣王的儿子武庚叛乱，被周公旦消灭。微子启没有参与叛乱。平叛后，周武王的儿子成王封微子启到商族的发祥地商丘，封国号为宋，爵位为公，并特准其用天子礼乐祭祀祖先。微子名启，微（今山东梁山西北一带）是封地，子是姓，故称之为微子启。他是先商帝乙的长子、帝辛的兄长。据说，微子贤明仁德，颇具王者风范。帝乙曾有将王位传于他之意，但太史不允，因为当时有规定：有妻之子，不可立妾之子。而微子启出生时，其母尚未被立为正妃。

宋国历传26世32君，公元前286年，为齐、楚、魏所灭。

铢对锊①，只对双。
华岳②对湘江。
朝车③对禁鼓④，宿火⑤对寒釭⑥。
青琐闼⑦，碧纱窗。
汉社⑧对周邦⑨。
笙箫鸣细细，钟鼓响拟拟⑩。
主簿栖鸾名有览⑪，
治中展骥姓惟庞⑫。
苏武牧羊，雪屡餐于北海⑬；
庄周活鲋，水必决于西江⑭。

◎ **注释** ①〔铢、锊〕都是古代的重量单位。一铢是二十四分之一两。锊就是"两"。②〔华岳〕指西岳华（huà）山。③〔朝车〕古代臣子上朝或入宫宴饮时所乘坐的车。④〔禁鼓〕古代设置在宫城谯（qiáo）楼上报时的鼓。⑤〔宿火〕隔夜未熄的火。⑥〔寒釭〕寒夜的灯。⑦〔青琐闼〕刻着青色连环花纹的官门。闼，门。⑧〔社〕土神，这里代指国家。⑨〔邦〕国家。⑩〔拟拟〕形容击鼓敲钟的声音。⑪〔主簿栖鸾名有览〕东汉的仇（qiú）览接受考城县令王涣的聘请当了县主簿。王涣认为他"少鹰鹯（zhān，一种猛禽）之志"，他却说，做鹰鹯"不若鸾凤"。王涣知道他胸怀大志，便资助他上了太学。主簿，汉朝中央及郡县官署主管文书、办理事务的官员。鸾，传说中凤凰一类的鸟。览，即仇览。⑫〔治中展骥姓惟庞〕庞统只有担任治中一类的高官，才能像千里马伸开四蹄尽情驰骋一样展露才华。庞统最初在刘备手下担任耒（lěi）阳县令，因为不尽职尽责而被罢官。吴国鲁肃写信给刘备说，让庞统当县令是大材小用，让他当治中、别驾一类的州郡的助理，"始当展其骥足耳"。治中，汉朝设治中从事史，是州刺史的助理。骥，千里马。庞，即庞统。⑬〔苏武牧羊，雪屡餐于北海〕西汉大臣苏武出使匈奴时被扣留，因为不肯投降，就被流放到荒无人烟的北海（今俄罗斯的贝加尔湖）一带牧羊，渴了只能喝雪水，饿了有时甚至只能吞毡（zhān）毛，但他始终不改气节。⑭〔庄周活鲋，水必决于西江〕出自《庄子》中的一则寓言。车辙中有一条快死的鲫（jì）鱼向庄子求救。庄子说，等我南游吴越回来后，挖开西江，用江中的水来救活你。鲫鱼说，等你回来时，只能到卖干鱼的集市上去找我了。庄周，即庄子（名周）。活，救活。鲋，鲫鱼。

四 支

茶对酒，赋对诗。

燕子对莺儿。

栽花对种竹，落絮①对游丝②。

四目颉③，一足夔④。

鸲鹆⑤对鹭鸶⑥。

半池红菡萏⑦，一架白荼蘼⑧。

几阵秋风能应候⑨，

一犁春雨甚知时⑩。

智伯恩深，国士吞变形之炭⑪；

羊公德大，邑人树堕泪之碑⑫。

◎ **注释** ①〔落絮〕飘落的柳絮。②〔游丝〕悠悠晃动着的蜘蛛丝。③〔四目颉〕指仓颉。传说他是黄帝的史官，长着四只眼睛，创造了古汉字。④〔一足夔〕传说舜的乐官叫夔，只有一只脚。但《吕氏春秋·察传》转述孔子的说法曰，所谓"夔一足"，是说只有一个夔来辅佐舜就足够了，不必多求，而不是说夔只有一只脚。⑤〔鸲鹆〕鸟名。俗称"八哥"。⑥〔鹭鸶〕白鹭。⑦〔菡萏〕荷花的别称。⑧〔荼蘼〕一种植物，夏天开白花，有香气。⑨〔应候〕应和（hè）着季节的到来而出现。⑩〔一犁春雨甚知时〕一场（cháng）春雨来得正是时候。犁,量词,表示雨量相当于一犁入土正适合春耕的深度。知时,即杜甫《春夜喜雨》中"好雨知时节,当春乃发生"之意。宋人有《一犁春雨图》。⑪〔智伯恩深,国士吞变形之炭〕《史记·刺客列传》载,春秋时期,晋国大臣智伯以国士之礼厚待豫让。后来,晋国灭亡,智伯被赵襄子杀死。豫让为了给智伯报仇,就用黑漆涂满全身,嘴里吞炭,借此改变了容貌和声音,以麻痹赵襄子,然后寻找机会刺杀他。⑫〔羊公德大,邑人树堕泪之碑〕《晋书·羊祜(hù)传》记载,西晋大臣羊祜镇守荆州时,为百姓办了很多好事,死后葬在岘(xiàn)山(今湖北襄阳以南)。当地老百姓看到他的墓碑便想起他的功德,不由得都流下泪来,所以,人们把羊祜的墓碑叫作"堕泪碑"。羊公,对羊祜的尊称。

◎ 知识拓展

鸲鹆对鹭鸶

谢尚(308—357),字仁祖,陈郡阳夏(今河南太康。夏,音jiǎ)人。东晋名将,谢鲲之子、谢安从兄。精通音律,善舞蹈,工书法,擅长清谈。

谢尚善吹笛,曾于牛渚月夜在江中吹笛以和袁宏《咏史诗》,《对韵全璧续编》将此事与寿阳公主始兴梅花妆并列。历任江州刺史、尚书仆射(pú yè)等职,后进号镇西将军,都督豫、冀、幽、并(bīng)四州。他任豫州刺史12年,使陈郡谢氏得以列为方镇。又于北伐中得到传国玉玺,并在牛渚采石制为石磬(qìng),为江表钟石之始。

谢尚从小就很孝顺。7岁时兄长去世,他哀恸的感情超出礼法,亲戚无不感到奇异。8岁时,他更显得聪明早熟。谢鲲曾带谢尚为宾客饯行,有客人说:"这小孩子是座中的颜回呀!"谢尚应声答道:"座中没有仲尼,怎能辨别出颜回?"一席宾客没有不惊叹的。

谢尚成年后,聪明坦率、智能超群,分辨理解的能力无与伦比,并且行为洒脱、不拘细节,不做流俗之事。他喜欢穿绣有花纹的衣裤,受到叔伯们责怪,便改掉了这一嗜好。

《晋书·谢尚传》记载,司徒王导十分器重谢尚,把他比作王戎,常称他为"小安丰"。谢尚又世袭父亲爵位咸亭侯。他刚到司徒府通报名帖时,王导因府上正有盛会，便对他说："听说你能跳'鸲鹆舞'，满座宾客渴望一睹风采，不知你可否满足众人意愿？"谢尚说："好。"然后便穿好衣服、戴上头巾翩翩起舞。王导让座中宾客拍掌击节，谢尚在广众之中俯仰摇动，旁若无人。

◎ **释疑解惑**

上面说的"鸲鹆舞"，到底是什么样子呢？

魏晋南北朝时期，士大夫多以自由狂放之态处世，诸如醉酒、长啸、衣冠不整之类，跳舞也是其中一种。一些不拘小节的士人酒酣兴浓之际，常常能作精彩的舞蹈表演。"鸲鹆"俗名"八哥"。"鸲鹆舞"当是模仿鸲鹆鸟的抒情舞蹈。

这种舞蹈到唐朝仍在流行。唐人卢肇作了一篇《鸲鹆舞赋》，写的正是谢尚跳舞之事，描写比较具体，文中形容谢尚"正色洋洋，若欲飞翔。避席俯伛，抠衣颉颃。宛修襟而乍疑雌伏，赴繁节而忽若鹰扬……"虽然是想象之辞，但读之如见其景，生动传神。

唐代皎然《述祖德赠湖上诸沈》："初看甲乙矜言语，对客偏能鸲鹆舞。"

唐代白居易《和梦游春诗一百韵》："酩酊（mǐng dǐng）歌鸜鹆，颠狂舞鸲鹆。"

唐代杜审言《赠崔融二十韵》："兴酣鸲鹆舞，言洽凤皇翔。"

xíng duì zhǐ　　sù duì chí
行对止，速对迟。

wǔ jiàn duì wéi qí
舞剑对围棋。

huā jiān duì cǎo zì　　zhú jiǎn duì máo zhuī
花笺①对草字②，竹简③对毛锥④。

fén shuǐ dǐng　　xiàn shān bēi
<u>汾水鼎</u>⑤，<u>岘山碑</u>⑥。

hǔ bào duì xióng pí
虎豹对熊罴⑦。

huā kāi hóng jǐn xiù　　shuǐ yàng bì liú lí
花开红锦绣，水漾⑧碧琉璃⑨。

去妇因探邻舍枣⑩,
出妻为种后园葵⑪。
笛韵和谐,仙管恰从云里降⑫;
橹声咿轧⑬,渔舟正向雪中移⑭。

◎ **注释** ①〔花笺〕精致华美的信纸。②〔草字〕草书。③〔竹简〕古代用来写字的竹片。④〔毛锥〕又叫"毛锥子"。毛笔的别称,因为形状像锥子,笔毛紧束而得名。《旧五代史·史弘肇(zhào)传》:"安朝廷,定祸乱,直须长枪大剑,至如毛锥子,焉足用哉!"⑤〔汾水鼎〕《史记·孝武本纪》记载,汉武帝曾在汾水得到一具宝鼎,于是改年号为"元鼎"(前116—前111)。⑥〔岘山碑〕即堕泪碑。见本书第109页注释⑫。⑦〔黑〕棕熊。⑧〔漾〕水面微微动荡。⑨〔琉璃〕一种涂了釉(yòu)的瓦,常见的有绿色和金黄色两种。⑩〔去妇因探邻舍枣〕汉朝有个人叫王吉,邻居家的大枣树枝伸到了他家的庭院里,妻子摘了几颗枣给他吃,他因此把妻子休了。邻居听说了,就打算把树砍掉。后来经过众乡邻极力劝解,王吉才同意妻子回来。当时人们说道:"东家有树,王阳(王吉字子阳)妇去;东家枣完,去妇复还。"去,休掉。探,摘。⑪〔出妻为种后园葵〕《史记·循吏列传》记载,公仪休是周朝时鲁国的博士,"以高弟(第)为相"。他主张当官的不要"与下民争利"。他吃自己家种的葵菜感到味道鲜美,又看到妻子织的布很好,就很生气地说:"都这样做,那让农夫和织妇怎么卖掉自己的货呢?"于是他把自家园子里的葵菜拔掉,还休掉了妻子,烧掉了织布机。出,休弃。⑫〔仙管恰从云里降〕唐代白居易《长恨歌》:"骊宫高处入青云,仙乐风飘处处闻。"指唐玄宗与杨贵妃观演《霓裳(cháng)羽衣曲》之事。仙管,指笛子。⑬〔咿轧〕拟声词,模拟摇橹的声音。⑭〔渔舟正向雪中移〕唐代柳宗元《江雪》:"千山鸟飞绝,万径人踪灭。孤舟蓑笠翁,独钓寒江雪。"

戈对甲①，鼓对旗。

紫燕对黄鹂。

梅酸对李苦，青眼②对白眉③。

三弄笛④，一围棋⑤。

雨打对风吹。

海棠春睡⑥早，杨柳昼眠⑦迟。

张骏曾为《槐树赋》⑧，

杜陵不作海棠诗⑨。

晋士特奇，可比一斑之豹⑩；

唐儒博识，堪为五总之龟⑪。

◎ **注释** ①〔甲〕铠甲。②〔青眼〕用正眼看人时，黑眼珠在眼的中间，叫青眼。后借指对人喜爱或看重的态度。反之，不拿正眼看人，别人只能看到他的白眼珠，叫白眼。后借指对人厌恶或藐视的态度。出自《晋书·阮籍传》。阮籍不拘礼法，对待来访的"礼俗之士"，他以"白眼对之"，而好友嵇（jī）康来了，他便青眼相待。③〔白眉〕《三国志·蜀书·马良传》载，蜀汉的马良，眉间有白毛。他们兄弟五人均以"常"为字，其中马良最有才干，所以当时人说："马氏五常，白眉最良。"④〔三弄笛〕指用笛子吹奏《梅花三弄》这首曲子。⑤〔一围棋〕下一次围棋。⑥〔海棠春睡〕宋代苏轼《海棠》诗："只恐夜深花睡去，故烧高烛照红妆。"另，宋代乐史《杨太真外传》记载，"上皇（即唐明皇）登沉香亭，召太真妃子（即杨贵妃）。妃子时卯醉未醒，命力士从侍儿扶掖而至。妃子醉颜残妆，鬓乱钗横，不能再拜。上皇笑曰：'岂妃子醉，直海棠睡未足耳！'"⑦〔杨柳昼眠〕据《三辅旧事》载，汉武帝的宫苑中有一棵柽（chēng）柳，树形如人，"号曰'人柳'，一日三眠三起"。⑧〔张骏曾为《槐树赋》〕西晋的张骏任凉州官员时，从秦陇移植来很多柳、楸（qiū）、槐等树，均未成活，只有酒泉宫西北角生有槐树，于是他就写了一篇《槐树赋》。⑨〔杜陵不作海棠诗〕杜甫的母亲叫海棠，因此，他便不写和海棠有关的诗。杜陵，因为杜甫曾在诗中自称"少陵野老"，所以后人称之为"杜陵"。⑩〔晋士特奇，可比一斑之豹〕《晋书·王献之传》载，王羲之的儿子王献之小时候看别人玩一种叫摴蒱（chū pú）的博戏，他看出了双方的胜负，便说："南边的要输。"王羲之的门生见他是个小孩儿，有些瞧不起，就说他："此郎亦管中窥（kuī）豹，时见一班（斑）。"⑪〔唐儒博识，堪为五总之龟〕传说龟每二百年生出两条尾巴，叫一总（古代以八十根丝为一总），到一千岁时就会生出五总，而有五总的龟无所不知。唐朝学者殷践猷（yóu）学识渊博，贺知章便叫他"五总龟"。见《新唐书·殷践猷传》。

五　微

来对往，密对稀。
燕舞对莺飞。
风清对月朗，露重对烟微①。
霜菊瘦②，雨梅肥③。
客路对渔矶④。
晚霞舒锦绣⑤，朝露缀珠玑⑥。
夏暑客思欹石枕⑦，
秋寒妇念寄边衣⑧。
春水才深，青草岸边渔父去⑨；
夕阳半落，绿莎原上牧童归⑩。

◎ **注释**　①〔微〕轻。②〔霜菊瘦〕经过一场（cháng）秋霜，菊花瓣显得瘦长。③〔雨梅肥〕夏天的雨使梅子变得肥大了。④〔渔矶〕渔人垂钓时坐的石头。矶，水边凸出的石头。⑤〔晚霞舒锦绣〕傍晚的彩霞像铺展开的锦绣一样，绚（xuàn）丽多彩。舒，展开。锦绣，精美鲜艳的丝织品。⑥〔朝露缀珠玑〕清晨的露珠缀在枝头上，像闪光的珍珠一样。玑，不圆的珠子。⑦〔夏暑客思欹石枕〕盛夏酷暑，游子斜靠着石枕思念家乡。欹，斜（靠）。宋代蔡确《夏日登车盖亭》诗："纸屏石枕竹方床，手倦抛书午梦长。"⑧〔秋寒妇念寄边衣〕边衣，守卫边疆的将士御寒的衣服。唐代裴说（yuè）《闻砧（zhēn）》（一作《寄边衣》）诗云："深闺乍冷鉴开箧，玉箸微微湿红颊。……只知抱杵捣秋砧，不觉高楼已无月。时闻寒雁声相唤，纱窗只有灯相伴。……愁捻银针信手缝，惆怅无人试宽窄。时时举袖匀红泪，红笺漫有千行字。书中不尽心中事，一片殷勤寄边使。"⑨〔渔父（fǔ）去〕渔翁离开河岸（打鱼去了）。渔父，渔翁。父，老年男子。这里指东汉著名隐士严子陵。严子陵年轻时就有大名，游学时认识了刘秀等人。刘秀当了皇帝后，求贤若渴，屡次礼聘严子陵，晚上还同榻而眠。这引起大臣侯霸等人的忌妒，严子陵就悄然离去，隐居在富春山下，以垂钓为乐。去，离开。⑩〔绿莎（suō）原上牧童归〕绿莎原，长满莎草的绿色草原。莎，莎草。宋代雷震《村晚》："草满池塘水满陂（bēi），山衔落日浸寒漪（yī）。牧童归去横牛背，短笛无腔信口吹。"

宽①对猛②，是对非。
服美③对乘肥④。
珊瑚对玳瑁⑤，锦绣对珠玑。
桃灼灼⑥，柳依依⑦。
绿暗对红稀⑧。
窗前莺并语⑨，帘外燕双飞。
汉致太平三尺剑⑩，
周臻大定一戎衣⑪。
吟成赏月之诗，只愁月堕⑫；
斟满送春之酒，惟憾春归⑬。

◎ **注释** ①〔宽〕宽厚，宽容。②〔猛〕严苛，严厉。③〔服美〕穿着华丽的衣服。服，穿。④〔乘肥〕乘坐着肥壮的马所驾的车。⑤〔玳瑁〕一种生活在热带和亚热带海中的爬行动物，形状像龟，背上覆盖着多片角质板，表面光滑，有褐色和淡黄色相间（jiàn）的花纹，可以做装饰品。⑥〔灼灼〕形容明亮的样子。这里指桃花鲜艳的样子。《诗经·周南·桃夭》："桃之夭夭，灼灼其华。"⑦〔依依〕形容树枝柔弱，随风摇摆。《诗经·小雅·采薇》："昔我往矣，杨柳依依。"⑧〔绿暗、红稀〕由夏入秋，绿叶颜色越来越深，红花渐渐凋谢，越来越稀少。⑨〔并语〕聚在一起鸣叫。语，说话，这里指鸟叫。⑩〔汉致太平三尺剑〕见本书第86页注释④。致，达到，实现。⑪〔周臻大定一戎衣〕出自《尚书·武成》："一戎衣，天下大定。"周武王消灭了商朝政权，便使天下得到安定。周，指周武王。臻，达到。一戎衣，《尚书·武成》作"殪（yì）戎衣"，《礼记·中庸》作"壹戎衣"，《尚书·康诰》作"殪戎殷"。一，原作"殪"，指杀死、消灭。戎衣，指当时势力最强的商政权。戎，大。衣，即"殷"，是当时西周政权对商统治者的蔑称。《吕氏春秋·慎大览》高诱注："今兖州人谓殷氏皆曰'衣'。"⑫〔只愁月堕〕唐代许浑《鹤林寺中秋夜玩月》："待月东林月正圆，广庭无树草无烟。中秋云尽出沧海，半夜露寒当碧天。轮彩渐移金殿外，镜光犹挂玉楼前。莫辞达曙殷勤望，一堕西岩又隔年。"堕，落。⑬〔惟憾春归〕只是遗憾春天已经归去了。唐代杜牧有《惜春》诗。宋代女诗人朱淑真写过《春归》诗五首，表达留恋春天却无法挽留的无奈情绪。历代类似的诗文很多。

◎ **知识拓展**

斟满送春之酒，惟憾春归

朱淑真（约1135—约1180），号幽栖居士，南宋女诗人，是唐宋以来留存作品最多的女作家之一。祖籍歙（shè）州（今安徽歙县），浙中海宁人，一说浙江钱塘（今浙江杭州）人。其父曾在浙西做官，家境富裕。幼颖慧，博通经史，能文善画，精晓音律，尤工诗词，素有"才女"之称。相传因父母做主，朱淑真嫁给了一个文法小吏。婚后生活很不如意，抑郁而终。其墓在杭州青芝坞。又传朱淑真过世后，父母将其生前文稿付之一炬。其余生平不可考，素无定论。现存《断肠诗集》《断肠词》，是劫后余篇。

其诗词多抒写个人爱情生活。早期笔调明快，文辞清婉，情致缠绵；后期则忧愁郁闷，颇多幽怨之音，流于感伤。世称"红艳诗人"。

朱淑真书画造诣相当高，尤善描绘红梅翠竹。明代著名画家杜琼在朱淑真的《梅竹图》上曾题道："观其笔意词语皆清婉……诚闺中之秀、女流之杰者也。"明代大画家沈周在《石田集·题朱淑真画竹》中说："绣阁新编写断肠，更分残墨写潇湘。"

朱淑真曾作《圈儿词》寄夫。信上无字，尽是圈圈点点。其夫不解其意，后于书脊夹缝中见《相思词》："相思欲寄无从寄，画个圈儿替。话在圈儿外，心在圈儿里。单圈儿是我，双圈儿是你。你心中有我，我心中有你。月缺了会圆，月圆了会缺。整圆儿是团圆，半圈儿是别离。我密密加圈，你须密密知我意。还有数不尽的相思情，我一路圈儿圈到底。"（《圈儿词》的作者，也有称是清代梁绍壬的。）

对于丈夫，朱淑真不满的并不是他无财无势，而是才学不能相称，心灵无法沟通。婚后不久，她便抱怨："鸥鹭鸳鸯作一池，须知羽翼不相宜。东风不与花为主，何以休生连理枝？"（《愁怀诗》）

对于《生查子》一词，作者究竟是欧阳修还是朱淑真，一直都存有争议。该词写的是一个少女与情人约会："月上柳梢头，人约黄昏后。"按那时的说法，这就是私奔之词，要比李清照被后人指责"闾巷荒淫之语，肆意落笔"更为严重。所以明代杨慎在《词品》里，一本正经地斥责朱淑真为"不贞"。

朱淑真到底是在和丈夫离异后才另觅爱人，还是在婚姻中出轨，史书中并无明确记载。根据她在娘家的实际情况来看，她最后应该已经跟丈夫分居，纵使没有得到正式的休弃，不算"大归"，但事实上已经属于"离异"。有学者考证其因与情人分手而"悒悒抱恨而终"，"其死也，不能葬骨于地下，如青冢之可吊"。

南宋淳熙九年（1182年），魏仲恭将朱淑真的残存作品辑录出版，并为之作序。序文开头说："比在武陵，见旅邸中好事者往往传诵朱淑真词，每窃听之，清新婉丽，蓄思含情，能道人意中事，岂泛泛所能及？未尝不一唱而三叹也！"

◎ 释疑解惑

上文提到"大归"一词。这是什么意思呢？

大归，古代指妇人被夫家休弃回母家。《左传·文公十八年》："夫人姜氏归于齐，大归也。"庄姜是春秋时齐国的公主（姜子牙辅佐周武王灭殷，封于齐，故姜为齐的国姓），因为嫁给了卫国国君卫庄公，故人称"庄姜"。庄姜因为出身高贵，嫁的也是国君，所以她出嫁时很是风光。但由于婚后无子，遭到冷落，后"大归"。不过史料记载她并没有回老家。

这位庄姜是个大美人。《诗经·卫风·硕人》："手如柔荑（tí），肤如凝脂。领如蝤蛴（qiú qí），齿如瓠犀，螓首蛾眉。巧笑倩兮，美目盼兮。"这几句话大约是专门给她写的，连孔子的学生跟老师请益都拿这作比方。子夏问曰："'巧笑倩兮，美目盼兮，素以为绚兮'，何谓也？"〔《论语·八佾（yì）》〕

在古代社会，丈夫遗弃妻子是家常便饭。为此，古人还总结成了七种情况，很像法律条款。《孔子家语·本命解》："妇有七出、三不去。七出者：不顺父母者，无子者，淫僻者，嫉妒者，恶疾者，多口舌者，窃盗者。"《仪礼·丧服》："出妻之子为母期。"唐代贾公彦疏："七出者：无子，一也；淫佚，二也；不事舅姑，三也；口舌，四也；盗窃，五也；妒忌，六也；恶疾，七也。"

shēng duì sè　　bǎo duì jī
声 对 色，饱 对 饥。

hǔ jié　 duì lóng qí
虎 节① 对 龙 旗②。

yáng huā duì guì yè　　bái jiǎn duì zhū yī
杨 花 对 桂 叶，白 简③ 对 朱 衣④。

máng yě fèi　　 yàn yú fēi
尨 也 吠⑤，燕 于 飞⑥。

dàng dàng duì wēi wēi
荡 荡 对 巍 巍。

chūn xuān zī rì qì　　 qiū lěng jiè shuāng wēi
春 暄 资 日 气⑦，秋 冷 借 霜 威⑧。

chū shǐ zhèn wēi féng fèng shì
出 使 振 威 冯 奉 世⑨，

zhì mín yì děng yǐn wēng guī
治 民 异 等 尹 翁 归⑩。

yàn wǒ dì xiōng　zài yǒng dì táng wěi wěi
燕我弟兄，载咏棣棠韡韡⑪；
mìng yī jiàng shuài　wèi gē yáng liǔ yī yī
命伊将帅，为歌杨柳依依⑫。

◎ **注释** ①〔虎节〕古代使臣拿在手中作为凭证的东西，一般雕刻成虎头的形状。②〔龙旗〕画有两龙蟠结图案的旗子。天子仪仗之一。③〔白简〕古代御史弹劾（hé）的奏章写在白色竹筒上。《晋书·傅玄传》载，傅玄性情很急躁，“每有奏劾，或值日暮，捧白简……坐而待旦”。④〔朱衣〕宋朝赵令畤（zhì）所撰《侯鲭（zhēng）录》载，宋朝欧阳修主持科举考试，阅卷时，常感觉身后站着一个穿红衣服的人，凡是这个人点头的卷子，都中式入选。欧阳修曾有“文章自古无凭据，惟愿朱衣一点头”的诗句。朱，红。⑤〔尨也吠〕长毛狗叫起来。尨，一种长毛狗。出自《诗经·召（shào）南·野有死麕（jūn，獐子）》：“无使尨也吠（不要让狗叫出声）！”⑥〔燕于飞〕燕子双双南飞。出自《诗经·邶（bèi）风·燕燕》：“燕燕于飞（燕子燕子成对飞），差池（cī chí，参差不齐的样子）其羽。”⑦〔春暄资日气〕春天温暖是借助太阳的热气。暄，温暖。资，这里是借助、凭借的意思。⑧〔霜威〕秋霜的威势。⑨〔出使振威冯奉世〕西汉冯奉世出使西域，曾击败莎车，战胜羌（qiāng）人，因功封关内侯。⑩〔治民异等尹翁归〕汉朝的尹翁归做过东海、扶风太守，廉洁正派，政绩突出。他死后，汉宣帝下诏褒（bāo）奖，说他“廉平乡（向）正，治民异等”。异等，异于常等，这里指才能和政绩异于常人、超越众人。⑪〔燕我弟兄，载咏棣棠韡韡〕宴请我们兄弟，朗诵《诗经·小雅·常（táng）棣》里“常棣之华，鄂不（fū，‘柎’的本字，花蒂）韡韡”的诗句。燕，通“宴”。棣棠，就是“常棣”“棠棣”，果实像李子而略小。⑫〔命伊将帅，为歌杨柳依依〕命令他担任将帅出征，为他歌咏《诗经·小雅·采薇》里“昔我往矣，杨柳依依”的诗句。伊，他。

六　鱼

无对有，实对虚。

作赋①对观书。

绿窗对朱户，宝马②对香车③。

伯乐马④，浩然驴⑤。

弋雁⑥对求鱼⑦。

分金齐鲍叔⑧，奉璧蔺相如⑨。

掷地金声孙绰赋⑩，

回文锦字窦滔书⑪。

未遇殷宗，胥靡困傅岩之筑⑫；

既逢周后，太公舍渭水之渔⑬。

◎ **注释**　①〔赋〕介于韵文和散文的一种文体，讲究韵律，但句式类似散文，盛行于汉魏六朝。②〔宝马〕马具上装饰珠宝玉石的马。③〔香车〕又称"七香车""七香轮""七香辇（niǎn）"。古时用多种有香气的木料制成的车。④〔伯乐马〕指伯乐相马。⑤〔浩然驴〕指孟浩然骑驴。宋代殷时夫《韵府群玉》记载，唐朝诗人孟浩然曾经在灞（bà）水岸边骑着驴冒雪去寻赏梅花，并说道："吾诗思在风雪中驴子背上。"另，明代程羽文《诗本事·诗思》："孟浩然诗思在灞桥风雪中驴子背上。"⑥〔弋雁〕用带有绳子的箭射雁。《诗经·郑风·女曰鸡鸣》："将翱将翔，弋凫与雁。"⑦〔求鱼〕"缘木求鱼"的省称。⑧〔分金齐鲍叔〕《史记·管晏列传》载，春秋时齐国的鲍叔牙和管仲一起经商，每到分利时，管仲总是多拿。鲍叔牙知道管仲这样做并不是生性贪婪，而是因为家贫，所以从不怪罪他。⑨〔奉璧蔺相如〕《史记·廉颇蔺相如列传》载，战国时赵王得到一块无价之宝和氏璧，秦王说要用十五座城来换这块璧。赵国的蔺相如奉璧到秦国后，看穿了秦王的骗局，便施计索回和氏璧并派人送回了赵国，既保全了稀世国宝，又维护了国家的尊严。相，一说读 xiàng。⑩〔掷地金声孙绰赋〕《世说新语·文学》载，东晋孙绰写成《天台（tāi）山赋》，他对范启夸耀道："你把它扔到地上试试，一定会发出金石相碰的声音。"⑪〔回文锦字窦滔书〕《晋书·列女传》载，窦滔在前秦苻（fú）坚时做秦州刺史，后来因事"被徙（xǐ）流沙"。妻子苏蕙很想念他，就在织锦上作成长达 840 个字、可以"宛转循环"诵读的回文旋图诗寄给他，"词甚凄惋"。⑫〔未遇殷宗，胥靡困傅岩之筑〕一个叫"说（yuè）"的奴隶没有遇到商王武丁时，受困于傅岩这个地方为人筑墙。《史记·殷本纪》载，商王武丁梦到一位圣人，名叫"说"，就让人把梦中人的相貌画下来，四处去找，结果从在傅岩筑墙的苦役中找到了这个人。武丁和他交谈后，发现他果真是个圣人，就举他为相，并赐姓"傅"。在傅说的治理下，商朝出现中兴的大好局面。殷宗，商朝中期国君武丁。胥靡，古代服劳役的奴隶或囚犯。⑬〔既逢周后，太公舍渭水之渔〕《史记·齐太公世家》载，姜尚（即姜太公）在渭水边隐居垂钓，遇到出猎的周文王。两个人一交谈，周文王发现他有治理国家的才能，就载他同车回宫，请他当了国师。既，……以后。周后，指周文王。后，古代称君王为"后"。舍，舍弃。

zhōng duì shǐ　　jí duì xú
终①对始，疾对徐②。
duǎn hè duì huá jū
短褐③对华裾④。
liù cháo duì sān guó　　tiān lù duì shí qú
"六朝"⑤对"三国"⑥，天禄对石渠⑦。
qiān zì cè　　bā háng shū
千字策⑧，八行书⑨。

有若⑩对相如⑪。
花残⑫无戏蝶，藻⑬密有潜鱼。
落叶舞风高复下⑭，
小荷浮水卷还舒。
爱见人长，共服宣尼休假盖⑮；
恐彰己吝，谁知阮裕竟焚车⑯。

◎ **注释** ①〔终〕结束。②〔疾、徐〕快、慢。③〔短褐〕粗布短衣。褐，古时贫贱的人所穿的用兽毛或粗麻制成的短衣，后来也指粗布或粗布衣服。④〔华裾〕华丽的衣裳。裾，衣服的前后襟（jīn），代指衣裳。⑤〔"六朝"〕吴（222—280）、东晋（317—420）和南朝宋（420—479）、齐（479—502）、梁（502—557）、陈（557—589）六朝的合称。⑥〔"三国"〕指东汉之后相继建立的曹魏（220—265）、蜀汉（221—263）和东吴三国。⑦〔天禄、石渠〕都是汉初在未央宫内修建的藏书阁。天禄阁收藏各地所献的秘书，石渠阁收藏入关时所得的秦代图籍。⑧〔千字策〕宋朝用策论殿试进士，要求答卷不超过一千字。⑨〔八行书〕指书信。古代信笺大多每页八行，所以称书信为"八行书"。⑩〔有若〕孔子晚年的弟子。⑪〔相如〕战国时赵国大夫蔺相如。一说为西汉时文学家司马相如。根据对联上下两联平仄相拗的要求，此处的"相"以读阴平声为宜。⑫〔残〕凋零，凋谢。⑬〔藻〕水藻。⑭〔落叶舞风高复下〕飘落的枯叶在风中上下翻飞。复，又。⑮〔爱见（xiàn）人长，共服宣尼休假盖〕《孔子家语》载，有一次，孔子准备出门，刚好碰上下雨。他的门人说："子夏家有伞盖，可以找他去借。"孔子不同意，他说："卜商（即子夏）这个人吝惜钱财。我听说和人交往要展露人家的长处而避开他的短处，这样才能交得长久。我并非不知道卜商家有伞盖，只是怕他如果不借，这不就显扬了他的短处了吗？"宣尼，汉平帝时追谥（shì）孔子为褒成宣尼公。假，借。盖，伞盖，车篷。

⑯〔恐彰己吝,谁知阮裕竟焚车〕恐怕让人误认为自己吝啬,谁想到阮裕竟然烧了自家的马车。《晋书·阮裕传》载,阮裕有一辆好车,谁来借他都给。有个人想借用他的车安葬母亲,却没敢张嘴。阮裕得知后感叹道:"我有车别人却不敢借,那还要车有什么用呢!"于是便把车烧了。彰,彰显,显扬。吝,吝啬。焚,烧。

◎ 知识拓展

花残无戏蝶

十日菊

[唐] 郑谷

节去蜂愁蝶不知,晓庭还绕折残枝。
自缘今日人心别,未必秋香一夜衰。

九日次韵王巩

[宋] 苏轼

我醉欲眠君罢休,已教从事到青州。鬓霜饶我三千丈,诗律输君一百筹。
闻道郎君闭东阁,且容老子上南楼。相逢不用忙归去,明日黄花蝶也愁。

南乡子·重九涵辉楼呈徐君猷

[宋] 苏轼

霜降水痕收。浅碧鳞鳞露远洲。酒力渐消风力软,飕飕。破帽多情却恋头。
佳节若为酬。但把清尊断送秋。万事到头都是梦,休休。明日黄花蝶也愁。

明日,指重阳节后。黄花,指菊花。古人多于重阳节赏菊,"明日黄花"兼寓迟暮不遇之意。后因以比喻过时的事物。

农历九月初九为传统的重阳节。《易经》中把"六"定为阴数,把"九"定为阳数,两九相重,故而叫重阳,也叫重九。古人认为这一天是个值得庆贺的吉利日子,并且从很早就开始过此节日。庆祝重阳节的活动多彩浪漫,一般包括出游赏景、登高远眺、观赏菊花、遍插茱萸、吃重阳糕、饮菊花酒等。九九重阳，因为与"久久"同音，而九在数字中又是最大数，所以有长久、长寿的含意。人们对重阳节历来有着特殊的感情，唐诗宋词中有不少贺重阳、咏菊花的诗词佳作。

关于重阳节，有一个传说。南朝梁吴均《续齐谐记·重阳登高》载："汝南桓景随费长（zhǎng）房游学累年。长房谓曰：'九月九日，汝家中当有灾。宜急去，令家人各作绛囊，盛茱萸，以系臂，登高饮菊花酒，此祸可除。'景如言，齐家登山。夕还，见鸡犬牛羊一时暴死。长房闻之，曰：'此可代也。'今世人九日登高饮酒，妇人带茱萸囊，盖始于此。"

1989年，我国把每年的九月初九定为"老人节"。

◎ 释疑解惑

说到古代重阳节登高，免不了佩戴茱萸囊。这是个什么东西呢？

茱萸是一种植物。香气辛烈，可入药。古俗农历九月初九重阳节，佩茱萸能祛邪辟恶。三国魏曹植《浮萍篇》："茱萸自有芳，不若桂与兰。"《西京杂记》卷三："九月九日，佩茱萸，食蓬饵，饮菊华酒，令人长寿。"茱萸囊就是装有茱萸的佩囊。古俗重阳节取茱萸缝袋盛之，佩系身上，谓能辟邪。

不仅如此，聪明的古人还发明了一种丝织品——茱萸锦。晋代陆翙（huì）《邺中记》："锦有大登高、小登高……大茱萸、小茱萸，大交龙、小交龙，蒲桃文锦、斑文锦。工巧百数，不可尽名也。"这种锦，大约是锦上织有茱萸纹，也取美观、辟邪之意。穿着这种料子的服饰，岂不更能辟邪？南朝梁吴均《赠柳真阳》诗："朝衣茱萸锦，夜覆葡萄卮。"另外，南朝陈张正见《艳歌行》诗："并卷茱萸帐，争移翡翠床。"这就更厉害了，连帐子也是茱萸锦制的。

lín duì fèng　　biē duì yú
麟 对 凤 ， 鳖 对 鱼 。

nèi shǐ　duì zhōng shū
内 史① 对 中 书② 。

lí chú duì lěi sì　　quǎn kuài duì jiāo xū
犁 锄 对 耒 耜③ ， 畎 浍④ 对 郊 墟⑤ 。

◎ 声律启蒙

犀角带⑥，象牙梳⑦。
驷马⑧对安车⑨。
青衣能报赦⑩，黄耳解传书⑪。
庭畔有人持短剑⑫，
门前无客曳长裾⑬。
波浪拍船，骇舟人之水宿；⑭
峰峦绕舍，乐隐者之山居。⑮

◎ **注释** ①〔内史〕官名。我国从西周开始设置，各朝职权范围不同。到隋朝时改中书令为内史令。②〔中书〕明清内阁官名，官阶为从七品。③〔耒耜〕古代耕地翻土的工具。耒是柄，耜是铲。④〔畎浍〕畎，田间的小沟。浍，田间的水沟。⑤〔郊墟〕郊外，村野荒丘之间。⑥〔犀角带〕饰有犀角的腰带。《唐摭（zhí）言》卷四载，唐朝裴度曾游香山佛寺，捡到一素衣妇人丢失的锦囊，内装价值"千余缗（mín）"的"玉带二，犀带一"（准备用于救其"无罪被系"的公公）。裴度坐等一暮一朝，将原物奉还心急如焚的失主。因积此阴功，后来裴度位极人臣，做了宰相，封晋国公。⑦〔象牙梳〕用象牙做的梳子。南北朝时北魏名臣高允撰有《罗敷行》，说邑中美女秦罗敷"头作堕马髻，倒枕象牙梳"。象牙梳出现甚早。1959年山东省泰安市大汶（wèn）口出土象牙筒、象牙梳，为新石器时代物品，是我国迄今发现得最早的象牙制品。⑧〔驷马〕四匹马拉的大车。⑨〔安车〕一匹马拉的小车。⑩〔青衣能报赦〕唐朝诗人白居易《白孔六帖》记载，前秦国君苻坚在宫中写大赦令时，有一只苍蝇飞到笔端，赶走了还来。过了一会儿，人们都知道他要赦免犯人了。他问人们是怎么知道的，大家都说是一个穿青衣服的人说的。苻坚这才恍然大悟，原来是那只苍蝇飞出去化作青衣人，传出了这个消息。⑪〔黄耳解传书〕《晋书·陆机传》记载，西晋文学家陆机在洛阳做官时，养着一条叫"黄耳"的爱犬。陆机寄居京城,很久没有家中的书信,黄耳便帮他传递家信。解,会。书,信函。⑫〔庭畔有人持短剑〕《史记·刺客列传》载,战国时,燕太子丹在秦国大兵压境的紧急形势下,派荆轲(kē)去刺杀秦王。荆轲带着助手,假意向秦王献上燕国督亢(gāng)地区的地图。地图打开后,露出了荆轲事先藏在其中的匕首。荆轲用这把匕首刺向秦王,未遂身死。短剑,即指荆轲所用的匕首。⑬〔门前无客曳长裾〕西汉吴王刘濞(bì)想谋反,他的门客邹阳上书劝阻他,其中有"今臣……饰固陋之心,则何王之门不可曳长裾乎"的话。曳,拖,拉。长裾,袍子边儿。历来解作"衣襟",但20世纪70年代经考古发现,中国古代一直以深色衣裳为正式服装,穿着时由内而外缠裹而成。由于缠裹方式不同,最外层的衣边有直、斜两种,分别称"直裾""曲裾"。直裾短,曲裾长,故称"长裾"。⑭〔波浪拍船,骇舟人之水宿〕波浪拍打着船舷,船夫在水上过夜真可怕。⑮〔峰峦绕舍,乐隐者之山居〕山峰环绕着住所,隐居在这里的人真快乐!

◎ 知识拓展

燃犀角

温峤(jiào)(288—329),字泰真,一作太真,太原祁县(今山西祁县)人。东晋名将。曹魏名臣温恢的曾孙,西晋司徒温羡之侄。温峤17岁出仕,由司隶都官从事累迁至潞县县令。后任刘琨的参军,积功至司空府左长史。公元317年,温峤作为刘琨的信使南下劝进,从此历任显职。曾任江州太守,参与平定王敦、苏峻的叛乱。苏峻之乱平定后,温峤拜骠骑将军、开府仪同三司,加散骑常侍,封始安郡公。死后赠侍中、大将军,谥号"忠武"。

《异苑》和《晋书·温峤传》均载,温峤来到牛渚矶,见水深不可测(传说水中有许多水怪),他便点燃犀牛角来照看,看见水下灯火通明,水怪奇形怪状,有乘马车的,有穿红衣的。晚上,温峤梦见一人怪他用犀牛角点火照物。第二天,他因牙痛拔牙而中风,回到镇上不到10天就死了。后遂以"燃犀温峤"比喻能敏锐地洞察事物。

◎ 释疑解惑

我们的问题是：犀牛角有什么作用呢？

犀牛角可入药，也可制器。古人早就注意到并加以利用。《汉书·南粤王赵佗传》："谨北面因使者献白璧一双，翠鸟千，犀角十。"相传犀角有种种灵异的作用，如镇妖、解毒、分水等，故称"灵犀"。唐代韩偓（wò）《八月六日作四首》之四："威凤鬼应遮矢射，灵犀天与隔埃尘。"又说犀角中有白纹如线直通两头，感应灵敏，因用以比喻两心相通。唐代李商隐《无题》诗之一："身无彩凤双飞翼，心有灵犀一点通。"还有用犀角制成筷子的。唐代杜甫《丽人行》："犀箸（zhù）厌饫（yù）久未下，鸾刀缕切空纷纶。"

它还有一个用处：犀角带，简称犀带，是一种饰有犀角的腰带，非品官不能用。唐代白居易《元微之除浙东观察使，喜得杭越邻州，先赠长句》诗："稽山镜水欢游地，犀带金章荣贵身。"《明史·张居正传》："未几，居正举于乡，璘解犀带以赠，且曰：'君异日当腰玉，犀不足溷（hùn）子。'"《金瓶梅词话》第三一回："别的倒也罢了，自这条犀角带并鹤顶红，就是满京城拿着银子，也寻不出来。"

古人还用犀角做麈（zhǔ）尾的柄。南朝宋刘义庆《世说新语·伤逝》："王长史病笃，寝卧镫下，转麈尾视之……及亡，刘尹临殡，以犀柄麈尾箸柩中，因恸绝。"

还有一种镇帷犀，是挂在帷帐四角防止牵动的犀角。唐代杜牧《杜秋娘诗》："虎睛珠络襟，金盘犀镇帷。"

不光是犀牛角，在古人眼里，犀牛浑身都是宝。

犀牛皮可做战甲。《楚辞·九歌·国殇》："操吴戈兮被犀甲，车错毂兮短兵接。"后因犀皮不常有，或用牛皮，亦称犀甲。《宋书·孔觊（jì）传》："龙骧将军阮佃夫募得蜀人数百，多壮勇便战，皆著犀皮铠，执短兵。"

传说有一种通天犀，是上下贯通的犀牛角。晋代葛洪《抱朴子·登涉》："得真通天犀角三寸以上，刻以为鱼，而衔之以入水，水常为人开。"

古代有种东西叫辟尘犀，但不是犀牛，而是传说中的海兽。其角可去尘，故名，又名却尘犀。唐代刘恂（xún）《岭表录异》卷中："又有骇鸡犀、辟尘犀、辟水犀、光明犀，此数犀，但闻其说，不可得而见之。"

七　虞

金对玉，宝对珠。

玉兔①对金乌。②

孤舟对短棹③，一雁对双凫④。

横醉眼⑤，捻吟须⑥。

李白对杨朱⑦。

秋霜多过雁，夜月有啼乌。⑧

日暖林园花易赏，

雪寒村舍酒难沽。

人处岭南⑨，善探巨象口中齿⑩；

客居江左⑪，偶夺骊龙颔下珠⑫。

◎ **注释**　①〔玉兔〕传说月亮中有玉兔，故以"玉兔"代指月亮。②〔金乌〕传说太阳上有金乌，故以"金乌"代指太阳。③〔棹〕船桨。④〔凫〕野鸭子。⑤〔横醉眼〕醉眼蒙眬，像一条横线。⑥〔捻吟须〕出自唐朝诗人卢延让《苦吟》诗："吟安一个字，捻断数茎（jīng）须。"⑦〔杨朱〕战国初魏国人，哲学家，主张"贵生""重己"，是道家杨朱学派的创始人。相传他反对墨子的"兼爱"和儒家的伦理思想。孟子抨击他"拔一毛而利天下，不为也"的"为我"思想。⑧〔秋霜多过雁，夜月有啼乌〕唐代卢汝弼《和李秀才边庭四时怨》（其三）："八月霜飞柳半黄，蓬根吹断雁南翔。"另，唐代张继《枫桥夜泊》："月落乌啼霜满天，江枫渔火对愁眠。"⑨〔岭南〕指五岭以南地区，范围约相当于今广东、广西大部、海南、云南南盘江以南和越南北部地区。五岭，越城、都庞、萌渚（zhǔ）、骑田、大庾（yǔ）五岭的总称。⑩〔善探巨象口中齿〕据《南州异物志》记载，岭南地区的大象很爱惜自己的巨牙，脱落后便"掘地藏之"。当地人要想得到象牙，必须用假象牙把真象牙从地下换出来，而且不能让大象看见，否则以后大象再掉了牙，就不会把牙埋到老地方了。⑪〔江左〕指长江下游南岸地区，也叫"江东"。⑫〔偶夺骊龙颔下珠〕《庄子·列御寇》载，河上有一位以织芦席为生的老人，他的儿子潜到深渊中，得到一颗"千金之珠"。老人对儿子说："千金之珠，一定在'九重之渊而骊龙颔下'。你之所以能拿到珍珠，一定是正碰上骊龙睡觉。假使骊龙醒着，你怎么可能还活着呢！"骊龙，黑色的龙。颔，下巴。

贤对圣，智对愚。
傅粉①对施朱②。
名缰对利锁③，挈榼④对提壶⑤。
鸠哺子，燕调雏。⑥
石帐⑦对郇厨⑧。
烟轻笼岸柳，风急撼庭梧。⑨
鸜眼一方端石砚⑩，
龙涎⑪三炷⑫博山炉⑬。
曲沼⑭鱼多，可使渔人结网；

píng tián tù shǎo, màn láo gēng zhě shǒu zhū
平 田 兔 少 ， 漫 劳 耕 者 守 株⑮ 。

◎ **注释** ①〔傅粉〕搽粉，抹粉。傅，涂抹，搽。②〔施朱〕搽胭脂（yān zhi）。③〔名缰、利锁〕比喻名和利像缰绳和锁链（liàn）一样，牢牢地把人拴缚住。④〔挈榼〕手提着酒器。挈，提。榼，古代盛酒的器具。⑤〔提壶〕手提着酒壶。⑥〔鸠哺子，燕调雏〕斑鸠哺育幼子，燕子调教雏燕。⑦〔石帐〕西晋富豪石崇生活非常奢靡，他曾经用锦丝做成步帐，长五十里。石，指石崇。⑧〔郇厨〕唐朝的韦陟（zhì）袭封为郇国公，生活奢侈，厨房里食品很丰盛。因此，来他家混饭吃的人很多。见唐代冯贽《云仙杂记》卷三。郇厨，即"郇公厨"，也称"郇国厨"。⑨〔烟轻笼岸柳，风急撼庭梧〕上句说春天，下句说秋天。唐代郑谷《乱后灞上》诗："柳丝牵水杏房红，烟岸人稀草色中。"古人常用"烟柳""烟岸"来形容春天河边柳条初绿、如烟似雾的美景。而在秋天，则有"一叶知秋"的典故。古书记载有一种梧桐树，一到秋天就比别的树先落下一片叶来。见《淮南子·说山训》、宋代唐庚《文录》、宋代陈元靓《岁时广记》等。唐代刘氏妇《明月堂》诗："明月堂前人不到，庭梧一夜老秋风。"⑩〔鸲眼一方端石砚〕端州石砚上面有形状像鸲鹆（yù）（八哥鸟）眼一样的圆形斑点。端，端州，今广东肇庆，是古代石砚的主要产地之一。鸲眼，即鸲（qú）鹆眼。⑪〔龙涎〕抹香鲸病胃的分泌物，类似结石，从鲸体内排出，漂浮于海面，或冲上岸边。为黄、灰或黑色的蜡状物质，香气持久，是极名贵的香料。⑫〔炷〕量词。用于计量线香（用香料的粉末制成的细长如线的香）。⑬〔博山炉〕古代香炉的名字。炉盖雕镂成山形，与传闻中的海上名山博山相似，因而得名。李白《杨叛儿》诗："博山炉中沉香火，双烟一气凌紫霞。"⑭〔曲沼〕曲折迂回的池塘。⑮〔漫劳耕者守株〕让守株待兔的种田人白白等待。株，树桩。

◎ 声律启蒙

秦对赵，越对吴。
钓客对耕夫。
箕裘①对杖履②，杞梓③对桑榆④。
天欲晓，日将晡⑤。
狡兔对妖狐。
读书甘刺股⑥，煮粥惜焚须⑦。
韩信武能平四海，
左思文足赋《三都》⑧。
嘉遁幽人，适志竹篱茅舍⑨；
胜游⑩公子，玩情⑪柳陌花衢⑫。

◎ **注释** ①〔箕裘〕簸箕和皮袍。出自《礼记·学记》："良冶之子，必学为裘；良弓之子，必学为箕。"说的是善于冶金的工匠，他的儿子看到父亲能够冶炼金属，补治破器，于是就学着把碎兽皮一片片地缝合成皮袍；善于造弓的工匠，他的儿子看到父亲能够弯木造弓，于是就学着用柳条编簸箕。冶金和制作皮袍，造弓和编簸箕，所制的东西虽然不同，但原理是一样的，因而用"箕裘"比喻子承父业。裘，皮衣。②〔杖履〕手杖和鞋子。这里用作对老年人的尊称。③〔杞梓〕两种材质优秀的树，比喻优秀的人才。④〔桑榆〕原指日暮。《太平御览》卷三引《淮南子》："日西垂，景在树端，谓之桑榆。"比喻晚年。⑤〔晡〕申时，相当于下午3点到5点这一段时间。⑥〔读书甘刺股〕《战国策·秦策一》载，战国时的苏秦深夜苦读《太公阴符》等兵法，困了就用锥子扎自己的大腿，鲜血一直流到脚跟上，然后振奋起精神来再读。甘，甘愿。股，大腿。⑦〔煮粥惜焚须〕唐初大将李勣（jì）的姐姐病了，他亲自给姐姐煮粥，被灶膛

131

的火燎着了胡须。⑧〔左思文足赋《三都》〕左思的文学才能足以写成《三都赋》。《晋书·左思传》载,西晋文学家、学者左思用10年时间写成《三都赋》,人们争相传抄,以至于"洛阳纸贵"。⑨〔嘉遁幽人,适志竹篱茅舍〕合乎时宜退隐的人,住在竹篱笆围起来的茅草屋里舒适自得。嘉遁,旧时指合乎正道、合乎时宜的隐退。出自《易·遁》:"嘉遁,贞吉。"遁,隐藏,这里指隐居。幽人,隐居的人。⑩〔胜游〕快乐地游玩。⑪〔玩情〕纵情。⑫〔柳陌花衢〕旧指妓院聚集之处。陌,田间东西方向的道路,泛指道路。衢,四通八达的大街。

◎ 知识拓展

天欲晓,日将晡

《太平广记》卷二百九十一《神一·刘向》记载,西汉成帝时,刘向在天禄阁聚精会神地校书。夜晚,有个穿黄衣、拄着青藜拐杖的老人进入,自称是太乙之精。他见刘向暗中独坐诵书,就吹气青藜杖,燃火照明,传授《五行》《洪范》等古书。刘向担心遗漏,就撕开衣服一一记下。到第二天早晨,太乙之精老人才离去。

由于秦始皇"焚书坑儒",汉朝建立之初,国家藏书极为匮乏。于是,统治者下令搜求散落于民间的图书,广开献书之路,还设写书官抄写书籍。结果百年之间,书积如山丘,外廷有太常、太史、博士之藏,宫内有延阁、广内、秘室之府。至成帝时,又使陈农求遗书于天下。多年的搜集工作,极大地丰富了政府的藏书。

汉成帝河平三年(前26年),刘向、刘歆父子开始了中国历史上第一次大规模的校书事业。此次校理工作,由国家组织人力,刘氏父子总负其责,同时延请各方面的专家分工合作。刘氏父子校经传、诸子、诗赋,步兵校尉任宏校兵书,太史令尹咸校术数,侍医李柱国校方技,然后再由刘向、刘歆审订并撰写各书的叙录。刘向依此编写了《别录》一书。这是我国第一部目录提要专著,为目录提要之祖。

刘向死后,刘歆继承父业,著《七略》,包括六艺略、诸子略、诗赋略、兵书略、术数略、方技略。这是刘歆依据各种书籍的不同内容,按其学术性质划分的；还有一略即辑略，实际上是全书的绪论，阐述了全部目录的大略及各类书籍的学术思想源流，置于全书之首。《七略》总共著录图书13 269卷，其书目大都保存在《汉书·艺文志》中。《七略》是我国第一部完整的综合性图书分类目录，也是世界上第一个建立起来的图书分类体系，比被称为"目录学之父"的德国吉士纳所编的《万象图书分类法》早1 550多年。

《别录》和《七略》的出现，第一次建立了我国目录学的方法和理论，为此后整个封建社会目录学的发展奠定了坚实的基础。从汉代到清末，刘氏父子创建的目录学体系一直被奉为正统目录学的圭臬（guī niè），受到历代学者的推崇。

◎ 释疑解惑

说到刘向、刘歆父子，总会提起一个词——校书。这可不是我们理解的校对文字那么简单。那么，它在古代究竟是什么含义呢？

简单梳理一下，校书在古代有三个意思：

1. 校勘书籍。《后汉书·文苑传上·傅毅》："建初中，肃宗博召文学之士，以毅为兰台令史，拜郎中，与班固、贾逵共典校书。"《三国志·蜀书·向朗传》："（朗）年逾八十，犹手自校书。"这几位都是刘氏父子的同行。

2. 官职名，或指古代掌校理典籍的官员。东汉时，征召学士至兰台或东观宫中藏书处校勘典籍，其职为郎中者，称校书郎中（亦省称校书郎）；其职为郎者，则称校书郎。三国魏始置校书郎官职，负责校勘宫中所藏典籍诸事。唐以后历代沿袭此官。明代以后不置。

3. 薛涛。唐代胡曾《赠薛涛》诗："万里桥边女校书，枇杷花下闭门居。"薛涛，蜀中能诗文的名妓，时称"女校书"。后因以"女校书"为妓女的雅称，亦省称"校书"。《唐才子传》卷六云："涛，字洪度，成都乐妓也……武元衡入相，奏授校书郎。蜀人呼妓为校书，自涛始也。"清代富察敦崇《燕（yān）京岁时记·财神庙》："每至九月，自十五日起，开庙三日。祈祷相属（zhǔ，连缀，连续），而梨园子弟与青楼校书等为尤多。"

八　齐

岩对岫①，涧对溪。

远岸对危堤②。

鹤长对凫短③，水雁对山鸡。

星拱北，月流西。

汉露④对汤霓⑤。

桃林牛已放⑥，虞坂马长嘶⑦。

叔侄去官闻广受⑧，

弟兄让国有夷齐⑨。

三月春浓，芍药丛中蝴蝶舞；

五更天晓，海棠枝上子规⑩啼。

◎ **注释** ①〔岫〕山洞。②〔危堤〕高高的河堤。危，高。③〔鹤长、凫短〕鹤的腿长，野鸭的腿短。出自《庄子·骈（pián）拇》："凫胫（jìng，小腿）虽短，续之则忧；鹤胫虽长，断之则悲。"④〔汉露〕汉武帝曾在宫外修筑通天台，用来祭祀太乙神。台上雕有一位仙人手擎（qíng）玉盘，用来承接天上降下来的甘露。⑤〔汤霓〕《孟子·梁惠王下》载，商汤攻打暴君夏桀的时候，"民望之，若大旱之望云霓也（老百姓盼着他快来，就像大旱时盼望云彩下雨一样）"。霓，云彩。⑥〔桃林牛已放〕《尚书·武成》载，周武王打败商纣王以后,便收起天下的兵器,把战马放到华山以南,把耕牛放回桃林的野地里,表示天下太平,再也不用打仗了。桃林,在今陕西华(huà)阴一带。⑦〔虞坂马长嘶〕《战国策·楚策四》载,有一匹昔日的千里马拉着盐车上太行山,因年老体弱而不能上坡。伯乐遇到这匹马,就下车攀着车辕哭,还解下衣服给它披上。于是这匹马在知己伯乐面前"俯而喷,仰而鸣,声达于天"。虞坂,地名,也作"吴坂""虞山""盐坂"。坂,土坡。⑧〔叔侄去官闻广受〕据《汉书·疏广传》记载,汉宣帝时,疏广是太子太傅,他的侄子疏受是太子少傅。叔侄俩在任五年后,商量"功成身退",于是一起辞去官职,回到家乡。去官,辞去官职。⑨〔弟兄让国有夷齐〕《史记·伯夷叔齐列传》载,西周时,孤竹国国君的两个儿子伯夷和叔齐在父亲去世以后,互相谦让,先后逃亡,都不愿意登上王位。⑩〔子规〕杜鹃。

◎ 知识拓展

水雁对山鸡

"水雁对山鸡"里面有两个典故:汾水雁飞,山鸡舞镜(或是"羞山鸡")。唐代孟棨(qǐ)《本事诗·事感》记载:

> 天宝末,玄宗尝乘月登勤政楼,命梨园弟子歌数阕。有唱李峤诗者云:"富贵荣华能几时,山川满目泪沾衣。不见只今汾水上,惟有年年秋雁飞。"时上春秋已高,问是谁诗,或对曰李峤,因凄然泣下,不终曲而起,曰:"李峤真才子也。"又明年,幸蜀,登白卫岭,览眺久之,又歌是词,复言"李峤真才子",不胜感叹。时高力士在侧,亦挥涕久之。

《尹文子·大道上》记载:

> 楚人担山雉者,路人问:"何鸟也?"担雉者欺之曰:"凤凰也。"路人曰:"我闻有凤凰,今始见之,汝贩之乎?"曰:"然。"则十金,弗与。请加倍,乃与之。将欲献楚王,经宿而鸟死。路人不遑惜金,惟恨不得以献楚王。国人传之,咸以为真凤凰,贵,欲以献之,遂闻楚王。王感其欲献于己,召而厚赐之,过于买鸟之金十倍。

这则故事讲的是楚国有人误认山鸡为凤凰,出20金买下来,想要献给楚王,谁知过了一夜山鸡死掉了。那个人不惜重金，只以不能把这只"凤凰"献给楚王为憾。楚王被他的至诚感动而厚加赏赐。

　　山鸡，鸟名。形似雉。雄者羽毛红黄色，有黑斑，尾长；雌者黑色，微赤，尾短。今名锦鸡。传说自爱其羽毛，常照水而舞。南朝宋刘敬叔《异苑》卷三："山鸡爱其毛羽，映水则舞。魏武（曹操）时，南方献之。帝欲其鸣舞而无由。公子苍舒（曹冲）令置大镜其前，鸡鉴形而舞，不知止，遂乏死。"

◎ **释疑解惑**

　　山鸡的故事很容易让人想到一个短语，你知道是哪一个吗？

　　爱惜羽毛。

　　汉代刘向《说苑·杂言》："夫君子爱口，孔雀爱羽，虎豹爱爪。"后以"爱惜羽毛"喻珍惜自己的名声。说白了就是自己爱护自己，自尊自重。《老子·第七十二章》："是以圣人自知不自见，自爱不自贵。"

　　因为羽毛使鸟兽有色彩而显美丽，所以人们又以之比喻人的声誉。《后汉书·王符传》："其贡士者，不复依其质干，准其才行，但虚造声誉，妄生羽毛。"《周书·晋荡公护传》："所好加羽毛，所恶生疮痏（wěi）。"唐代王维《裴仆射（pú yè）济（jǐ）州遗爱碑》："厚为之礼，则生我羽毛；小不如意，则成是贝锦。"贝锦，像贝的色彩一样美丽的织锦，比喻诬陷他人、罗织成罪的谗言。《诗经·小雅·巷伯》："萋兮斐兮，成是贝锦。"朱熹《诗集传》："言因萋斐之形，而文致之以成贝锦，以比谗人者因人之小过而饰成大罪也。"

yún duì yǔ　　shuǐ duì ní
云 对 雨， 水 对 泥。
bái bì duì xuán guī
白 璧 对 玄 圭①。
xiàn guā　duì tóu lǐ　　jìn gǔ　duì zhēng pí
献 瓜② 对 投 李③， 禁 鼓④ 对 征 鼙⑤。
xú zhì tà　　lǔ bān tī
徐 穉 榻⑥， 鲁 班 梯⑦。

◎ 声律启蒙

凤翥⁸对鸾栖⁹。
有官清似水，无客醉如泥。
截发惟闻陶侃母⑩，
断机只有乐羊妻⑪。
秋望佳人，目送楼头千里雁；
早行远客，梦惊枕上五更鸡。

◎ **注释** ①〔玄圭〕黑色的玉。玄，黑色。圭，古代帝王、诸侯举行礼仪时所用的长形玉器，上尖下方。②〔献瓜〕《新唐书·方技传》载，唐高宗初夏四月想吃瓜，方士明崇俨（yǎn）向高宗要了一百钱，一会儿就献上一只瓜，说是从缑（gōu）氏老人的园子中得到的。高宗把老人找来问有无此事，老人说："埋一瓜失之，土中得百钱。"③〔投李〕出自《诗经·卫风·木瓜》："投我以木李，报之以琼玖。（她把木李投掷给我，我用美玉回报她。）"④〔禁鼓〕设置在宫城谯楼之上报时的鼓。⑤〔征鼙〕出征的战鼓。鼙，鼙鼓，古代军队中用的小鼓。⑥〔徐稚榻〕《后汉书·徐稚传》载，陈蕃做豫章太守时，不在郡府接待宾客。只有徐稚来时，才会特意放一个坐榻。徐稚走了，他马上就把坐榻收起来。⑦〔鲁班梯〕《墨子·公输》载，鲁班曾经帮助楚国制造云梯，准备攻打宋国。鲁班，相传复姓公输，名般，又名班、盘（bān），春秋时鲁国的能工巧匠。⑧〔翥〕向上飞。⑨〔栖〕栖息。⑩〔截发惟闻陶侃母〕《晋书·列女传》载，西晋的陶侃家里很穷。一天，朋友范逵来访，住在他家。正赶上下大雪，他家里拿不出什么东西招待范逵，陶侃的母亲就偷偷地把自己的头发剪了卖给邻居，换来酒菜招待范逵。截，剪。⑪〔断机只有乐羊妻〕《后汉书·列女传·乐羊子妻》载，东汉时有一个叫乐羊子的人出外求学，刚满一年，还没有学成便回来了。这时，他的妻子正在织布，见他回来，便"跪问其故"。当问明乐羊子回家只是因为"久行怀思"，她便拿起剪子走向织布机把布剪断了，并说，学习就和织布一样,在没有织成时把它剪断,就前功尽弃了。乐羊子明白了妻子的苦心,就返回去继续学习,七年没有回家,终于完成学业。"只有"的说法不确切,如孟子的母亲也有"子不学,断机杼"(《三字经》)之举。

xióng duì hǔ　　xiàng duì xī
熊 对 虎,　象 对 犀①。

pī lì duì hóng ní
霹 雳 对 虹 霓②。

dù juān duì kǒng què　　guì lǐng duì méi xī
杜 鹃 对 孔 雀,桂 岭③对 梅 溪④。

xiāo shǐ fèng　　sòng zōng jī
萧 史 凤⑤,　宋 宗 鸡⑥。

yuǎn jìn duì gāo dī
远 近 对 高 低。

shuǐ hán yú bú yuè　　lín mào niǎo pín qī
水 寒 鱼 不 跃,林 茂 鸟 频⑦栖。

yáng liǔ hé yān péng zé xiàn
杨 柳 和 烟 彭 泽 县⑧,

táo huā liú shuǐ wǔ líng xī
桃 花 流 水 武 陵 溪⑨。

gōng zǐ zhuī huān　　xián zhòu yù cōng yóu qǐ mò
公 子 追 欢⑩,　闲 骤 玉 骢 游 绮 陌⑪;

jiā rén juàn xiù　　mèn qī shān zhěn yǎn xiāng guī
佳 人 倦 绣,　闷 欹 珊 枕 掩 香 闺⑫。

◎ **注释**　①〔犀〕犀牛。②〔虹霓〕彩虹。③〔桂岭〕长满桂树的山岭。④〔梅溪〕岸边开着梅花的小溪。⑤〔萧史凤〕《列仙传》载,春秋时有一个叫萧史的青年,他吹起箫来,能把孔雀、白鹤吸引到庭中。秦穆公把自己的女儿弄玉嫁给了他,并为他们造了凤台。萧史天天教弄玉吹箫模仿凤凰鸣叫的声音,几年后竟把凤凰引来了。于是萧史乘龙,弄玉乘凤,双双成仙而去。⑥〔宋宗鸡〕《艺文类聚》卷九一引南朝宋刘义庆《幽明录》载,晋朝的兖(yǎn)州刺史宋处宗买来一只长鸣鸡,"置笼窗间",这只鸡便用人语和宋处宗交谈,使其学业有很大进步。⑦〔频〕一次次，多次。⑧〔杨柳和烟彭泽县〕晋朝陶渊明曾做过彭泽县令，后来隐居在家。因门前有五棵柳树，便自号"五柳先生"，并作《五柳先生传》一文自况。和烟，指笼罩在杨柳树上迷蒙的雾气。⑨〔桃花流水武陵溪〕陶渊明《桃花源记》一文中记载，东晋时，有一个渔夫划着船，沿着武陵溪向上游走，"忽逢桃花林……芳草鲜美，落英缤纷"。渔夫走到桃花林的尽头，也是武陵溪的源头，从一个小山口进去，便到了"世外桃源"。⑩〔追欢〕追寻欢乐。⑪〔闲骤玉骢游绮陌〕在风景优美的小路上骑马闲逛。骤，驱驰。玉骢，白马。绮，美丽。⑫〔佳人倦绣，欹珊枕掩香闺〕佳人懒得刺绣，闷闷地把门关了，斜靠着珊瑚枕头休息。欹，倾斜，这里指斜靠着。珊枕，珊瑚做的枕头。掩，关。

九　佳

河对海，汉①对淮②。
赤岸对朱崖③。
鹭飞对鱼跃，宝钿对金钗④。
鱼圉圉⑤，鸟喈喈⑥。
草履对芒鞋⑦。
古贤赏笃厚⑧，时辈喜诙谐⑨。
孟训文公谈性善⑩，
颜师孔子问心斋⑪。
缓抚琴弦，像流莺而并语⑫；
斜排筝柱，类过雁之相挨⑬。

◎ **注释**　①〔汉〕汉水。②〔淮〕淮河。③〔朱崖〕朱红色的山崖。④〔宝钿、金钗〕都是名贵的首饰。⑤〔圉圉〕鱼刚入水时局促不舒展的样子。《孟子·万章上》载，有人送活鱼给郑国子产，子产让主管池塘的人把鱼放到池塘里去。那人却把鱼煮着吃了，然后回报说，刚把鱼放进池塘里时，那条鱼"圉圉焉"，一会儿就"洋洋焉（慢慢地摇动尾巴的样子）"，很快就不见了。⑥〔喈喈〕鸟儿鸣叫的声音。见《诗经·周南·葛覃》："黄鸟于飞，集于灌木，其鸣喈喈。"⑦〔芒鞋〕草鞋。⑧〔笃厚〕忠实厚道。⑨〔时辈喜诙谐〕现在的人喜欢幽默风趣。诙谐,说话有趣,引人发笑。⑩〔孟训文公谈性善〕《孟子·滕(téng)文公上》载,战国时期,滕文公做世子时,要到楚国去,经过宋国,来见孟子。"孟子道性善,言必称尧舜。"孟,孟子。文公,滕文公。⑪〔颜师孔子问心斋〕指颜回向他的老师孔子请教怎样才可以排除杂念,保持心境的清净。心斋,排除一切杂念和欲望,保持心境清净。此典出于《庄子·人间世》,已经是被道家化的孔子师生形象了。⑫〔缓抚琴弦,像流莺而并语〕缓缓地拨动琴弦,乐音轻轻流淌,像黄莺在一起轻声慢语。并,在一起。⑬〔斜排筝柱,类过雁之相挨〕筝柱斜斜地排列,看上去就像飞过天空的大雁那样一只挨一只。筝柱,筝上的弦柱。每弦一柱,可移动来调音。类,像。

丰对俭①,等对差②。
布袄对荆钗③。
雁行④对鱼阵⑤,榆塞⑥对兰崖⑦。
挑荠女⑧,采莲娃⑨。
菊径对苔⑩阶。
《诗》成六义备⑪,乐奏八音谐⑫。
造律吏哀秦法酷⑬,
知音人说郑声哇⑭。
天欲飞霜,塞⑮上有鸿⑯行已过;
云将作雨,庭前多蚁阵先排。

◎ **注释** ①〔俭〕节俭。②〔等、差〕相等、相差。③〔布袄、荆钗〕都指妇女朴素的衣着（zhuó）。④〔雁行〕大雁飞过天空时排成的"人"字形或"一"字形的行列。⑤〔鱼阵〕鱼儿游动时的队形。阵，队形。⑥〔榆塞〕即榆关，又叫渝关，也就是今秦皇岛市东的山海关。⑦〔兰崖〕御敌的山崖。兰（繁体为"蘭"），通"阑"（繁体为"闌"），阻隔。引申为抵御、抵挡。⑧〔挑荠女〕剜荠菜的姑娘。荠菜，俗名"乳浆菜"，嫩叶可以吃，带花、果的全草入药。⑨〔采莲娃〕采莲蓬的幼童。唐代白居易《池上》："小娃撑小艇，偷采白莲回。不解藏踪迹，浮萍一道开。"莲，莲蓬。娃，幼童。⑩〔苔〕苔藓（xiǎn）。⑪〔《诗》成六义备〕《诗》编成了，六义齐备。六义，见《诗经·大序》："故诗有六义焉（yān）：一曰风，二曰赋，三曰比，四曰兴（xìng），五曰雅，六曰颂。"风、雅、颂是诗歌的类型，赋、比、兴是诗歌的表现手法。⑫〔乐奏八音谐〕演奏音乐，各种乐器配合得十分和谐。八音，指匏（páo）、土、革、木、石、金、丝和竹这八类材料制成的乐器。⑬〔造律吏哀秦法酷〕制定法律的官吏感叹秦朝的法律太严酷。刘邦攻入咸阳之后，感叹秦朝的法律太严酷，于是约法三章（"杀人者死，伤人及盗抵罪"），后命丞相萧何制定新的法律。造，制定。哀，哀叹，感叹。酷，严酷。⑭〔知音人说郑声哇〕懂音乐的人说郑国的民歌淫乱。知音人，指孔子，又指西汉的文学家、哲学家、语言学家扬雄。《论语·卫灵公》："子曰：'……郑声淫，佞（nìng）人殆。'"扬雄在《法言·吾子》中说："中正则雅，多哇则郑。"哇，淫靡，淫乱。这是儒家对郑、卫两国民歌的总体看法，因为其中多有表现爱情的内容，而这些是为封建礼教所不容的。⑮〔塞〕边塞。⑯〔鸿〕大雁。

◎ **知识拓展**

菊径对苔阶

"菊径"的典故来自陶渊明，也称元亮径、松菊径、菊松三径、陶潜菊径等。晋安帝义熙元年（405年），陶渊明弃官归田，作《归去来辞》。其辞曰：

归去来兮！田园将芜，胡不归？既自以心为形役，奚惆怅而独悲？悟已往之不谏，知来者之可追。实迷途其未远，觉今是而昨非。舟遥遥以轻飏，风飘飘而吹衣。问征夫以前路，恨晨光之熹微。乃瞻衡宇，载欣载奔。僮仆欢迎，稚子候门。三径就荒，松菊犹存。携幼入室，有酒盈樽。引壶觞以自酌，眄庭柯以怡颜。倚南窗以寄傲，审容膝之易安。园日涉以成趣，门虽设而常关。策扶老以流憩，时矫首而遐观。云无心以出岫，鸟倦飞而知还。景翳翳以将入，抚孤松而盘桓。（节选自《靖节先生集》）

陶渊明（352 或 365—427），字元亮，又名潜，私谥"靖节"，世称靖节先生。浔阳柴桑人。东晋末至南朝宋初期诗人。曾任江州祭酒、建威参军、镇军参军等职，最后一次出仕为彭泽县令，在任 80 多天便弃职归隐。他是中国第一位田园诗人，被称为"古今隐逸诗人之宗"。有《陶渊明集》。

归隐期间，陶渊明创作了许多反映田园生活的诗文，如《归园田居》5 首、《杂诗》12 首。义熙四年（408 年）六月中，陶渊明家中失火，宅院尽毁，被迫迁居。义熙十一年（415 年），朝廷诏征他为著作佐郎，陶渊明称病没有应征。义熙十四年（418 年），王弘为江州刺史，大约于此年或稍后一两年结交陶渊明，二人之间有轶事"量革履""白衣送酒"。南朝宋元嘉元年（424 年），颜延之为始安太守，与陶渊明结交，有轶事"颜公付酒钱"。元嘉四年（427 年），檀道济听闻陶渊明之名，去拜望他，赠以粱肉，并劝他出仕。陶渊明却拒绝了他，所赠粱肉也没有收下。同年，陶渊明卒于浔阳。

陶渊明对社会人事的虚伪黑暗有极清醒的认识，因而他的隐逸不是消极地逃避现实，而是具有深刻的批判社会现实的积极意义。他在漫长的隐居生活中陷入饥寒交迫的困境时，尽管也彷徨过、动摇过，但最终还是没有向现实屈服，宁固穷终生也要坚守清节。据说郡官派督邮来见他，县吏让他穿好衣冠迎接。他叹息说："吾不能为五斗米折腰，拳拳事乡里小人邪！"从此，"不为五斗米折腰"传为佳话。陶渊明喜欢喝酒，"寄酒为迹"，以抒发自己不愿和腐朽的统治集团同流合污的心愿，表现出诗人恬淡旷远的襟怀和孤傲高洁的品格。也正因为如此，他的作品才平淡质朴却诗意盎然。

欧阳修云："晋无文章，唯陶渊明《归去来辞》。"苏轼云："渊明诗初看若散缓，熟看有奇趣。如……'采菊东篱下，悠然见南山。'又曰：'霭霭远人村，依依墟里烟。犬吠深巷中，鸡鸣桑树颠。'大率才高意远，则所寓得其妙，造语精到之至，遂能如此。如大匠运斤，不见斧凿之痕，不知者困疲精力，至死不之悟。"梁实秋曰："绚烂之极归于平淡，但是那平不是平庸的平，那淡不是淡而无味的淡，那平淡乃是不露斧凿之痕的一种艺术韵味。"

◎ 释疑解惑

看完陶渊明的故事，不禁会有个疑问：五斗米到底是多少？

传统解释都说是"指微薄的官俸"。果真如此吗？我们不妨细算一算。

《晋书·百官表》注提到，东晋时代官员的俸禄是实行"半钱半谷"制，即钱、米各占一半。当时县令（注：陶渊明辞官时是彭泽令）的俸禄是"月钱二千五百，米十五斛"，而一斛为十斗。这样核算下来，陶渊明一天的薪俸正好是五斗米和约83文钱（那83文钱应相当于五斗米的价钱，但物价不稳，以钱折米可能时多时少）。当时一斗合现在3.2斤，那么五斗米合现在的16斤，将另一半钱也折合成米的话，每天大约32斤。以今天的米价衡量，大概合六七十元，一个月下来两千元，在他那个阶层应该算是穷人了。有人说："如此的工资待遇在当时应当是相当优厚的，绝对算不上是微薄的官俸。"这恐怕是没有仔细研究当时社会各阶层的财富状况。

陶渊明辞去彭泽县令的时候是41岁，此后直至61岁辞世再不为官，实在不易。他晚年生活越发困顿，多靠朋友接济度日。老朋友颜延之任始安郡太守，经过浔阳，每天都到他家饮酒，临走时留下两万钱，这差不多是陶潜做县令时一年的俸禄了。但嗜酒如命的他很快千金散尽，继续穷困潦倒。可是没有了那些酒，还会有这些绝世文章吗？

chéng duì shì　　xiàng duì jiē
城 对 市，巷 对 街。

pò wū duì kōng jiē
破 屋 对 空 阶。

táo zhī duì guì yè　　qì yǐn duì qiáng wō
桃 枝 对 桂 叶，砌① 蚓② 对 墙 蜗③。

méi kě wàng　　jú kān huái
梅 可 望④，橘 堪 怀⑤。

jì lù duì gāo chái
季 路 对 高 柴⑥。

◎ 声律启蒙

花藏沽酒市⑦，竹映读书斋⑧。
马首不容孤竹扣⑨，
车轮终就洛阳埋⑩。
朝宰锦衣，贵束乌犀之带⑪；
宫人宝髻，宜簪白燕之钗⑫。

◎ **注释** ①〔砌〕这里指台阶的缝隙。②〔蚓〕蚯蚓。③〔蜗〕蜗牛。④〔梅可望〕《世说新语·假谲（jué）》载，曹操带兵出征，走到一个四处没有水的地方。天气很热，士兵们都口干舌燥。这时，曹操骗他们说："前有大梅林，饶子甘酸，可以解渴。"士兵们想象着梅子的酸味，不由得流出了口水，便不再嚷渴了。这样，队伍坚持行进到前面有水源的地方。⑤〔橘堪怀〕《三国志·吴书·陆绩传》载，三国时，6岁的陆绩随父亲陆康到九江拜访袁术。袁术拿出橘子来招待他们，陆绩就拿了几个装到怀里。临走拜别时，橘子从陆绩的怀里滚落到地上。袁术问他为什么要拿走橘子，他回答说母亲爱吃橘子，他要把这几只橘子带回家给母亲吃。⑥〔季路、高柴〕都是孔子的弟子。季路即仲由，字子路。高柴，字子羔。⑦〔花藏沽酒市〕卖酒的市场上有花儿开放。沽，卖。⑧〔竹映读书斋〕书房的窗户上映照着竹子的影子。⑨〔马首不容孤竹扣〕"不容孤竹扣马首"的倒装句。《史记·伯夷叔齐列传》载，孤竹国的伯夷、叔齐不理解周武王为什么要讨伐商纣王，就扣住周武王的马头劝他不要出兵。周武王当然不能听从他们这种愚忠、迂（yū）腐的做法，毅然伐纣。⑩〔车轮终就洛阳埋〕《后汉书·张纲传》载，东汉顺帝汉安元年（142年），朝廷选派8位大员到外地巡察，其中7位都已到达规定地区，只有最年轻、官职最低的张纲"独埋其车轮于洛阳都亭"。他说道："豺狼当道，安问狐狸！"于是返回洛阳去弹劾专权贪暴的皇后之兄大将军梁冀及其弟河南尹梁不疑。埋，藏。此字费解。一说以石、木等垫在车轮下不使滑转。⑪〔朝宰锦衣，贵束乌犀之带〕朝廷的大官穿着锦绣的衣裳，以系（jì）着黑犀牛皮腰带为贵。宰，指宰相等高官。贵，以……为珍贵。乌，黑。⑫〔宫人宝髻，宜簪白燕之钗〕宫女盘起的头发上，适合插一支白燕形状的宝钗。宝髻，盘起的头发。簪，这里用作动词，插。白燕之钗，又名"玉燕钗"。《洞冥记》卷二载，传说神女给汉武帝留下一支玉钗，武帝把它赐给赵婕妤（jié yú，妃嫔的称号）。昭帝元凤年间，宫人还看到过这支玉钗。有人想要它，打开匣子后，玉钗化作"玉燕飞升天"。

十　灰

增对损①，闭对开。

碧草对苍苔②。

书签对笔架，两曜③对三台④。

周召虎⑤，宋桓魋⑥。

阆苑对蓬莱⑦。

薰风⑧生殿阁，皓月照楼台。

却马汉文思罢献⑨，

吞蝗唐太冀移灾⑩。

照耀八荒⑪，赫赫⑫丽天⑬秋日；

震惊百里，轰轰出地春雷⑭。

◎ **注释**　①〔损〕减少。②〔苍苔〕青苔，苔藓。③〔两曜〕太阳和月亮。曜，日、月、星都叫"曜"。④〔三台〕星名，共有6颗星。《晋书·天文志上》："三台六星，两两而居。西近文曲二星曰上台……次二星曰中台……东二星曰下台……"⑤〔召（shào）虎〕周宣王时的大臣召公虎。⑥〔桓魋〕春秋时宋国的司马。他本名向魋，因为是宋桓公的后代，所以又叫桓魋。孔子路过宋国时，他曾想杀死孔子。⑦〔阆苑、蓬莱〕都是传说中神仙住的地方。⑧〔薰风〕暖风。一般指初夏的东南风。《吕氏春秋·有始》:"东南曰薰风。"⑨〔却马汉文思罢献〕《汉书·贾捐之传》载,汉文帝时有人进献千里马,文帝退了回去,并下诏曰:"朕不受献也,其令四方毋求来献。"想借此杜绝进献礼物的歪风。汉文,汉文帝的省称。⑩〔吞蝗唐太冀移灾〕唐太,唐太宗的省称。冀,希望。移,除去。《资治通鉴·唐纪八》有记载,详见"知识拓展"。⑪〔八荒〕八方荒远之地。指天下的每一个角落。⑫〔赫赫〕形容阳光灿烂。⑬〔丽天〕附着(zhuó)于天。语出《易·离》:"日月丽乎天。"丽,附着。⑭〔震惊百里,轰轰出地春雷〕语出《易·震》:"震惊百里,不丧匕鬯(chàng,祭礼所用酒名)。"东汉郑玄曰:"震为雷。雷,动物之气也。雷之发声,犹人君出政教以动中国之人也,故谓之震。"古人用春雷催发万物比喻帝王教令天下。

◎ 知识拓展

却马汉文思罢献,吞蝗唐太冀移灾

汉文帝刘恒(前202—前157),汉高祖刘邦的儿子。在位23年,与民休养生息,国势逐渐强大,历史上把他及其子景帝在位的一段时期称为"文景之治"。刘恒登基后,薄太后卧病三年,刘恒不顾自己帝王的身份,常常目不交睫,衣不解带,亲自侍奉母亲。母亲所服的汤药,他总要亲口尝过后,确定冷热相宜,才放心让母亲服用。《弟子规》以"亲有疾,药先尝,昼夜侍,不离床"称颂汉文帝的美德。《汉书》中记载,有人给汉文帝献上千里马,文帝想通过此事堵住官员向上级献礼的恶习,下诏退回不收。这故事出自《汉书·贾捐之传》,人称"却马汉文思罢献"。

"吞蝗唐太冀移灾"讲的是贞观(guàn)二年(628年),京畿(jī)地区发现很多蝗虫。六月十六日,唐太宗前往禁苑,看到蝗虫,顺手捉了几只,赌咒发愿说:"百姓靠庄稼养活生命,而你们却吞食庄稼。百姓如果有过错,责任都归我一个人。你们如果有灵性,只该吃我的内脏,不要祸害百姓!"他抬手要把蝗虫吃下去,左右侍从官员劝阻说:"(这是污秽之物,吃下去)可能会使人生病,不能吃。"唐太宗说:"我所希望的正是把灾祸移到我身上,怎能躲避病灾呢?"说完就把蝗虫吞下了。当年蝗虫没有造成灾害。

吴兢《贞观政要》记载了这个故事：

贞观二年，京师旱，蝗虫大起。太宗入苑视禾，见蝗虫，掇数枚而咒曰："人以谷为命，而汝食之，是害于百姓。百姓有过，在予一人。尔其有灵，但当蚀我心，无害百姓。"将吞之，左右遽谏曰："恐成疾，不可。"太宗曰："所冀移灾朕躬，何疾之避？"遂吞之。

◎ 释疑解惑

汉文帝正气可敬，唐太宗勇气可嘉，但是我们还是忍不住要问一句：故事里讲的千里马，到底是什么来头呢？

"千里马"一词，最早见于楚辞《卜居》："宁昂昂若千里之驹乎？"以后中国正史中多次提到千里马，因其神骏，一向难求。《战国策·燕策一》："臣闻古之君人，有以千金求千里马者，三年不能得。"《史记·匈奴列传》："千里马，匈奴宝马也。"

那么，古人说的千里马到底有多能跑？

据考证，春秋战国时的1华里折合现在长度为298.65米，1 000华里就是现在的298.65公里。一个白昼按12小时计算，平均每小时要跑24 887.5米。对于马来说，这是极慢的速度，仅仅与"快走"差不多。实际的长途行进，不可能连续跑上12个小时，而是用某种"中速"。比如，每小时行进36公里，那么8个多小时可跑完298.65公里，其余3个多小时用于途中的吃喝休息。因此可以肯定，中国历史上的确有过名副其实的千里马，这些良马可在一个白昼内行进298.65公里，达到了当时长度概念上的"千里"标准。

shā duì shuǐ　　huǒ duì huī
沙 对 水 ， 火 对 灰 。

yǔ xuě duì fēng léi
雨 雪 对 风 雷 。

shū yín　　duì　　zhuàn pǐ　　　　shuǐ hǔ　　duì yán wēi
"书 淫①" 对 "《传》 癖②" ， 水 浒③ 对 岩 隈④。

gē jiù qǔ　　niàng xīn pēi
歌 旧 曲 ， 酿 新 醅⑤ 。

舞馆对歌台。

春棠经雨放⑥，秋菊傲霜开⑦。

作酒固难忘曲糵，

调羹必要用盐梅⑧。

月满庾楼，据胡床而可玩⑨；

花开唐苑，轰羯鼓以奚催⑩？

◎ **注释** ①〔书淫〕西晋皇甫谧（mì）酷爱读书到了"忘寝与食"的程度，"时人谓之'书淫'"。②〔《传》癖〕《晋书·杜预传》载，西晋杜预酷爱《左传》，有《春秋左氏经传集解》传世。晋武帝曾问杜预："卿有何癖？"杜预回答说："臣有《左传》癖。"③〔水浒〕水边，江岸。④〔岩隈〕深山曲折的地方。⑤〔新醅〕刚酿出还没过滤的酒。唐代白居易《问刘十九》诗："绿蚁新醅酒，红泥小火炉。晚来天欲雪，能饮一杯无？"⑥〔春棠经雨放〕春天的海棠在雨后开放。⑦〔秋菊傲霜开〕秋天的菊花孤傲不屈地开放在严霜之中。⑧〔作酒固难忘曲糵，调羹必要用盐梅〕酿酒本来离不开酒曲，调制羹汤一定要用盐和酸梅。出自《尚书·说（yuè，傅说）命》："若作酒醴（lǐ），尔惟曲糵；若作和羹，尔惟盐梅。"固，本来。糵，酿酒的曲。羹，羹汤。梅，调味品，指酸梅。⑨〔月满庾楼，据胡床而可玩〕月光照遍庾亮的南楼，他倚靠着交椅，尽情地欣赏月色。庾楼，又叫"庾公楼"，传说是晋朝太尉庾亮所建。《世说新语·容止》载，庾亮镇守武昌时，在"气佳景清"的"秋夜"，曾与佐吏十来人一起登上南楼。当时已在南楼赏月的"诸贤欲起避之"，庾亮"徐云：'诸君少住。老子于此处，兴复不浅。'"于是"据胡床，与诸人咏谑（xuè）"，在座的人都很高兴。据，倚靠着。胡床，类似现在的折叠椅。玩，玩赏，欣赏。⑩〔花开唐苑，轰羯鼓以奚催〕唐朝的宫苑里，是谁让人敲羯鼓，催桃花、杏花快快开放？羯鼓，一种两面蒙着皮的细腰鼓。奚，谁。据《杨太真外传》载，杨贵妃见苑圃（pǔ）中百花未开，便命人击羯鼓催发，结果桃花、杏花都提前绽放了。

休对咎①，福对灾。

象箸②对犀杯③。

宫花对御柳，峻阁④对高台⑤。

花蓓蕾⑥，草根荄⑦。

剔藓对剜苔⑧。

雨前庭蚁闹⑨，霜后阵鸿哀⑩。

元亮南窗今日傲⑪，

孙弘东阁几时开⑫？

平展青茵，野外茸茸软草⑬；

高张翠幄，庭前郁郁凉槐⑭。

◎ **注释** ①〔休、咎〕吉、凶。②〔象箸〕象牙做的筷子。箸，筷子。③〔犀杯〕犀牛角做的酒杯。④〔峻阁〕高峻的楼阁。⑤〔高台〕高耸的亭台。⑥〔蓓蕾〕含苞未放的花朵。⑦〔根荄〕草根。⑧〔剔藓、剜苔〕剔除苔藓。剔，从缝隙里往外挑（tiǎo）。剜，用刀子挖。⑨〔雨前庭蚁闹〕下雨前，庭院里的蚂蚁纷纷出洞，忙着"搬家"。⑩〔霜后阵鸿哀〕落霜后天气渐冷，天空中南迁的雁群叫声悲哀。⑪〔元亮南窗今日傲〕陶渊明（字元亮）在他所写的《归去来兮辞》中，有"倚南窗以寄傲"的句子。⑫〔孙弘东阁几时开〕公孙弘的东阁什么时候再打开招揽人才呢？孙弘，即汉武帝时的宰相公孙弘。《汉书·

公孙弘传》载,公孙弘被封为平津侯,"于是起客馆,开东阁以延贤人,与参谋议"。⑬〔平展青茵,野外茸茸软草〕野外蒙蒙茸茸的细草,就像平平展展的绿褥子。茵,褥子。⑭〔高张翠幄,庭前郁郁凉槐〕庭院前茂盛的槐树,仿佛是高高张挂的绿帐子。幄,帐子。古代以"槐"比喻三公,以"槐堂"代指高官的宅第,又用"翠幄"比喻官殿。所以这句话隐含的意思是,宫殿院内,官员们排列整齐,气象庄严肃穆。相对而言,上两句说的是风调雨顺,一派欣欣向荣的和平盛世景象。

◎ 知识拓展

象箸对犀杯

《韩非子·喻老》载:

昔者纣为象箸而箕子怖。以为:"象箸必不加于土铏(xíng),必将犀玉之杯;象箸玉杯必不羹菽藿,则必旄、象、豹胎;旄、象、豹胎必不衣(yì,穿)短褐而食于茅屋之下,则锦衣九重,广室高台。吾畏其卒,故怖其始。"居五年,纣为肉圃,设炮烙(páo luò),登糟丘,临酒池,纣遂以亡。

这一段说的是纣做象牙筷子一事,让箕子感到恐惧。他认为:"象牙筷子肯定不会放在铏这样的土制器皿上,必然要用犀牛角和玉做的杯子。用象牙筷子、玉杯子不可能会以豆子、豆叶这样的普通蔬菜作为食物,那么食物必然是牦牛、大象、豹子幼崽这样的珍馐佳肴。吃牦牛、大象、豹子幼崽肯定不会穿粗布短衣在茅屋下用餐,肯定是绫罗绸缎的衣服无数,房子建得很大,台筑得很高。我担心他的结局,所以害怕他的开始。"过了五年,纣王建造大量储藏肉的地方,设置烤肉的铜架子,登上酒糟堆成的山丘,站在储藏酒的池边,最终在穷奢极欲中灭亡了。

◎ 释疑解惑

这个故事讲到象牙筷子,让我们想起前面的犀牛角来。不过这里的问题是:两根小小的筷子真有这么厉害吗?就是它们导致帝辛亡国丧命的吗?

我们先讲个成语：防微杜渐。

这个成语的意思是：在错误或坏事刚萌发时，就加以制止，不使其发展。晋代葛洪《抱朴子·明本》："昔之达人，杜渐防微，色期而逝，夜不待旦。"

杜渐防微，也称"防微杜渐""杜渐防萌"，即杜绝乱源的开端，防备祸患的萌芽，把隐患消除在开端与萌芽状态中。《后汉书·丁鸿传》："若敕政责躬，杜渐防萌，则凶妖销灭，害除福凑矣。"《晋书·段灼传》："故臣以为陛下当深思远念，杜渐防萌，弹琴咏诗，垂拱而已。"《旧唐书·于志宁传》："杜渐防萌，古人所以远祸；以大喻小，先哲于焉取则。"

还有个词叫"防患于未然"，意思是在祸患发生之前就加以预防。《易·既济》："君子以思患而豫防之。"

刘备临死前告诫儿子"勿以恶小而为之，勿以善小而不为"，也是一样的道理。为人处事、培养品德，都要从细微处认真做起，不能有丝毫懈怠。朱熹《敬斋箴》："守口如瓶，防意如城；洞洞属属，罔敢或轻。"防意如城就是遏止私欲如守城防敌一般。就像《易经》上说的："战战兢兢，如临深渊，如履薄冰。"

这么看来，那双象牙筷子还真可能是罪魁祸首。

十一 真

邪对正，假对真。
獬豸①对麒麟。
韩卢②对苏雁③，陆橘④对庄椿⑤。
韩五鬼⑥，李三人⑦。
北魏⑧对西秦⑨。
蝉鸣哀暮夏，莺啭⑩怨残春。
野烧焰腾红烁烁⑪，
溪流波皱碧粼粼。
行无踪，居无庐，颂成《酒德》⑫；
动有时，藏有节，论著《钱神》⑬。

◎ **注释** ①〔獬豸〕古代传说中的神兽，能辨别是非曲直，见人争斗就用角去顶坏人。②〔韩卢〕战国时韩国的猛犬名。③〔苏雁〕汉昭帝即位后，派人到匈奴和亲，同时向单（chán）于谎称汉天子在上林苑射下一只雁，雁足上系着一封信，说是苏武还活着，在某个大泽（即北海）中。单于不得不把扣押了19年的苏武放还汉朝。④〔陆橘〕指陆绩怀橘的事。见本书第145页注释⑤。⑤〔庄椿〕指《庄子·逍遥游》中描写的一棵生长了8 000年的大椿树。后用作祝人长寿之词。⑥〔韩五鬼〕韩愈的《送穷文》中说"智穷""学穷""文穷"

"命穷""交穷"是"五鬼"。⑦〔李三人〕出自李白《月下独酌》:"举杯邀明月,对影成三人。"⑧〔北魏〕北朝之一。由鲜(xiān)卑人拓跋珪(guī)于公元386年建立,于534年、535年分裂为东魏和西魏。⑨〔西秦〕十六国之一。鲜卑人乞伏国仁于公元385年所建,在今甘肃西南部,431年为夏国所灭。⑩〔啭〕鸟婉转地叫。⑪〔野烧焰腾红烁烁〕野外烧山,火焰腾起,发出闪烁的红光。烁烁,(光芒)闪烁。⑫〔行无踪,居无庐,颂成《酒德》〕魏晋名士刘伶嗜(shì)酒如命。他在所写的《酒德颂》中,形容自己"行无辙迹,居无室庐""惟酒是务,焉知其余"。庐,房屋。⑬〔动有时,藏有节,论著《钱神》〕晋朝鲁褒(bāo)撰写的《钱神论》论"钱"时,有"动静有时,行藏有节"的句子。"动静有时",动静有一定的时序。"行藏有节",行藏有一定的规则。节,规则。

āi duì lè　fù duì pín
哀对乐,富对贫。

hǎo yǒu duì jiā bīn
好友对嘉宾。

tán guān duì jié shòu　　bái rì duì qīng chūn
弹冠①对结绶②,白日对青春③。

jīn fěi cuì　yù qí lín
金翡翠,玉麒麟。

hǔ zhǎo duì lóng lín
虎爪对龙鳞。

liǔ táng shēng xì làng　　huā jìng qǐ xiāng chén
柳塘生细浪④,花径起香尘⑤。

xián ài dēng shān chuān xiè jī
闲爱登山穿谢屐⑥,

zuì sī lù jiǔ tuō táo jīn
醉思漉酒脱陶巾⑦。

xuě lěng shuāng yán　　yǐ jiàn sōng yún tóng ào suì
雪冷霜严,倚槛松筠同傲岁⑧;

rì chí fēng nuǎn　　mǎn yuán huā liǔ gè zhēng chūn
日迟风暖,满园花柳各争春。

◎ **注释** ①〔弹冠〕弹去帽子上的灰尘，表示要出去做官了。据《汉书·王吉传》载，汉朝的王吉和贡禹是好朋友，王吉要去当益州刺史时，贡禹为他弹去帽子上的灰尘表示祝贺。后来，经王吉推荐，贡禹当了大夫。冠，帽子。②〔结绶〕印绶相联结，指一同入朝做官。绶，用来系官印的彩色丝带。《汉书·萧育传》载，汉朝的萧育和朱博相友善，他俩互相推荐，后来都做了官。③〔白日、青春〕出自杜甫《闻官军收河南河北》："白日放歌须纵酒，青春作伴好还乡。"白日，亮丽的太阳，指晴朗的日子。青春，明媚的春光。④〔柳塘生细浪〕垂柳依依的池塘，鱼儿游过，荡起细细的波纹。唐代杜甫《城西陂（bēi，池塘）泛舟》诗："鱼吹细浪摇歌扇，燕蹴（cù，踩）飞花落舞筵。"细浪，微小的波纹。⑤〔花径起香尘〕落满花瓣的小路上，美人走过，空气中飘散着香味。香尘，芳香的尘末。多指女子经过时脚步带起的香味。东晋王嘉《拾遗记·晋时事》记载，石崇把名贵的沉香碾成末，让他喜爱的女子在上面踩踏，沾染香气。⑥〔谢屐〕谢灵运特制的登山鞋，上山穿的木屐没有前齿，下山穿的木屐没有后齿。屐，鞋。⑦〔醉思漉酒脱陶巾〕喝醉时，想效仿陶渊明，摘下葛（gé）巾，把酒过滤一下。漉，过滤。陶巾，陶渊明经常亲自酿酒，酒熟了就摘下头上的葛巾过滤，用完再戴上。⑧〔倚槛松筠同傲岁〕挨在栏杆边的松树和竹子一起傲然挺立。倚，靠。松筠，松树和竹子，古代用来比喻节操坚贞。《礼记·礼器》："其在人也，如竹箭之有筠也，如松柏之有心也。二者居天下之大端矣，故贯四时而不改柯易叶。"又《论语·子罕》："岁寒，然后知松柏之后凋也。"

xiāng duì huǒ　　tàn duì xīn
香 对 火，炭 对 薪。
rì guān　duì tiān jīn
日 观①对 天 津②。
chán xīn　duì dào yǎn　　　yě fù　duì gōng pín
禅 心③对 道 眼④，野 妇⑤对 宫 嫔⑥。
rén wú dí　　dé yǒu lín
仁 无 敌⑦，德 有 邻⑧。
wàn shí　duì qiān jūn
万 石⑨对 千 钧。

滔滔三峡⑩水，冉冉⑪一溪冰。

充国功名当画阁⑫，

子张言行贵书绅⑬。

笃志《诗》《书》，思入圣贤绝域⑭；

忘情⑮官爵，羞沾名利纤尘⑯。

◎ **注释** ①〔日观〕指泰山的日观峰。登上峰顶可以看到东方海上日出。②〔天津〕指洛阳的天津桥。这是一座建在洛水之上的浮桥，金代以后废圮（pǐ）。③〔禅心〕佛教中指参禅悟道的能力。④〔道眼〕佛教中指能洞察一切、辨别真妄的眼力。⑤〔野妇〕农妇。⑥〔宫嫔〕皇宫中的妃子和宫女。⑦〔仁无敌〕讲仁德就会天下无敌手。出自《孟子·梁惠王上》："仁者无敌。"⑧〔德有邻〕品德好的人不管到哪儿，都会有人同他做伴。出自《论语·里仁》："德不孤，必有邻。"⑨〔石〕市制容量单位，十斗等于一石。这个意义在古书中读 shí，今读 dàn。⑩〔三峡〕长江上游瞿塘峡、巫峡和西陵峡的合称。⑪〔冉冉〕缓缓浮动的样子。⑫〔充国功名当画阁〕据《汉书·赵充国传》记载，西汉大将赵充国在武帝、昭帝时，率军反击匈奴袭扰有功，任后将军。宣帝即位后，封他为营平侯，并为他和霍光等人画像，供列在未央宫中的麒麟阁上。⑬〔子张言行贵书绅〕子张曾经把孔子"言忠信，行笃敬"的教诲（huì）写在腰间的大带子上。子张，孔子的弟子。书，书写。绅，古代士大夫（dà fū）束在腰间的大带子。⑭〔笃志《诗》《书》，思入圣贤绝域〕专心致志地研读《诗》《书》等儒家经典，希望能达到古代圣人和贤人那样最高的思想境界。笃志：忠实于自己的志向。入，进入，达到。绝域，最高的领域、境界。⑮〔忘情〕忘记喜怒哀乐之情，无动于衷。⑯〔羞沾名利纤尘〕羞于沾上哪怕一点儿名利的灰尘。

◎ **知识拓展**

笃志《诗》《书》，思入圣贤绝域

《论语·子张》中，子夏曰："博学而笃志，切问而近思，仁在其中矣。"古代笃志好学的人极多，略举两个。

一个是侯霸（？—37），字君房，河南郡密县（今河南新密东南）人。侯霸为人矜持严肃，仪容庄重，虽家财千金，却不事家产。《后汉书·侯霸传》："笃志好学，师事九江太守房元。"研究《穀（gǔ）梁传》，辅助房元讲经。

公元23年，刘玄称帝，建立更始政权。东汉成帝时任太子舍人。王莽时任随县县宰，后因剿匪有功，升任执法刺奸。后又升任淮平郡太守。刘玄派使者拿着诏书，到淮平郡征召侯霸入朝任职。百姓闻讯，倾城而出，男女老幼，相携大声痛哭。他们手挽手挡住使者的车，有的人横卧道中，以阻止使者的车前行。大家都说："请侯霸再留任一年吧！"使者考虑到众意难违，担心侯霸受召走了，临淮一定会发生叛乱，就不敢将诏书给侯霸，并将情况写成奏章，上报朝廷。恰逢更始帝刘玄失败，因道路不通，所以奏章没能送出去。光武帝时，侯霸任尚书令，后任大司徒，深得光武帝的信赖器重，对东汉初年的政权建设多有建树。建武十三年（37年），因病去世。

另一个是郑灼（514—581），字茂昭，东阳信安人。郑灼聪明勤奋，精通"三礼（《仪礼》《周礼》《礼记》）"。他小时候曾经梦与大学者皇侃路上相遇。〔皇侃（488—545），吴郡（郡治在今江苏苏州）人。南朝梁经学家。曾任国子助教、员外散骑侍郎。精通儒家经学，尤明"三礼"和《论语》《孝经》。〕《南史·儒林传·郑灼》记载："灼家贫，抄义疏（疏解经义的书。其名源于六朝佛家解释佛典。后泛指补充和解释旧注的疏证。如南朝梁皇侃《论语义疏》、清代郝懿行《尔雅义疏》等）以日继夜，笔豪（毫）尽，每削用之。常蔬食，讲授多苦心热，若瓜时，辄偃卧以瓜镇心，起便读诵，其笃志如此。"

◎ 释疑解惑

在上面这两个故事里，侯霸出身一般，所以努力学习以便出人头地；可郑灼生于官宦世家，为何也努力学习呢？

这跟古代的教育理念有关。

《史记·魏世家》："子击逢文侯之师田子方于朝歌，引车避，下谒。田子方不为礼。子击因问曰：'富贵者骄人乎？且贫贱者骄人乎？'子方曰：'亦贫贱者骄人耳。夫诸侯而骄人则失其国，大夫而骄人则失其家。贫贱者，行不合，言不用，则去之楚、越，若脱躧然，奈何其同之哉！'子击不怿而去。"

田子方是孔子弟子子贡的学生，道德学问闻名于诸侯。魏文侯慕名聘他为师，执礼甚恭。

过了些日子，镇守中山的太子子击回都述职，在朝歌遇到田子方。由于父亲非常敬重田子方，太子也避让于路旁，并下车向田子方敬礼。田子方乘于车上，傲然而过，不予答礼。子击毕竟贵为太子，对此十分气愤，便大声说："是富贵者有资格傲慢看不起人，还是贫贱者有资格傲慢看不起人？"言下之意：你田子方不过是个贫贱者而已。

田子方望了一眼满脸通红的太子，缓缓地回答："真正有资格可以傲慢而看不起人的，只能是贫贱者。富贵者怎么敢傲然待人呢？"

这个回答大出太子的意外，使他不由得瞪大了双眼。田子方继续说："一国之君如果傲然待人，就会失去人心，国家必定不保；大夫如果傲然待人，就会失去支持，引起家臣作乱，导致祖业毁弃。这方面的例子已比比皆是。反观贫贱者，无家无业，四海漂泊，言语不见用，处境不合心，就可一走了之，如脱鞋一样容易。贫贱者难道还怕失去贫贱不成？"

其实，田子方数次怠慢太子是有其良苦用心的。魏文侯礼贤下士，言听计从，而田子方也早已立誓要为魏国的强盛竭尽全力。但田子方看得很清楚，眼下魏国虽表面上国势稳定，实际上却是危机四伏：东边是强盛的齐国，北边是勇武的赵国，南边是不甘寂寞的韩国、楚国，西边则是虎视眈眈的秦国。只要国内稍有风吹草动，周边敌国马上会向魏国下手。魏国如要生存、发展，只有上下一心，励精图治。尽管魏文侯贤明信达，官民归心，列国震慑，但是一旦文侯撒手,这局面是否能保得住呢?出于这种考虑,田子方不断考察太子的品行,锻炼他的德性。结果证明,这种特殊的教育方式,确实收到了成效。

回过头来,我们就不难理解有些古代士族大家的孩子,为什么刻苦用功程度要超过普通人家的孩子了。

◎ 声律启蒙

十二　文

家对国，武对文。

四辅①对三军②。

"九经"③对"三史"④，菊馥⑤对兰芬。

歌北鄙⑥，咏南薰⑦。

迩⑧听对遥闻。

召公周太保⑨，李广汉将军⑩。

闻化蜀民皆草偃⑪，

争权晋土已瓜分⑫。

巫峡夜深，猿啸苦哀巴地月⑬；

衡峰⑭秋早，雁飞高贴楚天云。

◎ **注释**　①〔四辅〕相传古代天子身边的四位重要大臣。如西汉的太师、太傅、太保、少傅合称为"四辅"。②〔三军〕春秋时，大国多设三军，如晋设中军、上军、下军，楚设中军、左军、右军。③〔"九经"〕《易》、《诗》、《书》、"三礼"（《周礼》《仪礼》和《礼记》）、《春秋》三传（《左氏传》《公羊传》和《穀梁传》）9部儒家经典。④〔"三史"〕《史记》《汉书》《后汉书》的合称。也有的说指编年、纪传和实录这三种编写历史的方法。⑤〔馥〕香气。⑥〔歌北鄙〕《史记·乐书二》载，商纣王"为朝歌北鄙之音，身死国亡"。"北鄙之

161

音"是充斥攻战杀伐之音的边地乐曲。鄙，边邑，边远的地方。⑦〔咏南薰〕《史记·乐书二》载，舜曾制作并弹奏五弦琴，唱《南风》之歌。歌词是："南风之薰兮，可以解吾民之愠（yùn）兮。"参见本书第147页注释⑧。后用来比喻歌颂社会兴旺繁荣的声音。薰，花草的芳香。⑧〔迩〕近。⑨〔召公周太保〕召公，名奭（shì），是周朝的太保。⑩〔李广汉将军〕李广为西汉名将，曾任右北平太守，在抗击匈奴中屡立战功。见《史记·李将军列传》。⑪〔闻化蜀民皆草偃〕据《汉书·文翁传》载，西汉蜀郡的太守文翁教化百姓很有效果，那里的人都像草偃伏于风一样拜服于他。化，教化。偃，倒伏。⑫〔争权晋土已瓜分〕据《史记·晋世家》记载，春秋时，晋国的六卿争权夺势，互相吞并，最后分为韩、赵、魏三个国家。史称"三家分晋"。⑬〔巫峡夜深，猿啸苦哀巴地月〕巴地巫峡的深夜，猿猴在月亮下凄厉地长啸。啸，（禽兽）拉长声音叫。巴，相当于今四川东部和重庆一带。北魏郦道元《水经注·江水》："每至晴初霜旦，林寒涧肃，常有高猿长啸，属（zhǔ）引（连续不断）凄异，空谷传响，哀转久绝。故渔者歌曰：'巴东三峡巫峡长，猿鸣三声泪沾裳（cháng）。'"⑭〔衡峰〕指南岳衡山的回雁峰。相传北方的大雁飞到这里就不再往南飞了。

歆① 对 正 ， 见 对 闻 。

偃武② 对 修 文③ 。

羊车④ 对 鹤驾⑤ ， 朝旭⑥ 对 晚曛⑦ 。

花 有 艳 ， 竹 成 文⑧ 。

马燧⑨ 对 羊欣⑩ 。

山 中 梁 宰 相⑪ ， 树 下 汉 将 军⑫ 。

施 帐 解 围 嘉 道 韫⑬ ，

当 垆 沽 酒 叹 文 君⑭ 。

好景有期，北岭几枝梅似雪⑮；
丰年先兆⑯，西郊千顷稼如云⑰。

◎ **注释** ①〔欹〕倾斜。②〔偃武〕停止使用武力。偃，停止。③〔修文〕提倡文化教育。④〔羊车〕宫中用羊牵引的小车。据《晋书·后妃传》记载，晋武帝常乘羊车，任凭羊车随意在宫内行走，走到哪个嫔妃门前停下，武帝便在哪个嫔妃那里"宴寝"。⑤〔鹤驾〕《列仙传》载，周灵王的太子晋（即王子乔），曾骑着白鹤停在缑（gōu）氏山的山头上，从此以后，就称太子的车驾为"鹤驾"。⑥〔朝旭〕朝阳。⑦〔晚曛〕晚霞。曛，日落时的余光。⑧〔文〕花纹。这里指文竹（也叫斑竹）的皮纹。⑨〔马燧〕唐朝大将。曾因战功卓著，官至河东节度使，与李晟（shèng）、浑瑊（jiān）号为"三大将"。⑩〔羊欣〕南朝宋书法家，官至中散大夫、义兴太守。⑪〔山中梁宰相〕南朝齐梁时，道教思想家、医学家陶弘景隐居在茅山，梁武帝"礼聘不出"。但每遇朝廷大事，武帝都派人去咨询他，时称"山中宰相"。⑫〔树下汉将军〕东汉的偏将军冯异跟随刘秀"安定河北"，立下很多战功。但他为人谦虚，不爱表功。部队每到一地，将领们坐在一起论功，冯异常常一个人躲在大树下，所以被称为"大树将军"。刘秀即位后，封他为阳夏（jiǎ）侯，任征西大将军。⑬〔施帐解围嘉道韫〕《晋书·列女传》载，东晋王凝之的妻子谢道韫是位才女。一次，王凝之的弟弟王献之和人辩论时，"词理将屈"，谢道韫就设置青绫步障，隔着帘子替他与来客辩论，结果"客不能屈"。施，设置。嘉，赞许，夸奖。⑭〔当垆沽酒叹文君〕《史记·司马相如列传》载，卓文君与司马相如私奔到成都时，生活困难。为了不被有钱的父亲看不起，他们没有乞求帮助，而是自力更生——相如酿酒，文君就在放酒瓮的土台子旁卖酒。文君是美女，又是富商的女儿，能够这样做，真是令人慨叹。垆，放酒瓮的土台子。叹，慨叹。⑮〔好景有期，北岭几枝梅似雪〕古人常把梅花比作雪。唐代王昌龄《送高三之桂林》诗："岭上梅花侵雪暗，归时还拂桂花香。"大庾岭的梅花自古以来就很有名。因山岭南北气候差异，故南枝已落，北枝方开。宋代谢枋（fāng）得《送程楚翁远游》："近日人传庾岭梅，南枝落尽北枝开。长安旧日元无此，尽是江南人送来。"好景可期，美景值得期盼。⑯〔先兆〕先有预兆。⑰〔西郊千顷稼如云〕唐朝的蒋防有一首《秋稼如云》诗："肆目如云处，三田大有秋……西成知不远，雨露复何酬。"描写京城西郊千顷良田庄稼丰收的景象。

◎ 知识拓展

花有艳，竹成文

斑竹，一种茎上有紫褐色斑点的竹子。不过斑竹并不是竹子的某一个品种，它是细菌侵蚀过竹身之后，在竹子表面形成的各种菌斑花纹。依据这些不同图案的菌斑花纹，人们给斑竹又细分了三种类型，各自都有一个好听的名字：凤眼、梅鹿和湘妃。这其中又以湘妃竹为最好，它的收藏价值相对来说是这三类斑竹中最高的。晋代张华《博物志》卷八："尧之二女，舜之二妃，曰湘夫人。帝崩，二妃啼，以涕挥竹，竹尽斑。"

汉代刘向《列女传·有虞二妃》记载，娥皇、女英，又称皇英。长曰娥皇，次曰女英，是尧帝的两个女儿，姐妹同嫁舜帝为妻。舜父顽，母嚚（yín），弟劣，曾多次欲置舜于死地，终因娥皇、女英之助而脱险。舜继尧位，娥皇、女英为其妃。后舜至南方巡视，死于苍梧。二妃往寻，得知舜帝已死，埋在九嶷（yí）山下，抱竹痛哭，泪染青竹，泪尽跳江而死。她们的泪水染竹成斑，故称"斑竹"，又称"潇湘竹"或"湘妃竹"。自秦汉时起，湘江之神湘君与湘夫人的爱情神话，被演变成舜与娥皇、女英的传说。后世因附会称二女为"湘夫人"。

楚人哀之，将洞庭山改名君山，并在山上为娥皇、女英筑墓安葬，造庙祭祀。墓周围多斑竹，竹上有斑斑点点，仿若泪滴，据说是二妃投湘水前哭舜帝洒上的泪滴。唐代高骈有《湘妃庙》诗："帝舜南巡去不还，二妃幽怨水云间。当时珠泪垂多少？直到如今竹尚斑。"

◎ 释疑解惑

看完故事你可能会问：真正的湘夫人是谁？

《史记·秦始皇本纪》："上问博士曰：'湘君何神？'博士对曰：'闻之，尧女，舜之妻，而葬此。'"这看着多少有点儿道听途说的意思。刘向写《列女传·有虞二妃》估计跟司马迁用的是同样的材料。

湘水本有水神，谓之湘君。《楚辞·九歌·湘君》："君不行兮夷犹，蹇谁留兮中洲。"汉代王逸注："君谓湘君……所留盖谓此尧之二女也。"洪兴祖补注："（王）逸以湘君为湘水神，而谓留湘君于中洲者二女也。"可是也有人说是天帝女。《山海经·中山经》："洞庭之山……帝之二女居之。"晋代郭璞注："天帝之二女而处江为神也……按《九歌》湘君、湘夫人自是二神，江、湘之有夫人，犹河、洛之有宓（fú）妃也。此之为灵与天地并矣，安得谓之尧女？"

清代赵翼《陔（gāi）馀丛考·湘君湘夫人非尧女》："湘君、湘夫人，盖楚俗所祀湘山神夫妻二人……屈原《湘君》篇明言'望夫君兮未来'，夫君，即指湘君也，若女子则不应称夫君也。"近人多主此说。

于是，"有虞二妃"变成了"男神"。这对久负盛名的斑竹来说，玩笑开得有点儿大了。

尧对舜，夏对殷[1]。
蔡茂[2]对刘蕡[3]。
山明对水秀，五典[4]对三坟[5]。
唐李杜[6]，晋机云[7]。
事[8]父对忠君。
雨晴鸠唤妇[9]，霜冷雁呼群。
酒量洪深周仆射[10]，
诗才俊逸鲍参军[11]。
鸟翼长随，凤兮洵众禽长[12]；

hú wēi bù jiǎ　　hǔ yě zhēn bǎi shòu zūn
狐 威 不 假 ， 虎 也 真 百 兽 尊 。⑬

◎ **注释** ①〔夏、殷〕夏朝、商朝。殷，商朝的君主盘庚于公元前1300年迁都于殷（今河南安阳西北小屯村），此后，商也称"殷"。②〔蔡茂〕西汉人，哀帝、平帝时官至侍中。《后汉书·蔡茂传》载，蔡茂曾梦见自己坐在大殿里，梁上有三穗禾，他跳起来抓到中间那一穗，但马上又失去了。主簿郭贺替他解梦说："大殿是宫廷的象征；高高的梁上有禾，是人臣的上等俸禄；抓到中间那穗禾，是得到中台（汉代称尚书台为中台）的官职；得到'禾'又'失'去，是一个'秩'（指俸禄或官的品级）字。这是说你要当官了。现在三公之位有空缺，也许要你去补吧。"不久，蔡茂果然做了三公之一的司徒。③〔刘蕡〕《新唐书·刘蕡传》记载，唐朝的刘蕡在皇帝亲自主持的廷试中，痛斥宦官的恶行。考官认为他的策论写得超过了西汉的晁（cháo）错，但因为怕宦官打击报复而不敢录取他。④〔五典〕传说中五帝的书。⑤〔三坟〕传说中三皇的书。⑥〔唐李杜〕唐朝的李白和杜甫都是大诗人。⑦〔晋机云〕西晋的陆机和弟弟陆云都是著名的文学家。⑧〔事〕侍奉。⑨〔雨晴鸠唤妇〕雨过天晴，雄斑鸠在呼唤它的雌伴回家。据说，雄斑鸠晴天时叫雌伴回来，而要下雨时却会赶走雌伴。⑩〔酒量洪深周仆射〕《晋书·周颛（yǐ）传》载，周颛酒量很大。他做仆射时，常因醉酒而连日不醒，所以人称"三日仆射"。洪深，这里指酒量大。仆射，官名，魏晋以后职权相当于宰相。⑪〔诗才俊逸鲍参军〕南朝宋的著名诗人鲍照当过参军，所以被称为鲍参军。他的诗风格俊逸。杜甫《春日忆李白》中有"俊逸鲍参军"的诗句。⑫〔鸟翼长随，凤兮洵众禽长〕众鸟都随着凤凰飞，凤凰真是百鸟之王啊！兮，语气助词，相当于现代汉语语气助词的"啊"。洵，确实，实在。宋代李昉等《太平御览》卷九一五引《唐书》："武德九年（626年），海州言凤见（xiàn）于城上，群鸟数百随之，东北飞向苍梧山。"⑬〔狐威不假，虎也真百兽尊〕狐狸借不来老虎的威风，老虎（才）真是百兽之王。假，借。也，表示句中停顿的语气助词。"狐假虎威"的典故出自汉朝刘向《战国策·楚策一》。

十三　元

幽①对显，寂对喧。

柳岸对桃源。

莺朋对燕友②，早暮对寒暄。

鱼跃沼③，鹤乘轩④。

醉胆对吟魂⑤。

轻尘生范甑⑥，积雪拥袁门⑦。

缕缕轻烟芳草渡⑧，

丝丝微雨杏花村⑨。

诣阙王通，献太平十二策⑩；

出关老子，著《道德》五千言⑪。

◎ **注释**　①〔幽〕隐蔽的，不公开的。②〔莺朋、燕友〕成群结伴的黄莺和燕子。元代不忽木《点绛唇·辞朝》套曲："谁待似落花般莺朋燕友？谁待似转灯般龙争虎斗？"③〔鱼跃沼〕出自《诗经·大雅·灵台》："王在灵沼，於牣（wū rèn）鱼跃。"说的是周文王因为能与民同乐，所以当他来到灵沼上时，满池的鱼儿都欢欣跳跃。沼，水池，这里指灵沼，是周文王动用民工开挖的深池。④〔鹤乘轩〕据《左传·闵公二年》载，卫国的国君懿（yì）公好养鹤，平时让鹤乘坐轩车。后来狄国攻打卫国，将士们说："让鹤去打仗好了。"轩，古代有帷幕而前顶较高的车。⑤〔醉胆、吟魂〕指唐朝诗人李白和贾岛。李白酒后能诗,贾岛苦吟不辍。唐代杜甫《饮中八仙歌》:"李白一斗诗百篇,长安市上酒家眠。天子呼来不上船,自称臣是酒中仙。"五代齐己《经贾岛旧居》诗:"若有吟魂在,应随夜魄回。"⑥〔轻尘生范甑〕《后汉书·独行列传》载,东汉的范冉,因为穷得吃不上饭,家里蒸米饭的甑都蒙上了薄薄的尘土。甑,古代的炊具,底部有许多小孔,放在鬲(lì)上蒸食物。⑦〔积雪拥袁门〕《后汉书·袁安传》注引《汝南先贤传》载,东汉的司徒袁安年轻时为人正直,很受邻里敬重。有一次,天降大暴雪,袁安被困在屋里。洛阳令在大雪后外出巡行,见各家都有人扫雪,唯独袁安门前无人,便叫人扫雪进屋,一看,袁安在屋里都快冻僵了。洛阳令问他为什么不出来想法找食物,他说:"下这么大的雪,大家都在挨饿,不好给人家添麻烦。"洛阳令认为他有贤德,就推举他做了孝廉。⑧〔芳草渡〕唐代杜牧《初春雨中,舟次和州横江。裴使君见迎,李、赵二秀才同来。因书四韵兼寄江南许浑先辈》诗:"芳草渡头微雨时,万株杨柳拂波垂。"渡,渡口。⑨〔杏花村〕唐代许浑(一般讹为杜牧)《清明》诗:"清明时节雨纷纷,路上行人欲断魂。借问酒家何处有,牧童遥指杏花村。"⑩〔诣阙王通,献太平十二策〕隋朝的王通(即文中子)曾经献给隋文帝治理天下的十二条办法,隋文帝没有采用。诣,到。阙,古代皇宫大门前两边供瞭(liào)望的楼,借指皇宫。⑪〔出关老子,著《道德》五千言〕《史记·老子韩非列传》载,老子"居周久之,见周之衰,乃遂去"。到了散关(一说函谷关),关令尹喜说道:"子将隐矣,强(qiǎng)为我著书。"于是老子"乃著书上下篇,言道德之意五千余言而去,莫知其所终"。《道德》,即《道德经》,又称《老子》。

ér duì nǚ　　zǐ duì sūn
儿对女,子对孙。
yào pǔ duì huā cūn
药圃对花村。
gāo lóu duì suì gé　　chì bào duì xuán yuán
高楼对邃①阁,赤豹对玄猿。
fēi zǐ jì　　fū rén xuān
妃子骑②,夫人轩③。

旷野对平原。
瓠巴能鼓瑟④，伯氏善吹埙⑤。
馥馥早梅思驿使⑥，
萋萋芳草怨王孙⑦。
秋夕月明，苏子黄冈游赤壁⑧；
春朝花发，石家金谷启芳园⑨。

◎ **注释** ①〔邃〕深。②〔妃子骑〕为贵妃急送荔枝的骏马。据《杨太真外传》载，杨贵妃爱吃荔枝，唐玄宗就命骑士飞奔，日夜兼程，从岭南送到长安来。骑，今读 qí。③〔夫人轩〕据《左传·闵公二年》载，齐侯赠给鲁国的戴公夫人一辆用鱼皮装饰的车。④〔瓠巴能鼓瑟〕传说瓠巴是春秋时楚国著名的琴师。《荀子·劝学》说瓠巴弹琴时，"沉鱼出听"。《列子·汤问》说瓠巴弹琴时，"鸟舞鱼跃"。瑟，古代一种弦乐器，一般有 50 根弦。现在的瑟有 25 弦和 16 弦两种。⑤〔伯氏善吹埙〕《诗经·小雅·何人斯》有"伯氏吹埙，仲氏吹篪（chí）"的句子。伯氏、仲氏是哥哥、弟弟的称谓。埙，古代多用陶土烧制而成的卵形吹奏乐器，有 1 至 6 个音孔。⑥〔馥馥早梅思驿使〕当梅花刚开时，浓郁的香气不由得使人想起陆凯托驿使寄给朋友范晔（yè）的那一枝梅花。出自南朝盛弘之《荆州记》所载陆凯《赠范晔》诗："折花逢驿使，寄与陇头人。江南无所有，聊赠一枝春。"馥馥，形容香气很浓。驿使，古代给官府传递文书的人。⑦〔萋萋芳草怨王孙〕出自《楚辞·招隐士》："王孙游兮不归，春草生兮萋萋。"当春天来临，看到那茂盛的芳草时，就不由得怨恨起久不归家的王孙公子来。萋萋，芳草茂盛的样子。王孙，指贵族公子。⑧〔苏子黄冈游赤壁〕宋朝诗人苏轼曾在"壬戌之秋，七月既望（1082 年夏历七月十七日）"夜与友人同游湖北黄冈赤壁矶，然后写了著名的《赤壁赋》。⑨〔春朝花发，石家金谷启芳园〕春天花开的早晨，晋朝的富豪石崇开金谷园门宴请宾客。

◎ 知识拓展

赤豹对玄猿

玄猿，黑色的猿。关于玄猿，最有名的典故是"肝肠寸断"。《世说新语·黜（chù）免》："桓公入蜀，至三峡中，部伍中有得猿子者。其母缘岸哀号，行百余里不去，遂跳上船，至便即绝。破视其腹中，肠皆寸寸断。公闻之，怒，命黜其人。"大意为：东晋的桓温去攻打蜀地的成汉（"十六国"之一）。部队行进到三峡的时候，军中有人捉到了一只小猿猴，这只小猿猴的母亲沿着河岸哀号。桓温的船队开了百余里，母猿跟了百余里，最后跳到船上就死了。打开它的肚子一看，肠子断成一寸一寸的了。桓温听说这件事之后非常气愤，就下令开除了那个人。

南朝梁刘孝标注引《荆州记》曰："峡长七百里，两岸连山，略无绝处，重岩叠嶂，隐天蔽日。常有高猿长啸，属（zhǔ）引清远。渔者歌曰：'巴东三峡巫峡长，猿鸣三声泪沾裳（cháng）。'"

古代描写猿猴的文学作品，如东汉王延寿的《王孙赋》、晋·阮籍的《猕猴赋》、唐代吴筠的《玄猿赋》和柳宗元的《赠王孙文》等，都很有名。"建安七子"之一的徐干也写过《玄猿赋》，可惜没有流传下来。

◎ 释疑解惑

桓温为什么要去攻打蜀地的成汉？那里不是向来交通不便吗？

成汉（304—347），也称成，是"东晋十六国"时期"十六国"之一，割据今四川大部、云贵局部。永和二年（346年），成汉发生了一桩变故：成汉昭文帝李寿的长子李势自晋寿（即古葭萌，在今四川广元南）起兵反叛篡位。在荆州虎视眈眈的桓温从这次事件中发现了契机，于同年十一月辛未（12月10日），率领7 000精卒，沿长江西上，开始了伐蜀之役。

桓温出兵伐蜀，使袁乔率2 000人为前锋。他向皇帝上完表就出发了，所以朝廷虽有异议，也无从阻止他了。朝中多以为蜀中地险路远，桓温兵力不足，难以取胜。刘惔（dàn）却说："桓温的手段极精，如果不是能赢，绝不会出手的。只怕灭蜀之后，朝廷都得听他的了。"刘惔幼年便与桓温相识，所以他是真正了解桓温的。

　　李势仗着蜀道险阻，不作战备。桓温长驱深入，至永和三年（347年）二月，已经在离成都不远的平原地区上大显军威了。李势这时如梦方醒，急命叔父李福、堂兄李权、将军昝（zǎn）坚等领兵迎敌。昝坚不知根据什么，领兵到了犍（qián）为（今四川彭山东），与桓温走的不是一条路。他不知晋军在何处，只在驻地傻等。桓温只留参军孙盛、周楚带少数军队守辎重，自己则引兵直取成都。桓温和李权遭遇，三战三胜，汉兵溃散，逃回成都。待桓温进至成都近郊时，昝坚才发现自己的失误，赶忙回来。但此时已是军心慌乱，不战而溃。李势垂死挣扎，领兵出城，在笮（zuó）桥（在成都西南）迎敌。这是灭汉的决战，也是唯一的一次硬仗。晋军开头打得并不顺利，参军龚护阵亡，汉军的箭射到桓温马前，军心有些动摇。这时，突然鼓声大振，袁乔拔剑指挥，将士誓死力战，最终大获全胜。李势见无法再战，只得修了降表，派人送到晋军前投降，成汉就此灭亡。后来，好几个蜀将起兵反晋，都被桓温、袁乔等打败。

　　桓温留驻成都30天，后班师还江陵。李势被送到建康，封归义侯，后来在建康病故。晋军主力撤退后，蜀将隗文、邓定等进入成都，立范长生的儿子范贲做皇帝。到永和五年（349年），成汉才完全平定。通过这奇兵出击、长途奔袭的一仗，桓温为东晋开疆拓土，威震他国，更加巩固了自己在朝廷的地位和声望。

gē duì wǔ　　dé duì ēn
歌 对 舞 ， 德 对 恩 。

quǎn mǎ duì jī tún
犬 马 对 鸡 豚①。

lóng chí duì fèng zhǎo　　yǔ zhòu duì yún tún
龙 池 对 凤 沼②**，雨 骤**③**对 云 屯**④。

liú xiàng gé　　lǐ yīng mén
刘 向 阁⑤**，李 膺 门**⑥。

lì hè duì tí yuán
唳⑦**鹤 对 啼 猿 。**

liǔ yáo chūn bái zhòu　　méi nòng yuè huáng hūn
柳 摇 春 白 昼 ， 梅 弄 月 黄 昏⑧。

　　　　suì lěng sōng yún jiē yǒu jié
　　　　岁 冷 松 筠 皆 有 节⑨，
　　　　chūn xuān táo lǐ běn wú yán
　　　　春 暄 桃 李 本 无 言⑩。
　　zào wǎn qí chán　　suì suì qiū lái qì hèn
　　噪 晚 齐 蝉， 岁 岁 秋 来 泣 恨⑪；
　　tí xiāo shǔ niǎo　　nián nián chūn qù shāng hún
　　啼 宵 蜀 鸟， 年 年 春 去 伤 魂⑫。

◎ **注释** ①〔豚〕小猪，泛指猪。②〔龙池、凤沼〕龙池，在今陕西西安兴庆公园内，原在唐玄宗即位前居住的隆庆坊旧邸旁边，唐中宗曾在池中泛舟。凤沼，指凤凰池，也是宫中禁苑的池沼。同时，龙池、凤沼又是琴底两个孔眼的名称，上眼称"龙池"，下眼称"凤沼"。此外，龙池、凤沼在唐代以后都是中书省的代称。所以，这一对是一语三关，非常巧妙。③〔骤〕急速。④〔屯〕聚集。⑤〔刘向阁〕指天禄阁。见本书第122页注释⑦。汉成帝、哀帝时，经学家、目录学家刘向在这里校定群书。⑥〔李膺门〕《后汉书·李膺传》载，东汉的司隶校尉李膺对自己约束很严，不随便与人交往。士人有被他接待教导的，称为"登龙门"。⑦〔唳〕（鹤、鸿雁等）鸣叫。⑧〔柳摇春白昼，梅弄月黄昏〕上句化用唐代孟郊《摇柳》诗："弱弱本易惊，看看势难定。因风似醉舞，尽日不能正。"下句化用宋代林逋（bū）《山园小梅》诗："疏影横斜水清浅，暗香浮动月黄昏。"⑨〔岁冷松筠皆有节〕寒冬到来时，松树和竹子都保持着气节，傲寒挺立。见本书第156页注释⑧。⑩〔春暄桃李本无言〕温暖的春天，桃树和李子树悄悄地开花了。⑪〔噪晚齐蝉，岁岁秋来泣恨〕传说齐国王后悲愤而死，死后化作了蝉，每年秋天黄昏时都在庭中的树上鸣叫，好像在哭诉，在怨恨。噪，虫或鸟叫。⑫〔啼宵蜀鸟，年年春去伤魂〕传说蜀国皇帝杜宇死后化作杜鹃，每年春天都在夜间啼叫，好像在为自己想回又回不去的境遇而伤心。宵，夜。

十四　寒

多对少，易对难。

虎踞对龙蟠。

龙舟对凤辇①，白鹤对青鸾。

风淅淅②，露漙漙③。

绣毂④对雕鞍。

鱼游荷叶沼，鹭立蓼⑤花滩。

有酒阮貂奚用解⑥？

无鱼冯铗必须弹⑦。

丁固梦松，柯叶忽然生腹上⑧；

文郎画竹，枝梢倏尔长毫端⑨。

◎ **注释**　①〔凤辇〕皇帝坐的车子，络带、门帘上都绣着云凤，车顶上有一只金凤。辇，古代用人拉的车，后来多指皇帝、皇后坐的车。②〔淅淅〕形容轻微的风声。③〔漙漙〕形容露水多。④〔绣毂〕装饰精美的车轮。毂，车轮的中心部分，有圆孔，可以插轴。这里代指车轮。⑤〔蓼〕一种水草，一年生，花色淡红。有水蓼、红蓼、刺蓼等。⑥〔有酒阮貂奚用解〕（如今）有酒哪里还用解下皮衣？晋朝黄门侍郎、散骑常侍阮孚（fú）很爱喝酒，他曾因解下身上的金貂皮衣换酒喝而被弹劾。⑦〔无鱼冯铗必须弹〕《史记·孟尝君列传》载，战国时，齐国孟尝君的一个门客叫冯谖（xuān），他因被当作一名普通的寄食门客而心中不平，就弹击着剑唱歌抱怨："长铗归来兮，食无鱼！（长剑哪，跟我回去吧，饭菜里没有鱼！）"孟尝君听说后，马上提高他的待遇，为他备鱼、备车等。后来，他为孟尝君在齐国政治地位的失而复得及巩固出谋划策，做出很大贡献。铗，剑。⑧〔丁固梦松，柯叶忽然生腹上〕《太平御览》卷三九八引《魏书》记载，丁固梦见自己的肚子上长了一棵松树，他对人说："松字十八公也（'松'字可拆成十、八和公三部分）。后十八年为公乎？"18年后，丁固果然做了司徒，成为三公之一。柯叶，枝叶。⑨〔文郎画竹，枝梢倏尔长毫端〕文与可善于画竹子，转眼间竹子就在他的笔尖下长出来了。文郎，北宋画家文与可。倏尔，一会儿，形容很快。毫端，笔尖。

◎ 知识拓展

虎踞对龙蟠

《太平御览》卷一五六引《吴录》："刘备曾使诸葛亮至京，因睹秣陵山阜，叹曰：'钟山龙盘，石头虎踞，此帝王之宅。'"后因以"龙盘虎踞"形容地势雄壮险要，宜作帝王之都。

王敦（266—324），字处仲，琅邪临沂（今山东临沂北）人。为东晋丞相王导的堂兄。王敦出身琅邪王氏，曾与王导一同协助司马睿建立东晋政权，成为当时权臣。但他一直有夺权之心，最后亦因而发动政变，史称"王敦之乱"。

王敦与王导都是东晋的开国功臣，王导主掌政策事务，而王敦则掌握军事力量，对东晋建立有极大的贡献，当时的人更称"王与马，共天下"，可见王氏的地位和影响力。东晋建立后，司马睿希望减弱琅邪王氏的影响力，于是提拔刘隗、刁协等士族人士，用以制衡王氏势力。受司马睿重用的刘隗亦不喜欢见到王氏的坐大，就要求司马睿削弱王敦的势力。后王敦写信劝刘隗与他修好，遭到刘隗拒绝。大兴四年（321年），豫州刺史祖逖（tì）病逝。王敦认为再无人可以在军事上威胁他，最终决意举兵叛乱。

永昌元年（322年），王敦以诛刘隗为名，举兵向建康前进，并上奏弹劾刘隗。司马睿十分愤怒，要亲率六军与王敦对抗，并召刘隗和戴渊回建康防卫。

王敦兵临石头城，守将开城门投降。司马睿于是命刘隗、戴渊、刁协、王导、周𫖮（yǐ）、郭逸和虞潭等率军进攻石头城，但都被王敦军打败。太子司马绍打算亲率将士决一死战，被太子中庶子温峤谏止。

王敦在石头城中拥兵，非但不到建康朝见司马睿，反而放纵士卒四处抢掠，致使当地大乱，官员都逃走了，只剩下安东将军刘超率众与两名侍中侍奉司马睿。司马睿亦只好派使者向王敦求和。刁协和刘隗逃走避祸。刁协在逃跑途中被杀，首级被送到王敦那里；刘隗则北逃至后赵。

同年，司马睿忧愤成疾，最终病死，由太子司马绍继位。

王敦集团继续为篡位做准备，但王敦于此时患病。司马绍知道王敦病重的消息后，假称王敦已死，下诏讨伐王敦的党羽。王敦大怒，但因病重而不能领兵，于是命王含为元帅，命钱凤与冠军将军邓岳及周抚领兵攻向建康。司马绍率诸军与王含交战，大破王含军。

王敦得知王含兵败，大怒，要领军反攻，但因病重而不能起身。钱凤与司马绍所率诸军交战，频频战败。王敦自知将不久于人世，向少府羊鉴和王应要求在他死后，要先安置文武百官再办丧事。不久王敦病逝，王应秘不发丧，用蜡处理尸体，并埋在屋中，与诸葛瑶等纵情声色。

不久叛乱平息，王敦尸首被起出，被摆成跪姿，斩下头颅示众。钱凤到阖庐洲时被周光杀死；沈充则误入旧将吴儒的家，被吴儒杀死，并传首级至建康，与王敦的头颅一同挂在朱雀桁（háng）上。至此，"王敦之乱"正式结束。

"王敦之乱"期间，东晋集中应付内斗，对于北方的侵扰没有力量去应付，导致后赵在"王敦之乱"期间夺取了东晋兖州、徐州和豫州的大片土地。

苏峻凭着协力平定"王敦之乱"有功而获封赏，并且威望渐长，军事力量强大。但同时，苏峻亦骄傲自满，甚至产生异心，最终导致了后来的"苏峻、祖约之乱"。

苏峻（？—328），长广郡掖县（今属山东）人，仕郡为主簿。"永嘉之乱"时，他结垒于本县，后率所部数百家南行至广陵（今江苏扬州）。王敦叛乱前夕，苏峻先后为东晋淮陵内史和兰陵相。

祖约（？—330），范阳遒县（今河北涞水）人，祖逖之弟，为成皋令，随兄过江南来。大兴三年（320年），祖逖死，祖约以侍中出代其兄为平西将军、豫州刺史，继统其部曲。

苏峻、祖约既是朝廷命官，又是各自所统流民之帅。

"苏峻、祖约之乱"，又称"苏峻之乱"，是东晋成帝年间发生的一次大规模叛乱，爆发于咸和二年（327年），由历阳内史苏峻发起，联结镇西将军祖约，以讨伐庾（yǔ）亮为名起兵进攻建康。次年攻破建康，执掌朝政。庾亮则与江州刺史温峤推举征西大将军陶侃为盟主，建立讨伐军反抗苏峻，同时三吴地区亦有义军起兵。苏峻于咸和三年（328年）战死，余众陆续被消灭，乱事于咸和四年（329年）结束。

◎ 释疑解惑

"桓温伐蜀"的故事讲到了成汉，那么当时"十六国"到底是个什么情况呢？

十六国，指的是匈奴、鲜卑、羯（jié）、氐（dǐ）、羌（qiāng）5个少数民族及其所建的16个割据政权，有五凉（前凉、后凉、南凉、西凉、北凉）、二赵（前赵、后赵）、三秦（前秦、后秦、西秦）、四燕（前燕、后燕、南燕、北燕）、夏、成汉。始于晋惠帝永兴元年（304年），终于南朝宋元嘉十六年（439年），历时135年。又因为鲜卑魏末年的史官崔鸿著有《十六国春秋》一书，将较具代表性的16个政权独立记录，故又将这一时期称为"东晋十六国"。

hán duì shǔ　　shī duì gān
寒 对 暑 ， 湿 对 干 。

lǔ yǐn　　duì qí huán
鲁 隐① 对 齐 桓②。

hán zhān　　duì nuǎn xí　　yè yǐn duì chén cān
寒 毡③ 对 暖 席 ， 夜 饮 对 晨 餐 。

叔子带④，仲由冠⑤。

郏鄏⑥对邯郸⑦。

嘉禾忧夏旱，衰柳耐秋寒⑧。

杨柳绿遮元亮宅⑨，

杏花红映仲尼坛⑩。

江水流长，环绕似青罗带⑪；

海蟾⑫轮满，澄明如白玉盘⑬。

◎ **注释** ①〔鲁隐〕鲁隐公，春秋时鲁国君主。②〔齐桓〕齐桓公，春秋时齐国君主，"春秋五霸"之一。③〔寒毡〕《新唐书·文艺传》载，唐朝诗人、画家郑虔（qián）曾任广文馆博士、著作郎，官职低，俸禄微薄，生活贫困。他作书作画常苦于无纸，便用柿叶替代；来客有席却无毡。杜甫赠诗曰："才名四十年，坐客寒无毡。"④〔叔子带〕《晋书·羊祜传》载，西晋的羊祜在镇守荆州时，不摆架子，不要威风，经常"轻裘缓带，身不被甲（不穿铠甲而穿轻软的皮衣，不系绶带）"。叔子，羊祜的字。⑤〔仲由冠〕孔子的弟子仲由（即子路）刚见孔子时所戴的状如雄鸡的帽子。⑥〔郏鄏〕古地名，在今河南洛阳王城公园一带，是周成王定鼎建都的地方。⑦〔邯郸〕春秋战国时赵国的都城，在今河北南部邯郸市。⑧〔嘉禾忧夏旱，衰柳耐秋寒〕嘉禾，生长奇异的禾。古人认为这是吉祥的征兆，只有在风调雨顺的太平盛世才能见到。所以，在周公辅佐成王执政时，唐叔国内得到一株嘉禾；而商汤虽然贤明有为，但在位期间连遭大旱，没有出现嘉禾，古人认为汤是受到夏桀暴政的连累而遭旱的。语见《汉书·公孙弘传》。衰柳，古老的柳树。唐代中书省衙门里有一株古柳，枯死多年。公元784年，德宗李适（kuò）回京时，正值秋天，古柳又复活了。文士们在祝贺的文赋里有"彼众芳之已歇,我得秋而始盛"的句子。⑨〔元亮宅〕指陶渊明(字元亮)隐居的地方。因其屋前有五棵柳树,故自号"五柳先生"。⑩〔仲尼坛〕《庄子·渔父》篇说,孔子出游时,曾"休坐乎杏坛之上,弟子读书,孔子弦歌,鼓琴奏曲"。坛,水泽中高的地方,这里指杏坛(因那里杏多而得名)。⑪〔江水流长,环绕似青罗带〕出自唐朝韩愈的《送桂州严大夫同用南字》诗:"江作青罗带,山如碧玉簪。"罗带,丝带。⑫〔海蟾〕相传月中有蟾蜍(chú),所以用海蟾代指月亮。⑬〔白玉盘〕圆月。唐代李白《古朗月行》诗:"小时不识月,呼作白玉盘。"

横对竖,窄对宽。

黑志对弹丸①。

朱帘对画栋②,彩槛③对雕栏④。

春既老,夜将阑⑤。

百辟⑥对千官。

怀仁称足足⑦,抱义美般般⑧。

好马君王曾市骨⑨,

食猪处士仅思肝⑩。

世仰"双仙",元礼舟中携郭泰⑪;

人称"连璧",夏侯车上并潘安⑫。

◎ **注释** ①〔黑志、弹丸〕形容地方狭小。出自北周庾信《哀江南赋》:"地惟黑子，城犹弹丸。"后来人们就用为成语。《宋史·赵普传》载：太祖赵匡胤（yìn）曾在大雪之夜亲自到赵普家中，询问攻打太原的事。赵普说："不如先'削平诸国'，到那时，太原这个'弹丸黑子之地'能往哪里逃？"黑子，即黑痣（zhì）。志，通"痣"。②〔画栋〕彩绘的栋梁。③〔彩槛〕彩色的栏杆。槛，栏杆。④〔雕栏〕雕有图案的栏杆。⑤〔阑〕将尽。⑥〔百辟〕诸侯，泛指百官。辟，君主，这里指诸侯。⑦〔怀仁称足足〕传说凤凰是一种仁禽，雌鸟的叫声为"足足"。汉代王充《论衡·讲瑞》里引用《礼记·瑞命篇》："雄曰凤，雌曰凰。雄鸣曰即即，雌鸣曰足足。"隋代许善心《神雀颂》："足足怀仁，般般扰义。"⑧〔抱义美般般〕《文选》载司马相如《封禅（shàn）文》曰："般般之兽，乐（yào，喜欢，喜爱）我君圃。"传说驺（zōu）虞是一种"有至信之德"的义兽，它的身上文采斑斑。般般，同"斑斑"。⑨〔好马君王曾市骨〕《战国策·燕（yān）策一》载，燕昭王想报齐国伐燕之仇，于是千方百计招揽人才。郭隗（wěi）在如何招贤纳士的问题上为燕昭王讲了一个故事：古代有一位君王用千金求购千里马，三年也没到手，于是派人出去买。派出去的人三个月后见到了千里马，但马已经死了，他就用五百金把马头买了下来。这样一来，天下的人都知道了这位君王爱马。不到一年，他就得到三匹千里马。郭隗说："您要真想招贤纳士，就先从我这儿开始。天下的士人如果听说我这样的人都能被重用，那么比我强的贤士就会不远千里地来投奔您了。"燕昭王于是为郭隗"筑宫而师之"。不久，"乐（yuè）毅自魏往，邹衍自齐往，剧辛自赵往"，天下的贤士争先恐后地投奔燕国。昭王二十八年（前284年），上将军乐毅率兵攻齐，直捣齐都临淄，报了国仇。市，买卖货物，这里指买。⑩〔食猪处士仅思肝〕《后汉书·闵仲叔传》载，东汉的闵仲叔是个有志气的人。他晚年客居安邑，家里很穷困，吃不起猪肉，就每天只买一片猪肝吃。安邑县令知道了，就经常派人给他送肉。他感叹道："我怎么能为了自己的享受而麻烦人家呢？"于是离开了安邑，搬到沛县去住。处士，有才德而隐居不愿做官的人，这里指闵仲叔。⑪〔世仰"双仙"，元礼舟中携郭泰〕《后汉书·郭太（泰）传》载，东汉的郭泰很有学问，他到洛阳后，和当时任河南尹的大名士李膺（字元礼）友善。后来郭泰回家乡，洛阳"衣冠诸儒送至河上，车数千两（辆）"。他只和李膺两个人同坐在一条船上。"众宾望之,以为神仙焉。"世,世人。仰,仰慕。
⑫〔人称"连璧",夏侯车上并潘安〕《晋书·夏侯湛(zhàn)传》载,夏侯湛很有文才,又长得仪表堂堂。他与有名的美男子潘安友善,每次出门,两人都同乘一辆车。京城的人们称他们是"连璧"。连璧,并列的美玉,比喻并美的人或事物。

十五　删

兴对废，附对攀。

露草对霜菅①。

歌廉②对借寇③，习孔④对希颜⑤。

山垒垒，水潺潺。

奉璧⑥对探镮⑦。

《礼》由公旦作⑧，

《诗》本仲尼删⑨。

驴困客方经灞水⑩，

鸡鸣人已出函关⑪。

几夜霜飞，已有苍鸿辞北塞⑫；

数朝雾暗，岂无玄豹隐南山⑬？

◎ **注释**　①〔菅〕一种开绿花的草，叶子细长而尖。②〔歌廉〕《后汉书·廉范传》载，东汉的廉范（字叔度）做蜀郡太守时，注意发展生产，不限制工匠点火夜间操作，但严格要求他们多储水预防火灾，老百姓的生活因此得到改善。所以，廉范很受老百姓的爱戴。老百姓为他唱赞歌："廉叔度，来何暮！不禁火，民安作。平生无襦（rú，短衣）今五绔（kù，同'裤'）。"③〔借寇〕《后汉书·寇恂（xún）传》载，东汉的寇恂做颍（yǐng）川太守时，郡内大治，没有盗贼作乱。他调走后，盗贼又起。寇恂随光武帝前去征讨时，百姓拦驾说："希望陛下能把寇君借给我们一年。"④〔习孔〕学习孔子的道德、学问。⑤〔希颜〕追求颜回那样的人格。希，这里是学习、追求的意思。⑥〔奉璧〕指"完璧归赵"的故事。见本书第121页注释⑨。⑦〔探镮〕《晋书·羊祜传》载，羊祜5岁时，跟乳母要金环玩儿。乳母说家里没有，羊祜就说在邻居家的桑树中。人们都不相信，他便把手探进树洞里，将金环拿了出来。于是有人说他是邻家的儿子转生的。镮，同"环"。⑧〔《礼》由公旦作〕《周礼》是由周公旦编定的。⑨〔《诗》本仲尼删〕《诗》原本是孔子删定的。孔子从3 000多篇古诗中选定305篇（另有6篇只有诗题）编成《诗》。⑩〔驴困客方经灞水〕指唐朝诗人孟浩然（一说郑繁，见宋代孙光宪撰《北梦琐言》）在雪中骑着驴去灞上看梅花的事。困，疲劳，累。灞水，渭河支流，在陕西省中部。见本书第120页注释⑤。⑪〔鸡鸣人已出函关〕《史记·孟尝君列传》载，战国时，齐国的孟尝君半夜从秦国逃出，到了函谷关。按规定，鸡叫时才能开关。于是，他的一个门客学鸡叫，全城的鸡都跟着叫了起来，看门人就开了城门，孟尝君乘机逃出。⑫〔几夜霜飞，已有苍鸿辞北塞〕霜降几日，已有青色的大雁从北方的边塞之地向南方迁徙了。明代毛晋《毛诗草木鸟兽虫鱼疏广要·弋凫与雁》："盖曰霜降五日而鸿雁来，寒露五日而候雁来。"苍鸿，大雁。⑬〔数朝雾暗，岂无玄豹隐南山〕连着起了几个早晨的浓雾，怎能没有黑豹隐藏在南山呢？出自西汉刘向《列女传·陶荅（dá）子妻》。陶荅子治理陶地三年，声名不振，家财却增加了三倍。他的妻子劝诫道："我听说南山有一只黑豹，在雾雨天气中，七天不吃东西。为什么呢？因为它想要使自己的皮毛更润泽，形成漂亮的花纹。而猪和狗不加选择地吞食食物，为了让自己变胖，于是很快就被杀掉了。现在你治理陶地，家富而国贫，对君主不敬重，对百姓不爱护，失败灭亡的征兆已经显现出来了，我和孩子都将离开你。"后来，荅子果真因罪行暴露而被诛杀。

◎ 声律启蒙

犹对尚，侈对悭①。

雾髻对烟鬟②。

莺啼对鹊噪，独鹤对双鹇③。

黄牛峡④，金马山⑤。

结草⑥对衔环⑦。

昆山惟玉集⑧，合浦有珠还⑨。

阮籍旧能为眼白，

老莱新爱着衣斑⑩。

栖迟避世人，草衣木食⑪；

窈窕倾城女，云鬓花颜⑫。

◎ **注释** ①〔悭〕吝音，小气。②〔雾髻、烟鬟〕蓬松轻柔得像雾像烟一样的头发。③〔双鹇〕《西京杂记》载：闽越王曾献给汉高祖白鹇、黑鹇各一双。鹇，产于我国南方的有名的观赏鸟，古籍中通指白鹇。雄的背部白色，有黑纹，腹部黑蓝色；雌的全身呈棕绿色。④〔黄牛峡〕峡名。在四川夔州府。⑤〔金马山〕山名。在四川崇宁县，山上有金马碧鸡神祠。⑥〔结草〕《左传·宣公十五年》载，晋大夫魏颗的父亲魏武子有宠妾，武子病重时，嘱咐魏颗让她殉葬。魏颗没有照父亲的话做，而把她嫁了出去。后来魏颗与秦力士杜回交战，见一位老人把草编结成绳绊倒了杜回，魏颗得以把他活捉。夜里，魏颗梦见老人说："我就是你帮她改嫁的那个妇人的父亲，今天特来报答你。"⑦〔衔环〕《后汉书·杨震传》注引《续齐谐记》载，东汉杨宝9岁时，在华（huà）阴山北的一棵大树下发现一只被猫头鹰咬伤并被蚂蚁围困的黄雀，就把它抱回家。经过100多天的精心调治，黄雀的伤好了，杨宝就将它放了。这天夜里，黄雀化作黄衣少年，自称是西王母的使者，给杨宝送来4只玉环报恩。⑧〔昆山惟玉集〕昆山是产玉的地方。昆山，即昆仑山，又叫昆冈，以产玉著称。⑨〔合浦有珠还〕《后汉书·孟尝传》载，东汉的合浦盛产珍珠。传说郡守搜刮得太厉害，蚌珠都移到别处去了。后来孟尝当了郡守，为政清廉，蚌珠又回来了。⑩〔老莱新爱着衣斑〕《二十四孝原本》载，春秋时楚国的隐士老莱子非常孝顺，为了让父母开心，70多岁了还"着（zhuó）五彩斑斓之衣"，在父母身边"为婴儿戏舞"。⑪〔栖迟避世人，草衣木食〕为了躲避俗世而住在山上的隐士，穿用草编的衣服，把树上的果子当作食物。栖迟，游息，游玩与休憩（qì）。⑫〔窈窕倾城女，云鬟花颜〕文静而有倾城美貌的女子，有着云一样的鬟发、花一样的容颜。窈窕，女子文静而美好。倾城，形容女子容貌很美。出自《汉书·外戚传》："一顾倾人城，再顾倾人国。"

姚对宋①，柳对颜②。

赏善对惩奸。

愁中对梦里，巧慧对痴顽。

孔北海③，谢东山④。

使越⑤对征蛮⑥。

淫声闻濮上⑦，离曲听《阳关》⑧。

骁将袍披仁贵白⑨，

小儿衣着老莱斑⑩。

茅舍无人，难却尘埃生榻上⑪；

竹亭有客，尚留风月在窗间⑫。

◎ **注释** ①〔姚、宋〕指唐朝有名的宰相姚崇和宋璟（jǐng）。②〔柳、颜〕指唐朝著名书法家柳公权和颜真卿。③〔孔北海〕指东汉文学家孔融，孔子20世孙，官至北海相。④〔谢东山〕据《晋书·谢安传》载，东晋的宰相谢安40岁前曾隐居不仕，"高卧东山"，所以人称"谢东山"。⑤〔使越〕出使到南越。⑥〔征蛮〕征讨南方的部族。蛮，我国古代称南方的民族为蛮。⑦〔淫声闻濮上〕《韩非子·十过》篇载，卫灵公到晋国去，路过濮水时，听到从未听过的乐曲声，便叫师涓（juān）记录下来。到了晋国，灵公让师涓把这支曲子演奏给晋平公听。师旷在一旁听了，马上制止道："这是亡国之音，不要再演奏了。"淫声，这里指不合雅正节律的音乐。濮上，濮水一带。⑧〔离曲听《阳关》〕唐朝诗人王维有《送元二使安西》诗："渭（wèi）城朝雨浥（yì）轻尘，客舍青青柳色新。劝君更尽一杯酒，西出阳关无故人。"后来有人为它谱了曲子，收入乐府，作为送别之曲。根据诗意和演唱时第二、三、四句均叠唱两遍的特点，取名《阳关三叠》，也叫《渭城曲》。离曲，离别时吟唱的乐曲。《阳关》，《阳关三叠》的省称。⑨〔骁将袍披仁贵白〕唐朝大将薛仁贵喜欢穿白袍，号称"白袍将军"。骁，勇敢。⑩〔小儿衣着老莱斑〕见本书第184页注释⑩。⑪〔茅舍无人，难却尘埃生榻上〕茅屋里没什么人来访，因而坐具上难免有尘土。这说的是东汉陈蕃的故事。陈蕃当太守时，从不接见访客。只有当地的名士徐稺（zhì）来时，他才专门设一榻给徐稺坐。徐稺一走，他就把榻收起来。徐稺长时间不来，榻上就积满了尘土。榻，泛指坐具。⑫〔竹亭有客，尚留风月在窗间〕这说的是南朝梁人徐勉的故事。《梁书·徐勉传》载："（徐勉）尝与门人夜集。客有虞暠（hào）求詹事五官。勉正色答云：'今夕止可谈风月，不宜及公事。'时人咸服其无私。"这里的"风月"既指月白风清的美丽夜景，又指徐勉的高洁情操。《南史》里也记载了这段故事。

◎ **知识拓展**

淫声闻濮上

　　《礼记·乐记》："桑间濮上之音，亡国之音也。其政散，其民流，诬上行私而不可止也。"郑玄注："濮水之上，地有桑间者，亡国之音于此之水出也。昔殷纣使师延作靡靡之乐，已而自沉于濮水，后师涓过焉，夜闻而写之，为晋平公鼓之。"后以"桑间濮上"指淫靡之音。因与孔子等提倡的雅乐不同，故受儒家排斥。此后，凡与雅乐相背离的音乐，甚至一般的民间音乐，均被崇"雅"黜"俗"者斥为"郑声"。《论语·卫灵公》："放郑声，远佞人。郑声淫，佞人殆。"刘宝楠正义："《五经异义·鲁论》说郑国之俗，有溱（zhēn）、洧（wěi）之水，男女聚会，讴歌相感，故云'郑声淫'。"

郑声即郑卫之音，春秋战国时期郑、卫地区的汉族民间音乐。郑声具有新鲜活泼、热情奔放的特点，而且具有广泛的群众性。司马迁《史记·货殖列传》："今夫赵女郑姬，设形容，揳（jiá，击打）鸣琴，揄（yú，手挥）长袂（mèi，衣袖），蹑利屣（xǐ，鞋），目挑心招，出不远千里，不择老少者，奔富厚也。"

长期以来，不少学者认为孔子重视雅乐而排斥郑卫之音与他保守的政治立场有关。如"恶紫之夺朱也，恶郑声之乱雅乐也，恶利口之覆邦家者"（《论语·阳货》）及"放郑声，远佞人；郑声淫，佞人殆"（《论语·卫灵公》），表现了他的保守复古倾向。

孔子是一位有修养的音乐家，还是第一位把音乐列为教育课程的老师。六艺中，"乐"是必修课。《史记·孔子世家》记载："孔子学鼓琴师襄子"，诗"三百五篇，孔子皆弦歌之，以求合《韶》《武》《雅》《颂》之音"。子游为武城宰时，以礼乐化民，民间到处有弦歌之声。以刚勇著称的子路也会鼓瑟。孔子与鲁国的音乐大师讨论过音乐演奏的全过程："子语鲁大（同'太'）师：'乐其可知也。始作，翕（xī）如；纵之，纯如，皦（jiǎo）如，绎如也；以成。'"可译为："演奏开始时，众音汇合给人以变动之感；接着，演奏开始了，音乐趋于和谐；然后进入高潮，节奏特别明朗；最后戛然而止，余音袅袅，演奏便完成了。"一次，孔子在齐国听到演奏《韶》乐时，受到很大震撼，以至于"三月不知肉味"，他说："不图为乐之至于斯也。"由此可见孔子对音乐强烈感染力的惊叹。除了音乐教学之外，孔子还从事正乐的工作。他说："吾自卫反（返）鲁，然后乐正，《雅》《颂》各得其所。"

郑声之"淫"，一是指过分，不节制，不合中和之美；二是指郑声有不雅音乐，引人入邪。《乐记》中说"郑卫之音，乱世之音也"，其特点是"怨以怒"。孔子反对郑声，是"恶郑声之乱雅乐也"。孔子所看重的是音乐对人的教化作用。如果音乐对人性起腐蚀作用，他便要极力反对了。子夏说："郑音好滥淫志……淫于色而害于德。"（《礼记·乐记》）司马迁说："郑卫之曲动而心淫。"（《史记·乐书》）淫靡之音特别具有诱惑力，副作用也极大。

而在当时，郑声恰恰迎合了一部分统治者追求奢侈享乐的需要，如魏文侯就对子夏说："吾端冕而听古乐则唯恐卧，听郑卫之音则不知倦。"这说明郑卫之音在当时已十分流行，是一种带有不雅因素、引人入邪的淫靡之音，对于世道人心有害无益，所以孔子才反对郑声。

◎ 释疑解惑

读了上边的故事，读者也许会问：今天的流行音乐算不算"郑声"？

我们认为应该不算。

即便是对郑卫之音，孔子也不是一概否定和怪罪。"恶郑声之乱雅乐也"，孔子只不过是认为它不适合在庄重严肃的雅乐表演场合去表演，统治者不宜沉浸其中。可是孔子这些看法与态度，却变成了后世某些人贬抑并排斥流行音乐、民间音乐，摧残乃至剿杀音乐艺术创新所引据的经典。荀子把孔子的"放郑声"改为"禁淫声"。嵇康一边说郑卫"音声之至妙"，一边又喊"妙音惑人，犹美色惑志"。到了南宋，朱熹把郑卫之声定性为"皆女惑男之语"，把人们欣赏和创作流行音乐、民间音乐的文艺活动归为与"天理"相对立的"人欲"范畴。

如果说孔子"乐则《韶》《武》"是极力推崇正音雅乐，那么"恶郑声之乱雅乐也""放郑声，远佞人""郑声淫，佞人殆"等观点，则不幸沦为后世统治者维护统治、钳制思想的理论根据和专制工具。他们利用孔子的宗师地位，对孔子的这些音乐思想断章取义、肆意曲解、上纲上线，大肆宣扬音乐创作创新与科技发明创造一样，属于"奇技淫巧"，从而使集音乐创作创新成果之大成的民间音乐、流行音乐、先锋音乐，成了"郑卫之音""靡靡之音"，并被逐出社会主流文化圈。民族的灵性与悟性、活力与创造力、协调性与合作精神，也因为音乐艺术的扭曲或阙如而备受摧残，萎靡不振，死气沉沉。

幸好，那样的时代一去不复返了。

下 卷

一 先

晴对雨，地对天。
天地对山川。
山川对草木，赤壁①对青田②。
郏鄏鼎③，武城弦④。
木笔⑤对苔钱⑥。
金城三月柳⑦，玉井九秋莲⑧。
何处春朝风景好？
谁家秋夜月华圆？
珠缀花梢，千点蔷薇香露⑨；
练横树杪，几丝杨柳残烟⑩。

◎ **注释** ①〔赤壁〕地名。在今湖北蒲圻（qí）县。汉献帝建安十三年（208年），孙（权）刘（备）联军在这里大破曹操。②〔青田〕山名，在浙江青田县。③〔郏鄏鼎〕《左传·宣公三年》："成王定鼎于郏鄏。"古代帝王铸鼎表明

◎ 声律启蒙

立国或建都，叫作"定鼎"。郏鄏，见本书第178页注释⑥。④〔武城弦〕《史记·仲尼弟子列传》载，孔子的弟子子游做了鲁国泰山郡武城邑宰，他用儒家的礼乐治民，所以孔子到武城时，听到的是弦歌之声。弦，琴弦，代指弦歌之声。⑤〔木笔〕即辛夷花，又叫木笔花。⑥〔苔钱〕钱币形的青苔。⑦〔金城三月柳〕金城，东晋时丹阳郡江乘县地名，在今江苏上元县境内。《世说新语·言语》中记载，东晋重臣桓温在北伐时路过金城，见到早年自己栽种的柳树已长到十围那么粗，不由得流泪感叹："木犹如此，人何以堪！"三月，指暮春。⑧〔玉井九秋莲〕古代神话传说，华山玉井中开出一朵巨大的莲花。韩愈的《古意》有"太华（即华山）峰头玉井莲，开花十丈藕如船"的诗句。玉井，位于华山峰头的一口井。九秋，指九月深秋。⑨〔珠缀花梢，千点蔷薇香露〕露珠挂满花瓣，蔷薇花香气四散。⑩〔练横树杪，几丝杨柳残烟〕柳林中几缕烟雾，好似白练横披树梢。练，白绢（juàn）。杪，树梢。

qián duì hòu　　hòu duì xiān
前 对 后 ， 后 对 先 。

zhòng chǒu duì gū yán
众 丑 对 孤 妍①。

yīng huáng duì dié bǎn　　hǔ xué duì lóng yuān
莺 簧②对 蝶 板③， 虎 穴 对 龙 渊 。

jī shí qìng　　guān wéi biān
击 石 磬④， 观 韦 编⑤。

shǔ mù duì yuān jiān
鼠 目⑥对 鸢 肩⑦。

chūn yuán huā liǔ dì　　qiū zhǎo jì hé tiān
春 园 花 柳 地 ， 秋 沼 芰 荷⑧天 。

bái yǔ pín huī xián kè zuò
白 羽⑨频 挥 闲 客 坐 ，

wū shā bàn zhuì zuì wēng mián
乌 纱 半 坠 醉 翁 眠⑩。

yě diàn jǐ jiā　　yáng jiǎo fēng yáo gū jiǔ pèi
野 店 几 家 ， 羊 角 风 摇 沽 酒 旆⑪；

cháng chuān yí dài　　yā tóu bō fàn mài yú chuán
长 川 一 带 ， 鸭 头 波 泛 卖 鱼 船⑫。

189

◎ **注释** ①〔妍〕美丽。②〔莺簧〕黄莺的舌头。簧，乐器里发声的薄片。③〔蝶板〕蝴蝶的双翅。④〔石磬〕古代玉石制成的乐器。孔子曾在卫国击磬。⑤〔韦编〕古代书籍用竹简刻写，用皮绳穿连起来，叫"韦编"。韦，柔软的皮革。古书记载，孔子读书勤奋，以致"韦编三绝（断）"。⑥〔鼠目〕老鼠那样的眼睛。比喻寒酸猥（wěi）琐之相。史书记载唐朝的元载"獐头鼠目"。⑦〔鸢肩〕老鹰那样的双肩。指耸肩的样子，是一种飞黄腾达的征兆。鸢，老鹰。唐朝的岑文本说同僚马周是"鸢肩火色"，必能升官，但富贵不能长久。⑧〔芰荷〕荷花。⑨〔白羽〕白色羽毛。这里代指用白色羽毛制成的扇子。史书记载，诸葛亮常用这种扇子。⑩〔醉翁眠〕《世说新语·任（rèn）诞》载，阮籍的邻居家有一位卖酒的妇人长得很漂亮。阮籍和王安丰常到她那儿喝酒，喝醉了便在她身旁睡着了。妇人的丈夫开始时非常怀疑，但经过偷偷观察，发现阮籍并无歹意。⑪〔羊角风摇沽酒斾〕旋（xuàn）风吹过，酒旗飘摇。羊角风，旋风名。《庄子·逍遥游》："抟（tuán）扶摇羊角而上者九万里。"沽，卖。斾，古时末端形状像燕尾的旗，这里指酒幌（huǎng）子。⑫〔鸭头波泛卖鱼船〕碧波中漂来了卖鱼的小船。鸭头波，绿波，碧波。因鸭头为绿色，故名。泛，漂浮。

◎ **知识拓展**

白羽频挥闲客坐

《世说新语·容止》："王夷甫容貌整丽，妙于谈玄，恒捉白玉柄麈（zhǔ）尾，与手都无分别。"

《晋书·王衍传》："衍既有盛才美貌，明悟若神，常自比子贡；兼声名藉甚，倾动当世。妙善玄言，唯谈《老》《庄》为事。每捉玉柄麈尾，与手同色。义理有所不安，随即改更，世号'口中雌黄'。朝野翕（xī，协调，和顺）然，谓之'一世龙门'矣。累居显职，后进之士，莫不景慕放（fǎng，同'仿'）效。选举登朝，皆以为称首。矜高浮诞，遂成风俗焉。衍尝丧幼子，山简吊之。衍悲不自胜，简曰：'孩抱中物，何至于此！'衍曰：'圣人忘情，最下不及于情。然则情之所钟，正在我辈。'简服其言，更为之恸。"

王衍（256—311），字夷甫，琅邪郡临沂县（今山东临沂北）人。西晋时期著名清谈家，西晋末年重臣，司徒王戎从弟。他外表清明俊秀，风姿安详文雅。

幼年时，王衍曾去拜访山涛。山涛见到他后，感叹了许久。等到王衍离开的时候，山涛目送他走出很远，又感慨地对别人说："不知道是哪位妇人，竟然生出了这样的儿子！然而误尽天下老百姓的，未必就不是这个人。"

曹魏正始年间（240—249），何晏、王弼等人自称继承老庄，清谈玄学，这就是魏晋玄学的开始，后人称其为"正始玄学"。王衍非常推重他们的看法，但裴頠（wěi）认为这种看法不正确，并写文章来讽刺它。而王衍还是像平常一样，并且认为裴頠很有才华，很推崇他。

王衍才华横溢，容貌俊雅，聪明敏锐，有如神人，常把自己比作子贡。他精通玄理，专门谈论《老子》《庄子》。无论朝廷高官，还是在野人士，都很仰慕他，称他为"一世龙门"。王衍接连担任显要职务，很多年轻求仕的人，没有不仿效他的。凡被朝廷任用的官员，都认为他应该做士族的首领。但他崇尚浮华放诞，又被许多人赞同，因此成了世间风气。

王衍虽然肩负宰相的重任，但不认真考虑治理好国家，只想方设法保全自己。他让弟弟王澄担任荆州刺史，族弟王敦担任青州刺史，并对王澄、王敦说："荆州有长江、汉水的坚固，青州有背靠大海的险要。你们两个镇守外地，而我留在京师，就可以称得上'三窟'了。"当时有见识的人都很鄙夷他。

永嘉二年（308年）五月，刘渊的部将王弥进攻洛阳，大多数人都想迁都以躲避灾难，王衍却卖掉牛车，以示坚守来安抚人心。

永嘉五年（311年）四月，晋军被石勒军队击破。石勒让西晋的王侯大臣前来与他相见，他以西晋的旧事询问王衍。王衍向他陈说了西晋败亡的原因，并说责任不在自己身上。石勒很欣赏他，同他谈了很长时间，并问参谋孙苌："我应该让他活下去吗？"孙苌说："他是西晋朝廷的三公，一定不会为我们尽力，（杀死他）有什么值得可惜的呢？"石勒说："总之不可用刀刃加害于他。"于是命令士兵在半夜里推倒墙壁把他压死。王衍临死时说："唉，我即使不如古人，平时如果不崇尚浮华虚诞，勉力来匡扶天下，也不至于到今天的地步。"

永和十年（354年），桓温北伐时，登临远眺中原，感慨地说："国土失陷，中原百年来成为一片废墟，王夷甫等人摆脱不了罪责。"袁宏为王衍开脱说："天命运数自有兴废，不一定是那些人的过错。"桓温脸色一变，说以前荆州刘表有一头重达千斤的肥牛，吃草料豆饼的量是普通牛的十倍，但负重行远，还不如一头瘦弱有病的母牛。曹操攻破荆州，就把它杀了犒劳兵士。桓温借此比喻袁宏，使得座下宾客无不失色。

◎ 释疑解惑

我们为历史人物慨叹的同时，可能也会随之产生很多疑惑。比如，像王衍那样的人，应该是达官显贵了，怎么会做出"卖牛车"这种事情来？牛车很值钱或者说很重要吗？

顾名思义，牛车就是用牛拉的车。这东西在魏晋以前并不值钱。《韩非子·内储说上》："市南门之外甚众牛车，仅可以行耳。"《资治通鉴·汉纪八·景帝后三年》："汉兴，接秦之弊，作业剧而财匮，自天子不能具钧驷，而将相或乘牛车，齐民无藏盖。"胡三省注引颜师古曰："以牛驾车也。余据汉时以牛车为贱，魏晋以后，王公始多乘牛车。"

汉初，天子不能钧驷，将相或乘牛车。此本经济凋敝、无可奈何之事，但到了魏晋南北朝时期，牛车则成为一种时髦，成为一种身份和地位的象征，成为当时的"豪车"。高官显宦无不以乘马为耻，以乘牛车为荣。此种风尚，从这个时期墓葬出土牛车数量之多、披挂装饰之繁缛精美、艺术水平之高而且空前绝后中可见一斑。

牛车，何以能够成为那个时代的"豪车"呢？

北齐颜之推《颜氏家训·涉务》："梁世士大夫，皆尚褒衣博带，大冠高履，出则车舆，入则扶侍，郊郭之内，无乘马者。周弘正为宣城王所爱，给一果下马（高三尺，可于果树下行，故谓之果下马），常服御之，举朝以为放达。至乃尚书郎乘马，则纠核之。及'侯景之乱'，肤脆骨柔，不堪行步，体羸气弱，不耐寒暑，坐死仓猝者，往往而然。建康令王复，性既儒雅，未尝乘骑，见马嘶欨（pēn，同'喷'）陆梁，莫不震慑，乃谓人曰：'正是虎，何故名为马乎？'其风俗至此。"

然而，实际原因并没有这么简单。曹魏时，牛车风气之盛，应与曹操唯才是举、务实节俭的方针有关。《三国志·魏书·和洽传》："朝廷之议，吏有著新衣、乘好车者，谓之不清……"当时节俭成为判断官吏清廉与否的重要标准，乘牛车受到全社会前所未有的尊重。

到了晋朝，乘牛车则成了定制。《晋书·惠帝纪》："己亥，（祁）弘等奉帝还洛阳，帝乘牛车，行宫藉草，公卿跋涉。"又《晋书·孝愍帝纪》："鼎遂挟帝乘牛车，自宛越武关……达于长安……"可见当时王侯长途出行亦多用牛车。

《晋书·舆服志》多记载王公大臣乘牛车出行之事,且牛车种类众多。

江南乘牛车的风气可能也是在西晋时形成。《晋书·纪瞻传》记载名士纪瞻、顾荣等应召赴洛阳,行至徐州闻祸乱将及,遂"各解船弃车牛,一日一夜三百里,得还扬州"。

东晋南朝时,乘牛车风气进入高潮。《南史·梁本纪上》记载齐明帝好牛车的情况:"齐明性猜忌,帝(梁武帝)避时嫌,解遣部曲,常乘折角小牛车。"这是天子喜坐牛车的一例典型。《宋书·刘怀慎传》和《宗悫传》又提到宋孝武帝好牛车:"乘画轮车,幸太宰江夏王义恭第。"他又见光禄大夫宗悫"有佳牛堪进御",想强买,宗悫不肯,竟被他免官。

《晋书·王导传》记载王导"密营别馆,以处众妾"。其妻曹氏知道后,率仆人前往处罚。王导怕小妾们受辱,立即坐牛车去营救,一路上抱怨牛车太慢,"以所执麈尾柄驱牛而进"。

《南齐书·谢宗超传》《南齐书·王鲲传》等也提到他们坐牛车。普通官员乘牛车亦相当普遍,如《晋书·刘超传》记中书通事郎刘超"须纯色牛,市不可得,启买官外厩牛,诏便以赐之"。当时儒生文士都乘牛车,如《陈书·徐陵传》:"我有车牛衣裳可卖,余家有可卖不(否)?"

离对坎,震对乾[①]。

一日对千年[②]。

尧天对舜日,蜀水对秦川。

苏武节[③],郑虔毡[④]。

涧壑[⑤]对林泉。

挥戈能退日[⑥],持管莫窥天[⑦]。

寒食[⑧]芳辰花烂熳,

中秋佳节月婵娟⑨。
梦里荣华，飘忽枕中之客⑩；
壶中日月，安闲市上之仙⑪。

◎ **注释** ①〔离、坎、震、乾〕都是《周易》中的卦名。②〔一日对千年〕古代有一句俗语："山中方一日，世上已千年。"讲的是晋代有个叫王质的樵夫进山砍柴，见两个童子在下棋，就在旁边观看。过了一会儿，童子问他怎么不回家，王质这才发现砍柴的斧子柄都烂了。南朝梁任昉（fǎng）《述异记》及北魏郦道元《水经注》引《东阳记》说，王质回到家发现已过了数十年，而《隋书·经籍志》载篇名为《洞仙传》的书中称"质归家，计已数百年"。后来越传越离谱，直到说一千年才罢休。③〔苏武节〕见本书第107页注释⑬。④〔郑虔毡〕见本书第177页注释③。⑤〔涧壑〕溪涧山谷。与下文"林泉"均指隐居之地。⑥〔挥戈能退日〕《淮南子·览冥训》载，战国时楚国的鲁阳公与韩国打仗，打得正激烈时，天却要黑了。他挥戈使太阳倒退三座星宿（xiù）的位置，留住了白天，然后接着打。⑦〔持管莫窥天〕即"莫持管窥天"，不要拿着竹管看天。管，竹管。窥，从小孔或缝隙里看。⑧〔寒食〕节名，在清明前一天。古人从这一天起，三天不生火，所以叫"寒食"。⑨〔婵娟〕一般形容女子姿态美好，这里指月亮。宋代苏轼《水调歌头·明月几时有》词："但愿人长久，千里共婵娟。"⑩〔梦里荣华，飘忽枕中之客〕唐人沈既济的《枕中记》里说，有一位姓卢的书生，在邯郸的客店里遇到一位叫吕翁的道士。卢生怨叹自己穷困，吕翁便送给他一个枕头，让他枕着睡觉。卢生躺下时，店家正在煮小米饭。卢生很快入梦。梦中，他高中（zhòng）进士，官运亨通，一直做了10年宰相。他还娶了漂亮小姐，子孙满堂，活了80多岁，享尽人间的荣华富贵。可一觉醒来时，店家的小米饭还没煮熟。⑪〔壶中日月，安闲市上之仙〕《后汉书·费长（zhǎng）房传》载，费长房见市上一位卖药老翁每晚都钻进门前所悬挂的壶中，心下生奇，便拜访老翁。第二天，老翁领他一同钻进壶中，只见"玉堂严丽，旨酒甘肴盈衍其中"。

二　萧

恭对慢①，吝对骄②。

水远对山遥。

松轩对竹槛，《雪赋》③对风谣④。

乘五马⑤，贯双雕⑥。

烛灭对香消。

明蟾常彻夜⑦，骤雨不终朝⑧。

楼阁天凉风飒飒，

关河地隔雨潇潇。

几点鹭鸶，日暮常飞红蓼岸；

一双鸂鶒⑨，春朝频泛绿杨桥。

◎ **注释** ①〔慢〕傲慢。②〔吝、骄〕吝，吝啬。骄，骄傲。③〔《雪赋》〕南朝宋文学家谢惠连曾作《雪赋》。④〔风谣〕指《诗》的十五国风。⑤〔乘五马〕汉朝的太守可以乘五匹马拉的车。⑥〔贯双雕〕一箭射中两只雕。《新唐书·高骈（pián）传》载，高骈任军中司马时，一天，见"二雕并飞"，便一箭把两只雕一起射了下来。众人大惊，称他"落雕侍御"。贯，穿。⑦〔明蟾常彻夜〕明蟾，也作"银蟾"。月亮的代称。古代神话说月中有蟾蜍，所以后来的诗文常以"明蟾"代称月亮。明代刘基《再次韵和（hè）十六月夜》："永夜（即彻夜)凉风吹碧落,深秋白露洗明蟾。"⑧〔骤雨不终朝〕急雨很难连下一个早晨。出自《老子·第二十三章》:"飘风不终朝,骤雨不终日。"⑨〔鸂鶒〕古书上指像鸳鸯一样的水鸟。唐朝的牛僧孺当县尉的时候,河南府尹衙门前面有条河。相传每当衙门里有人升官时,河里就会涨出一片沙滩来。这天河里又涨出沙滩来,人们纷纷猜测谁会升官。有老吏说:"这大概是有人要升任分司御史,不会升任西台御史。要升任西台御史,沙滩上还应出现一对鸂鶒。"牛僧孺心想,这群人里没有比自己优秀的了,就举杯祝愿:"既能有滩,何惜一双鸂鶒?"不一会儿,果然飞下来一对鸂鶒。没过10天,牛僧孺被提拔为西台御史。事见唐代康骈《剧谈录》。当时唐朝以长安为都城,以洛阳为陪都,两处都有办公人员。在长安的御史叫西台御史,在洛阳的御史叫分司御史。

◎ 知识拓展

乘五马,贯双雕

雕是一种性情凶猛的大鸟。古代形容人箭法神奇,常用"一箭双雕"这个词儿。你知道历史上都有谁有这个本事吗?

《北史·长(zhǎng)孙晟(shèng)传》:"尝有二雕飞而争肉,因以箭两只与晟,请射取之。晟驰往,遇雕相攫(jué),遂一发双贯焉。"

长孙晟(551—609),字季晟,河南洛阳人。隋朝名将。唐朝名相长孙无忌、文德皇后长孙氏的父亲。

长孙晟生性通达聪慧,略涉书史,善于骑射,矫捷过人。当时北周崇尚武艺,贵族子弟都因有武艺而觉得了不起,可每次与长孙晟骑马射箭,那些人都在他之下。长孙晟18岁时,担任司卫上士,初不出名,人们还不认识他。只有杨坚一见到他,就嗟叹不已,对人们说:"长孙郎武艺超群,又有很多奇策,以后的名将,难道不是他吗?"

大象二年(580年),突厥首领摄图请求与北周通婚和亲,北周宣帝封赵王宇文招之女为千金公主嫁给摄图为妻。聘娶时,北周与摄图各自炫耀本国实力,都精选骁勇之士作为使者。因此,朝廷派长孙晟作为汝南公宇文神庆的副使,护送千金公主到摄图的牙旗之下。北周曾"先后使人数十辈"前往突厥,但摄图多轻视不礼，却独对长孙晟特别喜爱，经常与他一起游猎，以至长孙晟留住其处竟达一年之久。

有一次，长孙晟跟随摄图出游，遇到两只雕飞着争肉吃。摄图给长孙晟两支箭，说："请射取它们。"长孙晟于是弯弓奔去，正遇双雕相夺，于是一发而射穿两雕。摄图大喜，让各位子弟贵人都与长孙晟亲近，学习其射箭的本事。当时摄图之弟处罗侯（号突利设）甚得众心，为摄图所忌恨。处罗侯因此密派心腹，暗中与长孙晟结盟。从此，长孙晟在突厥乘游猎之机，考察突厥的山川形势、部众强弱。当时杨坚担任北周丞相，长孙晟回来后，把突厥的情况详细地告诉杨坚。杨坚听后大喜，于是升任他为奉车都尉。之后，长孙晟得到杨坚重用，多次出使突厥，并官至淮阳太守、右骁卫将军。大业五年（609年），长孙晟去世，时年58岁。隋炀帝深表悼惜，赐赠甚厚。唐贞观年间，唐太宗追赠长孙晟为司空、上柱国、齐国公，谥号献。

他的四子长孙无忌，字辅机，是唐朝开国功臣，凌烟阁二十四功臣之一，官至太尉，封赵国公。女儿长孙氏，是唐太宗李世民的皇后。

还有一位神箭手——唐代的高骈。他还能写诗，算是文武全能。《新唐书·高骈传》："事朱叔明为司马，有二雕并飞，骈曰：'我且贵，当中之。'一发贯二雕焉。众人惊，号'落雕侍御'。"

高骈，字千里，南平郡王高崇文之孙。晚唐诗人、名将、军事家。高骈出生于禁军世家，其一生辉煌之起点为公元866年率军收复交趾，破蛮兵20余万。后历任天平、西川、荆南、镇海、淮南五镇节度使。其间正值黄巢大起义，高骈多次重创起义军，被唐僖宗任命为诸道行营兵马都统。后中黄巢缓兵之计，大将张璘阵亡。高骈从此不敢再战，致使黄巢顺利渡江、攻陷长安。此后至长安收复的三年间，淮南未出一兵一卒救援京师，高骈一生功名毁于一旦。高骈后为部将毕师铎所害。

◎ 释疑解惑

文德皇后长孙氏（601—636），小字观音婢，河南洛阳人。隋朝右骁卫将军长孙晟之女，唐朝宰相长孙无忌同母妹，唐太宗李世民的皇后。

长孙氏13岁嫁给李世民。武德末年，她竭力争取李渊后宫对李世民的支持。

"玄武门之变"当天，她亲自勉慰诸将士，之后拜太子妃，李世民即位后册封为皇后。长孙皇后爱看书籍图传，即便是梳妆打扮时也手不释卷。成为皇后之后依然如此，经常与丈夫共执书卷，谈古论今。

李世民对长孙皇后一向爱重，登基之后，对长孙家族常常恩遇逾制。长孙皇后深以盈满为戒，说服胞兄让位。在李世民恩准下，长孙无忌得以闲职厚禄退避宰执之位。

长孙皇后还利用自身对丈夫的影响力来护慰朝廷贤良，匡正丈夫的过失。长孙皇后一方面欣赏、"庇护"着魏征那些敢于直言的忠臣，另一方面也在不断地提醒李世民要行仁政。她以女性特有的力量在男权至上的封建社会发挥着独特的作用，辅佐皇帝丈夫，使得初唐出现了有利的政治局面。

君明后贤臣直，文治武功，春风和睦，亲切包容。大唐初期迎来了它令后世魂萦梦绕的理想境界——"贞观之治"。李世民赞誉长孙皇后为"嘉偶""良佐"。

长孙皇后先后为李世民诞下三子四女，即恒山王李承乾、濮恭王李泰、唐高宗李治和长乐公主李丽质、城阳公主、晋阳公主李明达、新城公主。

长孙皇后曾著有《女则》30卷，已佚。今仅存《春游曲》一首。

开对落，暗对昭①。
赵瑟②对《虞韶》③。
轺车④对驿骑⑤，锦绣对琼瑶⑥。
羞攘臂⑦，懒折腰⑧。
范甑⑨对颜瓢⑩。
寒天鸳帐酒⑪，夜月凤台箫⑫。
舞女腰肢杨柳软⑬，

佳人颜貌海棠娇[14]。
豪客寻春,南陌草青香阵阵;
闲人避暑,东堂蕉绿影摇摇。

◎ **注释** ①〔昭〕明。②〔赵瑟〕赵王所鼓的瑟。《史记·廉颇蔺相如列传》载,秦王与赵王在渑（miǎn）池相会。秦王想羞辱赵王,便叫赵王鼓瑟,然后让史官记下"秦王……令赵王鼓瑟"的话。③〔《虞韶》〕古代传说中虞舜时的乐曲名《韶》,也叫《虞韶》。④〔轺车〕古代由一匹马拉的轻便车。⑤〔驿骑〕驿站供过往官员和传递公文的人使用的马匹。⑥〔锦绣、琼瑶〕锦绣,见元代刘庭信《一枝花·咏别》："美满,旧欢,胸中锦绣三千段。"琼瑶,见唐代耿湋（wéi）《春日书情寄元校书伯和相国元子》："卫玠琼瑶色,玄成鼎鼐姿。"⑦〔攘臂〕捋（luō）起衣袖,伸出胳膊。形容发怒的样子。⑧〔懒折腰〕懒得行礼弯腰。折,弯,弯曲。《晋书·隐逸列传·陶潜》载,陶渊明曾任彭泽县令。一次,郡守派督邮到县里来,县吏告诉陶渊明说,应该穿好官服,郑重地接待督邮。陶渊明说,"吾不能为五斗米（的微薄俸禄）折腰",向这些"乡里小人"卑躬屈膝。不久,他便辞官离去。⑨〔范甑〕见本书第168页注释⑥。⑩〔颜瓢〕颜回所用的水瓢。出自《论语·雍也》："一箪（dān）食,一瓢饮,在陋巷,人不堪其忧,回也不改其乐。"⑪〔寒天鸳帐酒〕寒冷的冬天在鸳鸯帐里饮酒。宋朝的陶穀（gǔ）得到太尉党进的爱姬,命人取雪水烹茶,问她："党家有这种风味吗？"姬回答说："党进是个粗人,只知道在销金帐中浅斟低唱,饮羊羔美酒,哪里有这种风味！"见宋代传奇小说集《绿窗新话·党家妓不识雪景》。⑫〔夜月凤台箫〕见本书第138页注释⑤。⑬〔舞女腰肢杨柳软〕《太平广记》卷一百九十八引《云溪友议》："唐白居易有妓樊素善歌,小蛮善舞。尝为诗曰:'樱桃樊素口,杨柳小蛮腰。'"⑭〔佳人颜貌海棠娇〕见本书第112页注释⑥。

班对马①，董对晁②。
夏昼对春宵。
雷声对电影③，麦穗对禾苗。
八千路④，廿四桥⑤。
总角⑥对垂髫⑦。
露桃匀嫩脸⑧，风柳舞纤腰⑨。
贾谊赋成伤鵩鸟⑩，
周公诗就托鸱鸮⑪。
幽寺寻僧，逸兴岂知俄尔尽⑫；
长亭送客，离魂不觉黯然消⑬。

◎ **注释** ①〔班、马〕班固、司马迁，都是汉朝的史学家。②〔董、晁〕董仲舒、晁错，都是汉朝的经学家。③〔电影〕闪电。④〔八千路〕形容路途遥远。韩愈《左迁至蓝关示侄孙湘》："一封朝（zhāo）奏九重天，夕贬潮阳路八千。"⑤〔廿四桥〕故址在江苏扬州市江都区西郊。唐代杜牧《寄扬州韩绰（chuò）判官》诗："二十四桥明月夜，玉人何处教吹箫？"后用以指歌舞繁华之地。⑥〔总角〕古代儿童将头发扎成两个小髻（jì），像角一样，叫"总角"。⑦〔垂髫〕小孩子头发扎起来下垂着。髫，古代指小孩子下垂的头发。⑧〔露桃匀嫩脸〕露中的桃花像姑娘均匀涂抹了胭脂的脸。⑨〔风柳舞纤腰〕风中的杨柳像女子舞动着纤细的腰。⑩〔贾谊赋成伤鵩鸟〕相传鵩鸟（猫头鹰）是不祥之鸟。一天，它飞入被贬到长沙的西汉政论家、文学家贾谊的家中。贾谊预感自己将不久于人世，便作了《鵩鸟赋》。伤，伤感。⑪〔周公诗就托鸱鸮〕传说《诗经·

◎ 声律启蒙

豳（bīn）风·鸱鸮》是周公写给成王的，用以表明自己无私地辅佐他的心志。但经今人考证，《鸱鸮》只是一首寓言故事诗。就，成。鸱鸮，猫头鹰。⑫〔幽寺寻僧，逸兴岂知俄尔尽〕《世说新语·任诞》载，东晋名士王徽之住在山阴。一个大雪之夜，他想起远在剡（shàn）溪的隐士戴逵，就连夜乘小船到戴家去。天亮时，王徽之到了戴家门口，但他没有敲门就往回走。别人问他原因，他说："我是一时兴起而来的，兴致没有了就回去，为什么一定要见到戴逵呢？"逸兴，好兴致。俄尔，一会儿。⑬〔长亭送客，离魂不觉黯然消〕南朝梁江淹《别赋》里有"黯然销魂者，唯别而已矣"的句子。长亭，古代在大路边每隔十里设置供歇息的亭子，因此称"十里长亭"。而在城镇附近的亭子往往作为送别之地。北周庾信《哀江南赋》："十里五里，长亭短亭。"宋代柳永《雨霖铃》："寒蝉凄切，对长亭晚，骤雨初歇。……多情自古伤离别，更那（nǎ）堪、冷落清秋节！"这些都是写长亭送别的名句。黯然，心情低落的样子。消魂，也作"销魂"，灵魂离开肉体，形容极度悲伤、愁苦。

三 肴

风对雅^①，象对爻^②。
巨蟒对长蛟^③。
天文对地理，蟋蟀对螵蛸^④。
龙夭矫^⑤，虎咆哮。
北学对东胶^⑥。
筑台须垒土^⑦，成屋必诛茅^⑧。
潘岳不忘《秋兴赋》^⑨，
边韶常被昼眠嘲^⑩。
抚养群黎，已见国家隆治^⑪；
滋生万物，方知天地泰交^⑫。

◎ **注释** ①〔风、雅〕风，《诗经》中的《国风》。雅，《诗经》中的《小雅》《大雅》。②〔象、爻〕指《周易》的卦象与组成八卦的爻。爻，组成八卦的长短横道，长道（整画）"—"为阳爻，短道（断画）"--"为阴爻。③〔蛟〕蛟龙。④〔螵蛸〕螳螂的卵块，常粘在桑枝上，也叫"桑螵蛸"。⑤〔龙夭矫〕龙腾跃奋飞的样子。夭矫，曲折而有气势。⑥〔北学、东胶〕都是古代学校的名称。⑦〔筑台须垒土〕出自《老子·第六十四章》："九层之台，起于累（léi，通"蔂"，土筐）土。"垒，堆积。⑧〔诛茅〕砍除茅草。南朝梁沈约《郊居赋》："或诛茅而剪棘，或既西而复东。"诛，除去。⑨〔潘岳不忘《秋兴赋》〕西晋文学家潘岳写了《秋兴赋》。⑩〔边韶常被昼眠嘲〕《后汉书·边韶传》载，边韶曾在白天睡觉，弟子们私下里嘲笑他说："边孝先，腹便便（pián pián），懒读书，但（只）欲眠。"边韶，字孝先，东汉经学家。⑪〔抚养群黎，已见国家隆治〕爱抚百姓，看到的是国家兴盛安定。群黎，百姓。隆治，兴盛安定。⑫〔天地泰交〕《周易》泰卦（☷）：上坤（☷）下乾（☰）。乾为天，坤为地，天地换位，交相变通。泰，通。出自《象传》："天地交，泰。"

shé duì huǐ　　shèn duì jiāo
蛇 对 虺①，蜃② 对 蛟。

lín sǒu duì què cháo
麟 薮③ 对 鹊 巢④。

fēng shēng duì yuè sè　　mài suì duì sāng bāo
风 声 对 月 色， 麦 穗 对 桑 苞。

hé tuǒ nàn　　zǐ yún cháo
何 妥 难⑤， 子 云 嘲⑥。

chǔ diàn duì shāng jiāo
楚 甸 对 商 郊⑦。

wǔ yīn wéi ěr tīng　　wàn lǜ zài xīn bāo
五 音 惟 耳 听⑧， 万 虑 在 心 包。

gé bèi tāng zhēng yīn chóu xiǎng
葛 被 汤 征 因 仇 饷⑨，

chǔ zāo qí fá zé bāo máo
楚 遭 齐 伐 责 包 茅⑩。

gāo yǐ ruò tiān　　xún shì shèng rén dà dào
高 矣 若 天， 洵 是 圣 人 大 道⑪；

dàn ér rú shuǐ　　shí wéi jūn zǐ shén jiāo
淡 而 如 水， 实 为 君 子 神 交⑫。

◎ **注释** ①〔虺〕古书上说的一种毒蛇。②〔蜃〕大蛤蜊（gé lí）。③〔麟薮〕麒麟聚居的地方。《昭明文选·汉武帝〈贤良诏〉》："麟凤在郊薮，河洛出图书。"薮，指人或东西聚集的地方。④〔鹊巢〕喜鹊窝。出自《诗经·

召（shào）南·鹊巢》："维鹊有巢，维鸠居之。"⑤〔何妥难〕何妥出难（nán）题。《隋书·元善传》载，元善的学问不如何妥广博，但讲学效果比何妥好，何妥为此"每怀不平"。元善主讲《春秋》，事先对何妥说，希望不要为难他。何妥答应了，可到了讲堂上，他却提出一些刁钻难解的问题使元善难堪。两人从此结了仇。何妥，隋朝学者。难，出难题。⑥〔子云嘲〕扬雄写出了《解嘲》。子云，西汉扬雄的字。扬雄曾经因为写《太玄》被认为不切实用而受到嘲笑，所以写了《解嘲》一文予以反驳。见《昭明文选》卷四十五。⑦〔楚甸、商郊〕楚都的甸、商都的郊。甸、郊，都指郊外。⑧〔五音惟耳听〕五音只有用耳朵听才能区分出来。五音，我国古代音乐的五个音阶，分别称宫、商、角（jué）、徵（zhǐ）、羽。⑨〔葛被汤征因仇饷〕葛国被汤征伐是因为葛伯仇视为他们送饭的人。《孟子·滕文公下》载，葛国的国君很狂傲，不祭祀祖先、鬼神，托词说没有祭祀用的牛羊和粮食。汤王送给他牛羊、粮食，还派老百姓去替他们耕地，给他们送饭，可是葛伯却带人抢劫这些老百姓。有一个小孩儿去送饭和肉，竟被葛伯杀掉了。于是，汤王出兵征讨葛伯。⑩〔楚遭齐伐责包茅〕楚国被齐国攻打，是因为齐桓公责备楚成王没有进贡包茅（影响了滤酒）。《左传·僖公四年》载，齐军进攻楚国，楚国派使者与齐国交涉，询问齐国出兵的原因。管仲回答说："尔贡包茅不入，王祭不供，无以缩酒（渗酒，滤酒），寡人是征。"包茅，束成捆儿的菁（jīng）茅，古代祭祀时用来滤酒。⑪〔高矣若天，洵是圣人大道〕高妙得像天一样，真是圣人的哲理。高矣若天，出自《孟子·尽心上》："公孙丑曰：'道则高矣美矣，宜若登天然……'"⑫〔淡而如水，实为君子神交〕淡得像水一样，才是君子之间的交往。淡而如水，出自《庄子·山木》："君子之交淡若水。"神交，指精神相通，心意投合。

◎ 知识拓展

淡而如水，实为君子神交

薛仁贵（614—683），名礼，字仁贵，山西绛州龙门（今山西河津）人。唐朝名将。出身河东薛氏世族，贞观末年投军，征战数十年，曾大败九姓铁勒，降服高句（gōu）丽（lí），击破突厥，功勋卓著，留下"良策息干戈""三箭定天山""神勇收辽东""仁政高丽（lí）国""爱民象州城""脱帽退万敌"等故事。

贞观年间，薛仁贵尚未得志，与妻子住在一个破窑洞中，衣食无着落，全靠王茂生夫妇经常接济。后来，薛仁贵参军，因平辽功大，被封为"平辽王"。前来王府送礼祝贺的文武大臣络绎不绝，都被薛仁贵婉言谢绝了，唯一收下的是王茂生送来的两坛"美酒"。

一打开酒坛，负责启封的执事官就吓得面如土色，因为坛中装的不是美酒而是清水！岂料薛仁贵不但没有生气，而且当众饮下三大碗王茂生送来的清水。在场的文武百官不解其意，薛仁贵说："我过去落难时，全靠王兄弟夫妇经常资助，没有他们就没有我今天的成就。如今我美酒不沾，厚礼不收，却偏偏要收下王兄弟送来的清水，是因为我知道王兄弟贫寒，送清水也是王兄的一番美意。这就叫'君子之交淡如水'。"此后，薛仁贵与王茂生一家关系甚密，"君子之交淡如水"的佳话也就流传了下来。

◎ 释疑解惑

"君子之交淡如水"这句话常挂在嘴边，但是你知道最早是谁说的吗？

这句话也作"君子之接如水""君子之交淡若水"，谓贤者之交谊平淡如水，不尚虚华。语出《庄子·山木》："且君子之交淡若水，小人之交甘若醴；君子淡以亲，小人甘以绝。"郭象注："无利故淡，道合故亲。"《礼记·表记》："故君子之接如水，小人之接如醴；君子淡以成，小人甘以坏。"郑玄注："接或为交。"孔颖达疏："君子之接如水者，言君子相接，不用虚言，如两水相交，寻合而已。"

"小人之交甘若醴"，就是俗话说的"酒肉朋友"，这样的朋友除了平时没事吃吃喝喝，关键时候大都不靠谱儿。有个谜语，谜面就是"酒肉朋友"，打一字。你猜到了吗？

niú duì mǎ　　quǎn duì māo
牛对马，犬对猫。
zhǐ jiǔ duì jiā yáo
旨酒对佳肴①。
táo hóng duì liǔ lǜ　　zhú yè duì sōng shāo
桃红对柳绿，竹叶对松梢。

藜杖叟②，布衣樵③。

北野对东郊。

白驹形皎皎④，黄鸟语交交⑤。

花圃春残无客到⑥，

柴门夜永有僧敲⑦。

墙畔佳人，飘扬竞把秋千舞⑧；

楼前公子，笑语争将蹴鞠⑨抛。

◎ **注释** ①〔旨酒、佳肴〕旨酒，美酒。旨，滋味美。佳肴，好菜。《诗经·小雅·鹿鸣》："我有旨酒，以燕乐嘉宾之心。"又，《孟子·离娄下》："禹恶旨酒而好恶言。"元代鲜于枢《杂兴（其三）》："酒醴副佳肴，黄发斯皤然。"②〔藜杖叟〕拄着藜杖的老头儿。藜杖，用藜的老茎做成的手杖。③〔布衣樵〕穿着布衣的砍柴人。樵，樵夫，砍柴人。④〔白驹形皎皎〕白色的马驹皮毛发亮。出自《诗经·小雅·白驹》："皎皎白驹，食我场（cháng）苗。"皎皎，洁白光亮的样子。⑤〔黄鸟语交交〕黄鸟"交交"地鸣叫着。出自《诗经·秦风·黄鸟》："交交黄鸟，止于棘。"交交，这里指鸟的鸣叫声。⑥〔花圃春残无客到〕花圃残败的时候，没有游人再来了。⑦〔柴门夜永有僧敲〕夜深时，有和尚来敲柴门。永，深，长。⑧〔墙畔佳人，飘扬竞把秋千舞〕墙边美丽的姑娘们争着荡起秋千。苏轼《蝶恋花》："墙里秋千墙外道，墙外行人，墙里佳人笑。"佳人，美丽的姑娘。竞，争着。⑨〔蹴鞠〕古代的一种游戏，类似踢足球。蹴，踢。鞠，古代一种革制的实心球。蹴鞠始于先秦，盛行于唐宋。《史记·苏秦列传》记载，苏秦游说齐宣王时形容临淄："甚富而实，其民无不吹竽鼓瑟、弹琴击筑、斗鸡走狗、六博蹋（tà，踢）鞠者。""蹋鞠"就是"蹴鞠"，也称"蹴球""蹴圆""筑圆"等，是一种非常古老的体育运动。宋代无名氏《西江月》："蹴踘（同'鞠'）场中年少，秋千架上佳人。三三两两趁芳辰，玩赏风光美景。"

四　豪

琴对瑟，剑对刀。

地迥①对天高。

峨冠②对博带③，紫绶④对绯袍⑤。

煎异茗⑥，酌香醪⑦。

虎兕⑧对猿猱⑨。

武夫攻骑射，野妇务蚕缲⑩。

秋雨一川淇奥竹⑪，

春风两岸武陵桃⑫。

螺髻青浓，楼外晚山千仞⑬；

鸭头绿腻，溪中春水半篙⑭。

◎ **注释**　①〔迥〕远。②〔峨冠〕高耸的帽子。③〔博带〕宽大的衣带。④〔紫绶〕古代官员用来佩玉系印的紫色丝带。⑤〔绯袍〕红色的官袍。绯，红色。⑥〔煎异茗〕煎煮特别的茶。异，特别。茗，茶。⑦〔酌香醪〕品尝醇香的美酒。醪，醇酒。⑧〔兕〕犀牛。⑨〔猱〕古书上说的一种猴。⑩〔务蚕缲〕致力于养蚕缲丝。务，从事，致力于。⑪〔秋雨一川淇奥（yù）竹〕一场（cháng）秋雨，淇水湾里的绿竹长得茂盛起来。淇奥，淇水的河湾。出自《诗经·卫风·淇奥》："瞻彼淇奥，绿竹猗（yī）猗。"奥，通"隩（yù）"，水边深曲的地方。⑫〔春风两岸武陵桃〕春风吹来，武陵溪边桃花盛开。出自东晋陶渊明《桃花源记》，说的是东晋太元年间，武陵郡的一位渔夫沿着一条溪流前行，"忽逢桃花林，夹岸数百步，中无杂树，芳草鲜美，落英缤纷"，并发现桃花源的故事。⑬〔螺髻青浓，楼外晚山千仞〕楼外傍晚的千仞山峰，是浓黑的螺髻形状。螺髻，螺壳状的发髻，也用来形容状如螺髻的山峦。仞，古时七尺或八尺为一仞。⑭〔鸭头绿腻，溪中春水半篙〕溪中半篙深的春水呈现出浓绿的颜色。鸭头绿，见本书第190页注释⑫。腻，这里是浓的意思。篙，撑船的竹竿或木杆。

刑对赏，贬对褒。
破斧①对征袍。
梧桐对橘柚，枳棘对蓬蒿。
雷焕剑②，吕虔刀③。
橄榄对葡萄。
一椽书舍④小，百尺酒楼高。
李白能诗时秉笔⑤，
刘伶爱酒每餔糟⑥。
礼别尊卑⑦，拱北⑧众星常灿灿；
势分高下，朝东万水自滔滔⑨。

◎ **注释** ①〔破斧〕砍破斧头。出自《诗经·豳风·破斧》。这是一首歌咏周公东征的诗。②〔雷焕剑〕《晋书·张华传》载,西晋大臣、文学家张华夜观天象,发觉斗宿(dǒu xiù)和牛宿之间常有紫气,便去请教雷焕。雷焕说:"这是宝剑射出的精气,直达于天。剑在豫章丰城。"张华便任命雷焕为丰城县令。雷焕到任之后,在监狱里掘地四丈多,挖出一个石匣,"光气非常"。匣里有两把剑,一把刻着"龙泉",一把刻着"太阿(ē)"。雷焕送给张华一把,自己留下一把。后来张华被赵王司马伦杀害,那把剑不知去向。雷焕死后,他的那把剑由他的儿子雷华佩带。一天,雷华行经延平津,剑忽然从腰间跳出来,落入水中。他往水中一看,只见两条龙各有数丈长,光彩照水,波浪激烈地翻腾,原来是"龙泉"和"太阿"两把剑变成了两条龙。③〔吕虔刀〕《晋书·王祥传》载,三国魏时,任徐州刺史的吕虔得到一把宝刀。有人说,只有能做到三公的人才能佩带这把刀。吕虔便将刀赠给别驾王祥,而王祥后来果然做到司空、太尉。④〔一椽书舍〕只有一根椽子的书屋。这是说书屋极小。椽,放在檩(lǐn)上架着屋面板和瓦的木条。⑤〔时秉笔〕不停地动笔。秉,拿。⑥〔餔糟〕吃酒糟。餔,吃。⑦〔礼别尊卑〕礼有尊贵卑贱的区别。《汉书·成帝纪》:"圣王明礼制以序尊卑。"《汉书·公孙弘传》:"进退有度,尊卑有分,谓之礼。"礼,礼节,礼制。别,区别,区分。⑧〔拱北〕(众星)环绕北极星。出自《论语·为政》:"为政以德,譬如北辰居其所而众星共(拱)之。"拱,环绕,环抱。北,指北辰,即北极星。⑨〔势分高下,朝东万水自滔滔〕我国地势西高东低,万千条河流自然都向东滔滔不绝地奔腾而下。

◎ **知识拓展**

梧桐对橘柚,枳棘对蓬蒿

"梧桐对橘柚,枳棘对蓬蒿",本来应该是"枳棘对橘柚,梧桐对蓬蒿",为了合辙押韵,改为现在的句式。

《韩非子》卷十二《外储说左下》:"主俯而笑曰:'夫树橘柚者,食之则甘,嗅之则香;树枳棘者,成而刺人。故君子慎所树。'"

枳木与棘木因多刺而称恶木,常用以比喻恶人或小人。橘柚"食之则甘,嗅之则香",就比喻贤人、君子。

《庄子·逍遥游》："斥鴳（yàn）笑之曰：'彼且奚适也？我腾跃而上，不过数仞而下，翱翔蓬蒿之间，此亦飞之至也。而彼且奚适也？'"《庄子·秋水》："夫鹓鶵发于南海，而飞于北海，非梧桐不止，非练实不食，非醴泉不饮。"

斥鴳即鴳雀，是小鸟名，是鹑的一种，也称尺鴳。斥鴳弱小，不能远飞，为麦收时的候鸟，借喻小人。鹓鶵，传说中与鸾凤同类的鸟，借喻贤者。

◎ 释疑解惑

上面说鹓鶵"非梧桐不止，非练实不食，非醴泉不饮"，这里的"练实""醴泉"是什么东西呢？

"练实"就是竹实，即竹子所结的籽实，形如小麦。也称竹米，因为色白如练（白色的丝帛），故称"练实"。大约凤凰一类的神鸟都喜食此物。《韩诗外传》卷八："凤乃止帝东园，集帝梧桐，食帝竹实，没身不去。"

实际上，这东西还真能吃。《世说新语·栖逸》："阮步兵啸闻数百步。"刘孝标注引晋代孙盛《魏氏春秋》："尝游苏门山，有隐者莫知姓名，有竹实数斛杵臼而已。"明代李时珍《本草纲目·木四·竹实》引陶弘景曰："竹实出蓝田。江东乃有花而无实，顷来斑斑有实，状如小麦，可为饭食。"

醴泉，甜美的泉水。《礼记·礼运》："故天降膏露，地出醴泉。"传说中昆仑山上的泉名玉泉。王充《论衡·谈天》引汉代司马迁曰："《禹本纪》言：'河出昆仑……其上有玉泉、华池。'"今本《史记·大宛（yuān）列传》作"醴泉、瑶池"。

有意思的是，还有与"醴泉"相对应的"贪泉"，而且不止一处。一是在今广东省南海区。晋朝吴隐之操守清廉，为广州刺史，未至州二十里，地名石门，有水曰贪泉，相传饮此水者，即廉士亦贪。隐之酌而饮之，因赋诗曰："古人云此水，一歃（shà）怀千金。试使夷齐饮，终当不易心。"及在州，清操愈厉。事见《晋书·良吏列传·吴隐之》。一是在今湖南省郴（chēn）县。北魏郦道元《水经注·耒水》："耒水又西，黄水注之……按盛弘之云：'众山水出，注于大溪，号曰'横流溪'。溪水甚小，冬夏不干，俗亦谓之为'贪泉'，饮者辄冒于财贿，同于广州石门贪流矣。'"

◎ 声律启蒙

瓜对果，李对桃。

犬子对羊羔①。

春分对夏至，谷水对山涛②。

双凤翼③，九牛毛④。

主逸对臣劳⑤。

水流无限阔，山耸有余高。

雨打村童新牧笠⑥，

尘生边将旧征袍。

俊士居官，荣列鹓鸿之序⑦；

忠臣报国，誓殚⑧犬马之劳⑨。

◎ **注释** ①〔犬子、羊羔〕犬子，古代用为小孩儿的名字，表示爱称。《史记·司马相如列传》有记载，详见后文典故。羊羔，除指小羊外，又指酒名，产于山西。这里是用双关语作对。②〔谷水对山涛〕谷水，水名。旧出弘农郡黾池县（今河南渑池）墦（fán）冢，今出千崤（xiáo）东马头山谷阳谷。山涛，"竹林七贤"之一，西晋名士。这里也是双关作对。③〔双凤翼〕出自唐代李商隐《无题》诗："身无彩凤双飞翼，心有灵犀一点通。"④〔九牛毛〕九牛一毛。比喻极大的数量中微不足道的一部分。西汉司马迁《报任少卿书》："假令仆伏法受诛，若九牛亡一毛，与蝼蚁何以异？"⑤〔主逸、臣劳〕主逸，君主闲逸。臣劳，臣下辛劳。⑥〔笠〕用竹或草编成的帽子，可以遮雨、遮阳光。⑦〔鹓鸿之序〕鹓和鸿这两种鸟飞行有序，常用来比喻朝臣的行列。宋朝苏轼《次韵答邦直子由》（之四）有"闻道鹓鸿满台阁，网罗应不到沙鸥"的诗句。鹓，鹓雏，传说中类似鸾凤的鸟。鸿，鸿雁。⑧〔殚〕竭尽。⑨〔犬马之劳〕像犬马那样为人奔走效力。

◎ **知识拓展**

犬子对羊羔

《公羊传·庄公二十四年》："腶脩（duàn xiū）云乎。"汉代何休注："凡贽（zhì），天子用鬯（chàng），诸侯用玉，卿用羔……羔取其执之不鸣，杀之不号，乳必跪而受之，类死义知礼者也。"后以"跪乳"喻指孝义。汉代班固《白虎通·衣裳（cháng）》："羔者，取跪乳逊顺也。"《增广贤文》："羊有跪乳之恩，鸦有反哺之义。"据说老乌鸦不能自己去找食物的时候，小乌鸦会把吃进去的东西吐出来给老乌鸦吃，以感谢老乌鸦的恩义。小羊羔喝奶的时候是跪着的，这是一种感恩的举动。

说到犬子，这其中的故事还真不少。

一般都用"犬子"一词谦称自己的孩子，显得文雅谦逊，很有修养。其实不一定，因为有位大名鼎鼎的古人——汉代司马相如的小名就是犬子。《史记·司马相如列传》："（相如）少时好读书，学击剑，故其亲名之曰'犬子'。"司马贞《索隐》引孟康曰："爱而字之也。"

"爱而字之"说得太委婉了，其实就是个平常名儿，跟二狗、傻蛋、石头一个意思——好养活。这也从侧面说明，司马相如出身一般。当然，也有出身高贵的起个平常的小名儿，但不多。

说到这里，不得不提到另一位被迫叫"犬子"的古人——皇太子。他是南朝梁人，梁武帝时为小史。初名太子。可是很不幸，他生在有皇帝的时代，这名字实在太犯忌讳。果然，梁武帝认为"太子"不可为名，便为他改名为"犬子"。

再说就是具有贬义的"犬子"。《三国演义》第七三回："云长勃然大怒曰：'吾虎女安肯嫁犬子乎！不看汝弟之面，立斩汝首。'"此处，关羽借"犬子"来骂孙权。

《三国志·吴书·吴主传》："十八年正月，曹公攻濡（rú）须，权与相拒月余。曹公望权军，叹其齐肃，乃退。"裴松之注引《吴历》曰："……权行五六里，回还作鼓吹。公见舟船器仗军伍整肃，喟然叹曰：'生子当如孙仲谋，刘景升儿子若豚犬耳。'"

当时曹操与孙权相持于濡须，曹操攻而不能破，且见吴军阵容整肃，而孙权英武异常，于是发出了"生子当如孙仲谋"的赞语；只可惜不相干的刘表父子被无辜牵连了。东汉末年荆州牧刘景升，字表，与其子刘琦、刘琮皆碌碌无为之辈。

这个词后来也用以谦称自己的儿子。《旧五代史·唐书·庄宗纪一》："梁祖闻其败也，既惧而叹曰：'生子当如是，李氏不亡矣！吾家诸子乃豚犬尔！'"不过细细品味，后梁皇帝这话好像不仅仅是自嘲，而是有些丧气乃至害怕，自叹不如倒是真的。

◎ 释疑解惑

上面讲到了小名。从古至今，无论是帝王将相，还是平民百姓，大多有一个小名。古人的小名或粗鄙，或儒雅，或寄托愿望，或表达深意，非常有趣。那么古人取小名有什么讲究呢？

古人为孩子起小名的出发点很多，最普遍的是父母为了孩子好养活，而故意用低贱的名字，以此来远离鬼魅。如刘禅乳名"阿斗"，曹操小名"阿瞒"，宋武帝小字"寄奴"，北宋陶毂小名"铁牛"，苏辙之子苏远小名"虎儿"，等等。古人认为，小名越是难听粗鄙，孩子越是好养活。

当然，很多小名代表一定的因缘际遇。如《后汉书》作者范晔小名"砖儿"，是因为母亲如厕时生下了他，他的额头被一块砖头磕伤。王安石出生时，突然有一只獾（huān）闯入，故小名"獾郎"。北宋状元时彦出生前，家里的狗先生了9条小黑狗，父母就为他取名"十狗"。

还有以头发来命名的，如北魏房法寿小名"乌头"，后魏卢景裕乳名"白头"，北魏官吏游雅小名"黄头"，等等。

男子二十、女子十五后，便不再用这些乳名，而正式起名起字了，很多人年龄再大一点儿时还会起号。

五 歌

山对水，海对河。
雪竹对烟萝①。
新欢对旧恨，痛饮对高歌。
琴再抚，剑重磨。
媚柳对枯荷。
荷盘②从雨洗，柳线③任风搓。
饮酒岂知欹醉帽④，
观棋不觉烂樵柯⑤。
山寺清幽，直踞千寻云岭⑥；
江楼宏敞，遥临万顷烟波⑦。

◎ **注释** ①〔雪竹、烟萝〕雪竹，雪覆盖的竹林。烟萝，雾气弥漫的丝萝。②〔荷盘〕荷叶。③〔柳线〕柳条。④〔饮酒岂知欹醉帽〕《晋书·孟嘉传》载，晋朝孟嘉好饮酒。重阳节时，征西大将军桓温在龙山大宴僚佐，孟嘉的帽子被风吹掉了，他自己竟未发觉。⑤〔烂樵柯〕烂掉了砍柴斧的柄。见本书第194页注释②。⑥〔直踞千寻云岭〕高高地盘踞在云雾缭绕的千寻山岭之上。寻，古代八尺为一寻。⑦〔烟波〕烟雾苍茫的水面。

◎ 声律启蒙

繁对简，少对多。

里咏对途歌①。

宦情对旅况②，银鹿③对铜驼④。

刺史鸭⑤，将军鹅⑥。

玉律⑦对金科⑧。

古堤垂弹柳⑨，曲沼长新荷。

命驾吕因思叔夜⑩，

引车蔺为避廉颇⑪。

千尺水帘⑫，今古无人能手卷；

一轮月镜，乾坤何匠用功磨⑬？

◎ **注释** ①〔里咏、途歌〕里咏，百姓的诗。里，巷，胡同（tòng）。途歌，路人的歌。②〔宦情、旅况〕宦情，做官的情形。宦，做官。旅况，漂泊的景况。③〔银鹿〕唐朝大臣、书法家颜真卿家僮的名字。唐代李肇（zhào）《唐国史补》载，颜真卿在蔡州时，"银鹿始终随之"。后用"银鹿"作仆人的代称。④〔铜驼〕铜铸的骆驼，多立于宫门寝殿之前。《晋书·索靖传》："（索）靖有先识远量，知天下将乱，指洛阳宫门铜驼，叹曰：'会见汝在荆棘中耳！'"后便以"铜驼荆棘"指山河残破、世族败落或人事衰颓。⑤〔刺史鸭〕唐朝诗人韦应物曾任苏州刺史，好（hào）养鸭，称鸭为"绿头公子"。刺史，官名。⑥〔将军鹅〕南朝宋何法盛的《晋中兴（xīng）书》载，山阴道士养着一群鹅，王羲之看了非常喜欢。道士说："你给我写《黄庭经》，我就把这群鹅全送给你。"王羲之给他写了，然后用笼子把鹅装走。将军，王羲之官至右军将军，世

215

称"王右军"。⑦〔玉律〕玉制的标准定音器,喻指庄严而不可变更的法令。⑧〔金科〕法令,法律。金,表示法律、法令之贵。⑨〔鬈柳〕枝条下垂的柳树。鬈,下垂。⑩〔命驾吕因思叔夜〕吕安因为想念嵇康(字叔夜)而命人驾车前去拜访。《晋书·嵇康传》载,吕安敬重嵇康,"每一相思,辄(zhé)千里命驾"。命驾,命人驾车马,即立刻动身。⑪〔引车蔺为避廉颇〕《史记·廉颇蔺相如列传》载,战国时蔺相如因功位列上卿,在老将廉颇之上。廉颇不服,声言一定要当面羞辱他。一次,蔺相如驾车出行,见廉颇挡在前面路上,便命车夫把车拐到一条小巷里躲开廉颇。引,退却,避开。⑫〔千尺水帘〕指瀑布。水流从高崖倾泻下来,像挂在山崖上的竹帘。唐代李白《望庐山瀑布》诗:"飞流直下三千尺,疑是银河落九天。"⑬〔乾坤何匠用功磨〕元代张养浩《双调·折桂令·中秋》:"一轮飞镜谁磨?照彻乾坤,印透山河。"乾坤,天地之间。

◎ 知识拓展

银鹿对铜驼

银鹿,唐代颜真卿的家僮名。唐代李肇《唐国史补》卷上:"颜鲁公之在蔡州,再从侄岘家僮银鹿始终随之。"后用以代称仆人。

颜真卿(708—784),字清臣,京兆万年(今陕西西安)人,祖籍琅邪(今山东临沂)。颜师古五世从孙、颜杲(gǎo)卿从弟。唐代名臣、杰出的书法家。

开元二十二年(734年),颜真卿登进士第,曾四次被任命为监察御史,迁殿中侍御史。因受权臣杨国忠排斥,被贬为平原太守,人称"颜平原"。"安史之乱"时,他组织义军对抗叛军。唐肃宗即位后,拜工部尚书兼御史大夫,为河北招讨使。唐代宗时官至吏部尚书、太子太师,封鲁郡公,人称"颜鲁公"。德宗兴元元年(784年),遭宰相卢杞陷害,被遣往叛将李希烈部劝谕。

李希烈先是以礼相待,想劝颜真卿跟他一起造反,被颜真卿大义凛然地拒绝。李希烈最终将颜真卿逮捕,在庭院中挖了一丈见方的坑,传言说要活埋他。颜真卿约见李希烈说:"死生有命,何必搞那些鬼把戏!"张伯仪兵败时,李希烈命令把张伯仪的仪仗和头颅送给颜真卿看,颜真卿悲痛地哭倒在地。恰逢李希烈同伙中的周曾、康秀林想偷袭杀掉李希烈,二人欲尊颜真卿为帅。后事情泄露，周曾被杀死，颜真卿被李希烈押送到蔡州。颜真卿估计自己一定会死，于是写了给德宗的遗书、自己的墓志和祭文，并指着寝室西墙下说："这是放我尸体的地方啊！"不久，李希烈称帝，派使者问登帝位的仪式。颜真卿回答说："老夫年近八十，曾掌管国家礼仪，只记得诸侯朝见皇帝的礼仪！"

后来，朝廷的军队又强大起来，李希烈料想形势会变，便派将领辛景臻、安华到颜真卿住所，在庭院里堆起干柴说："再不投降，就烧死你！"颜真卿起身跳入火中，辛景臻等人急忙拉住了他。李希烈的弟弟李希倩与朱泚（cǐ）叛乱被杀，李希烈因而发怒，于兴元元年（784年）八月初三派宦官前往蔡州杀害颜真卿，并假称："有诏书！"颜真卿拜了两拜。宦官说："诏赐死。"颜真卿说："老臣没有完成使命，有罪该死，但使者是从哪里来的？"宦官说："从大梁来。"颜真卿骂道："原来是叛贼，何敢称诏！"遂遭缢杀。嗣曹王李皋听到颜真卿死节的消息，流下眼泪，三军都为之痛哭。

"铜驼"的典故跟大书法家索靖有关。《晋书·索靖传》：

　　索靖字幼安，敦煌人也。累世官族，父湛，北地太守。靖少有逸群之量，与乡人氾（fán）衷、张甝（hán）、索纾（zhěn）、索永俱诣太学，驰名海内，号称"敦煌五龙"。四人并早亡，唯靖该博经史，兼通内纬。州辟别驾，郡举贤良方正，对策高第。傅玄、张华与靖一面，皆厚与之相结……靖有先识远量，知天下将乱，指洛阳宫门铜驼，叹曰："会见汝在荆棘中耳！"

索靖（239—303），字幼安。敦煌龙勒（今甘肃敦煌）人。西晋将领、著名书法家。永熙元年（290年），晋惠帝司马衷即位，赐索靖关内侯。索靖有先见，预知天下将要大乱，便指着洛阳皇宫门前的铜塑骆驼感叹说："大概以后会在荆棘中看到你吧！"

索靖善章草，传张芝之法，其书险峻坚劲。其章草书，自名"银钩虿（chài）尾"。时人称："（卫）瓘（guàn）得伯英之筋，（索）靖得伯英之肉。"著有《草书状》等。

霜对露，浪对波。

径菊对池荷。

酒阑对歌罢，日暖对风和。

梁父咏①，楚狂歌②。

放鹤③对观鹅④。

史才推永叔⑤，刀笔⑥仰萧何。

种橘犹嫌千树少⑦，

寄梅谁信一枝多⑧？

林下风生，黄发村童推牧笠⑨；

江头日出，皓眉溪叟晒渔蓑⑩。

◎ **注释** ①〔梁父（fǔ）咏〕即《梁父吟》，古乐府曲名。梁父，山名。《三国志·蜀书·诸葛亮传》称诸葛亮"好为《梁父吟》"。②〔楚狂歌〕《论语·微子》载，楚国狂人接舆（yú）曾一边走过孔子乘坐的车子，一边唱歌讽刺孔子。楚狂，春秋时楚国一位叫陆通（字接舆）的隐士。他对楚昭王时政令无常的现象相当不满，便披头散发，装成狂人，不出来做官。当时人们叫他"楚狂"。③〔放鹤〕东晋高僧支道林喜欢鹤。别人送来一对鹤，他怕鹤飞走，便剪掉鹤翅上的羽毛。鹤因此整天低着头，或回头看一下翅膀，显得很难过。支道林说："既有凌霄之姿，何肯为人作耳目近玩！"就命人把鹤翅养好，放飞而去。见《世说新语·言语》。④〔观鹅〕《晋书·王羲之传》记载，东晋时，会稽有位老妇人养了一只鹅，叫得很好听，王羲之就带着人前往观看。老妇人听说尊贵的客人来了，就把鹅杀了招待王羲之等人。王羲之为此懊丧叹息了好多天。⑤〔永叔〕即北宋欧阳修，字永叔。他曾撰写《新五代史》，与宋祁合著《新唐书》，所以称"史才"。⑥〔刀笔〕"刀笔吏"的省称。古代称主管文书档案的小吏为"刀笔吏"。《史记·萧相国世家赞》:"萧相国何于秦时为刀笔吏,录录未有奇节。"⑦〔种橘犹嫌千树少〕《三国志·孙休传》注引《襄阳记》载,汉末丹杨太守加威远将军李衡总想发家致富,可妻子却主张"贵而能贫方好",不听他的。于是他暗地里派十个门客到龙阳氾(sì)洲盖了房子,种了一千棵柑橘树。临死他对儿子说:"我给你留下'千头木奴',够你吃用的了。"⑧〔寄梅谁信一枝多〕陆凯曾从江南给远在长安的好友范晔(yè)寄出一枝梅花,并赠诗一首。见第169页注释⑥。后以"寄梅"借指对亲朋的思念和问候。⑨〔林下风生,黄发村童推牧笠〕树林中刮起了风,黄头发的牧童整了整笠帽。林下,幽僻的地方,这里指树林中。⑩〔皓眉溪叟晒渔蓑〕小河边的白眉渔翁晾晒潮湿的蓑衣。

◎ 知识拓展

刀笔仰萧何

古人用简牍时,如有错讹,即以刀削之,故古时文人、政客常常随身带着刀和笔,以便随时修改错误。因刀笔并用,历代文官也称"刀笔吏"。《史记·酷吏列传》:"临江王欲得刀笔为书谢上,而都禁吏不予。"《后汉书·刘盆子传》:"酒未行,其中一人出刀笔书谒欲贺,其余不知书者起请之。"李贤注:"古者记事书于简册,谬误者以刀削而除之,故曰'刀笔'。"

在植物纤维纸流行以前,简册是主要的书写材料。至少在3 000多年前的商代就已有简册了。简的宽度一般在0.5厘米~1厘米,长度往往视用途而异。简册通常用丝绳或麻绳编连,以编两道或三道最为常见。一般先把简编成册,然后再书写。每册的简数不一,主要取决于书写的内容以及携带、阅读是否方便。收藏简册时,以末简为轴卷成一卷,有些讲究的人还在外面加书囊。简一般只写一行字。可以写几行字的宽木板称为方或牍。书信往往写在一尺长的木牍上,所以有尺牍之名。简牍的书写,用毛笔和墨。删改简上的文字要用书刀,因此,古人常以刀、笔并提。

据考古发现的材料,简册可分为简、牍、觚(gū,供数面书写的多棱形木棍)、检(传递文书、信件时的木质封检)、楬(jié,题写簿册和器物名称的宽短木牌)。内容包括官方的文书档案、私人信件、书籍抄件、历谱,以及专为随葬用的遣册等。已知出土时代最早的简为湖北随州战国早期曾侯乙墓竹简，最晚的是新疆罗布泊楼兰古城、民丰尼雅遗址和吐鲁番晋墓的晋简。

周、秦、汉各代都是简、帛并用的，但由于帛的价格高，远不如简册使用得普遍。东汉中期蔡伦造纸以后，纸开始成为重要的书写材料。在魏晋时期，虽然私家已经越来越普遍地使用纸，但官府文书仍多用简册。到了南北朝时期，简册才基本绝迹。

◎ 释疑解惑

我们看古书，都是从右向左竖行，明显跟现在左起横排不同。那么，古人为什么那样做呢？

这得从当时的书籍材料说起。

古人用刀子在木板上刻字，由于刀尖用力划过会引起木板的移动，因而必须固定住木板。出于简便易行的考虑，古人一般是左手握牢木板，右手持刀刻写。这样，要求木板长以二至三尺为宜，宽不能超过四寸，否则就无法握紧，这就是"牍"。牍既可以横握也可以竖握。当横持牍片时，握牍片的左手掌心向上，掌面前伸，而刻写文字的右手掌面同样前伸，两只手掌夹角小，难以用力。特别是在牍片最左边刻写时，右手将超过左手，几乎无法用力。只有竖持牍片，左手掌心向内，掌面侧横，右手掌心向下，掌面向前斜伸，两手才互不影响，显得舒缓大方。由于竖持的牍片较窄，横写每行只能刻写十来个字，很不方便，只有竖行刻写才比较合适。

再者，牍片不容易装订，而简条容易编系成册，并且容易卷折成卷。只要简条数量合适，卷起来的简册正好能握在掌中，左手可以牢靠地握住简册，以便于右手用力刻写。简册便于携带，一个刀笔吏随身可以携带多个简册，足够几天的使用。

另外，在简册上写字时，如果向右换行，就会把写满字的简条直接卷进左手掌中，导致前文被压在掌中，不方便查看。向左换行的话，简册自右向左卷起，在每个简条的外面刻写，写满字的简条直接从左手指端卷出，要查看前文时只需持刀（笔）的右手手腕抬起卷出的简条即可。正是这一点，决定了古人向左换行的书写习惯。

这就是古书竖排右起格式的由来。这种版式非常适合左手持握。古代书籍在雕版印刷发明前，大多是手抄传播，左手持书，右手握笔，两得其便。

六　麻

松对柏，缕对麻①。

蚁阵对蜂衙②。

赪鳞③对白鹭，冻雀对昏鸦。

白堕酒④，碧沉茶⑤。

品笛对吹笳⑥。

秋凉梧堕叶，春暖杏开花。

雨长苔痕侵壁砌⑦，

月移梅影上窗纱。

飒飒秋风，度城头之笳篥⑧；

迟迟晚照，动江上之琵琶⑨。

◎ **注释**　①〔缕、麻〕线缕、麻团。②〔蚁阵、蜂衙〕见于宋代陆游《睡起至园中》诗："更欲世间同省事，勾回蚁阵放蜂衙。"蚁阵，蚂蚁战斗时的阵势。蜂衙，蜜蜂早晚聚集，簇拥蜂王，好像官吏到上司的衙门里排班参见，所以称"蜂衙"。③〔赪鳞〕鳞片为红色的鱼。赪，红色。④〔白堕酒〕酒名。刘白堕所酿的酒。《洛阳伽（qié）蓝记·法云寺》载，河东人刘白堕善于酿酒，"饮之香美而醉，经月不醒"。⑤〔碧沉茶〕水呈绿色的茶。唐代曹邺《故人寄茶》

诗："碧沉霞脚碎，香泛乳花轻。"⑥〔笳〕胡笳。我国古代北方民族一种类似笛子的乐器。⑦〔壁砌〕墙壁和台阶。⑧〔飒飒秋风，度城头之筚篥〕呼呼的秋风吹过，就像城头上响过筚篥的声音。飒飒，形容风声。筚篥，一种用竹子做管、芦苇做嘴的管乐器，汉朝时从西域传入。这句话隐含了一个凄美的故事：唐玄宗时爆发"安史之乱"，臣子和将士们认为是杨玉环和她的家人误国所致，便在撤退途中逼玄宗赐死杨贵妃。玄宗在叛乱平定后回京，因思念杨贵妃而谱写了筚篥曲《雨淋铃》，并命乐师张野狐在望京楼上演奏，凄怆动人。后来又多次在长安城演奏，每次玄宗都泪流满面。见宋代乐史《杨太真外传》。⑨〔迟迟晚照，动江上之琵琶〕太阳落山，江上传来琵琶演奏的声音。出自唐代白居易的《琵琶行》："浔（xún）阳江头夜送客……忽闻水上琵琶声，主人忘归客不发。"

◎ 知识拓展

赪鳞对白鹭

赪鳞，鱼的赤色鳞片，亦指鳞片赤色的鱼。汉代刘向《列仙传·吕尚》："吕尚隐钓，瑞得赪鳞。"

《诗经·周颂·振鹭》："振鹭于飞，于彼西雍。"孔颖达疏："言有振振然絜（通'洁'）白之鹭鸟往飞也……美威仪之人臣而助祭王庙，亦得其宜也。"又《鲁颂·有驷》："振振鹭，鹭于下。"毛传："鹭，白鸟也，以兴（xìng）絜白之士。"郑玄笺："絜白之士群集于君之朝。"后因以"振鹭"喻在朝的操行纯洁的贤人。

吕尚，姜姓，名望，字子牙，或单呼牙，别号飞熊。商朝末年人。其先祖为四岳，佐禹平水土甚有功，虞夏之际封于吕，从其封姓，故以吕为氏。

吕尚曾经很穷困，年老时，借钓鱼的机会求见周西伯姬昌。西伯在出外狩（shòu）猎之前，占卜一卦，卦辞说："所得猎物非龙非螭（chī），非虎非熊；所得乃是成就霸王之业的辅臣。"西伯于是出猎，果然在渭河北岸遇到吕尚。与吕尚谈论后，西伯大喜，说："我国先君太公说：'定有圣人来周，周会因此兴旺。'说的就是您吧？我们太公盼望您已经很久了。"因此称吕尚为"太公望"，二人一同乘车而归，吕尚被尊为太师。

传说吕尚早些时候只知道钓鱼,家里贫困,其妻马氏嫌弃吕尚,欲图离去。吕尚劝她说:"我有朝一日会得到荣华富贵,你可别这样做。"马氏不听,离开了他。后来吕尚帮助武王建立了周朝,于是马氏想和吕尚破镜重圆。吕尚就将一壶水泼在地上让马氏去收回来,而马氏只能拿回淤泥。吕尚说:"若言离更合,覆水定难收。"

◎ 释疑解惑

"覆水难收"这个成语最早是谁说的呢?

《后汉书·何进传》:"国家之事,亦何容易!覆水不可收。宜深思之。"后以"覆水难收"喻事成定局,难以挽回。这个应该是比较正宗的出处。另一个就是跟上面的故事有关的了。宋代王楙(mào)《野客丛书·心坚石穿覆水难收》:"太公取一壶水倾于地,令妻收入,乃语之曰:'若言离更合,覆水定难收。'"王楙(1151—1213),字勉夫,长洲人。少孤,事母以孝。母殁(mò),放弃科举,闭门著述,时人称为"讲书君"。范成大特别赏识他的文章。著有《野客丛书》30卷,《巢睫稿笔》50卷。

还有一个来源据说是汉朝朱买臣。朱买臣打柴读书,寒暑不辍,到了40多岁,仍未得一官半职。为此,妻子崔氏常常嘲笑和奚落他。朱买臣却很有信心,认为自己一定会有出息,劝崔氏道:"我到50岁肯定会富贵,现在我已经40多岁了。等我富贵了,一定会报答你的。"可是妻子不相信。朱买臣并没有因为妻子不满而改变初衷,依然是砍樵读书,边挑柴边念书,高兴时还唱上两句,自得其乐,引得一群孩子常常跟在他后面哄笑。妻子很生气,斥责他道:"你这个书呆子,连小孩子都在取笑你,真气死我了!嫁给你,也算我倒霉,到哪一天才能出头啊!"后来,崔氏坚持要离开,逼着朱买臣写了休书。自从两人离异后,朱买臣的日子更不好过了,但他仍旧以打柴为生,空闲时仍坚持读书。

崔氏离开朱买臣,改嫁给附近一个姓张的木匠,常常挨打,这才想起朱买臣的好,懊悔不已。朱买臣则在同乡严助的推荐下,进京面试,得到汉武帝的赏识,出任会稽太守,衣锦还乡。消息传到崔氏耳中,她哀求朱买臣重新收留她。朱买臣答应只要崔氏能办到一件事,就收留她。第二天,朱买臣骑马来到张木匠家门口,令人舀了一盆水,泼在地上,并对崔氏说:"你能把泼出去的那盆水收回来吗?"崔氏哑口无言,又气又羞,就纵身跳进门前的小河自尽了。朱买臣可怜她,命人捞起尸体予以安葬。成语"马前泼水""覆水难收",讲的都是这个故事,出自元杂剧《渔樵记》,全称《朱太守风雪渔樵记》,亦名《王鼎臣风雪渔樵记》(在明初避皇姓讳),作者不详,有兴趣的朋友可以看看。

优对劣,凸对凹①。

翠竹对黄花②。

松杉对杞梓③,菽麦对桑麻④。

山不断,水无涯。

煮酒对烹茶。

鱼游池面水,鹭立岸头沙。

百亩风翻陶令秫⑤,

一畦雨熟邵平瓜⑥。

闲捧竹根⑦,饮李白一壶之酒⑧;

偶擎桐叶⑨,啜卢仝七碗之茶⑩。

◎ **注释** ①〔凹〕旧读 wā,今读 āo。②〔黄花〕菊花。③〔杞梓〕杞和梓是两种良材。《左传·襄公二十六年》:"晋卿不如楚,其大夫则贤,皆卿材也。如杞梓、皮革,自楚往也。"④〔桑麻〕桑树和麻,为古代织物的主要原材料。也泛指农作物或农事。唐代孟浩然《过故人庄》诗:"开轩面场圃,把酒话桑麻。"⑤〔陶令秫〕《宋书·隐逸传·陶潜》载,东晋陶渊明当彭泽县令时,让县吏把公田全部种上秫稻,因此得名"陶令秫"。秫,高粱(多指黏高粱)。⑥〔邵平

◎ 声律启蒙

瓜〕即"召（shào）平瓜"，也叫"东陵瓜"。召平在秦朝时被封为东陵侯，秦朝灭亡后成为平民，生活贫困，于是在长安城东种瓜。他种的瓜很甜，俗称"东陵瓜"。⑦〔竹根〕竹根制作的酒器。南朝梁庾信《奉报赵王惠酒》："野炉然（燃）树叶，山杯捧竹根。"⑧〔饮李白一壶之酒〕与李白一样喝一壶美酒。一壶之酒，李白《月下独酌》中有"花间一壶酒，独酌无相亲"的诗句。⑨〔擎桐叶〕举起桐叶形的茶碗。这里的"桐叶"是双关语。《史记·晋世家》："成王与叔虞戏，削桐叶为珪以与叔虞，曰：'以此封若（你）。'史佚因请择日立叔虞。成王曰：'吾与之戏耳。'史佚曰：'天子无戏言。言则史书之，礼成之，乐歌之。'于是遂封叔虞于唐。"后来就用"桐叶封"指帝王封拜，用在此处，是极力形容饮茶的感受比得上封侯拜相的荣耀。⑩〔啜卢仝七碗之茶〕与卢仝一样也喝七碗新茶。啜，喝。七碗之茶，见唐朝诗人卢仝《走笔谢孟谏议寄新茶》诗："一碗喉吻润；两碗破孤闷；三碗搜枯肠，唯有文字五千卷；四碗发轻汗，平生不平事，尽向毛孔散；五碗肌骨清；六碗通仙灵；七碗吃不得也，唯觉两腋习习清风生。"

wú duì chǔ　　shǔ duì bā
吴对楚，蜀对巴。
luò rì duì liú xiá
落日对流霞。
jiǔ qián duì shī zhài　　bǎi yè duì sōng huā
酒钱①对诗债②，柏叶对松花。
chí yì jì　　fàn xiān chá
驰驿骑，泛仙槎③。
bì yù duì dān shā
碧玉对丹砂。
shè qiáo piān sòng sǔn　　kāi dào jìng huán guā
设桥偏送笋④，开道竟还瓜⑤。
chǔ guó dà fū chén mì shuǐ
楚国大夫沉汨水⑥，

洛阳才子谪长沙⁷。
书箧琴囊，乃士流活计⁸；
药炉茶鼎，实闲客生涯⁹。

◎ **注释** ①〔酒钱〕喝酒或买酒的钱。苏轼《小儿》诗："大胜刘伶妇，区区为酒钱。"②〔诗债〕他人索要诗作或要求和（hè）诗，还没来得及酬答，好像欠债一样。白居易《晚春欲携酒寻沈四著作先以六韵寄之》诗："顾我酒狂久，负君诗债多。"③〔仙槎〕神话中能来往于海上和天河之间的竹木筏。西晋张华《博物志》载，传闻西汉时，海中小洲有人乘漂来的浮槎入海，20多天后到达天河，见到牛郎织女。④〔设桥偏送笋〕《南史·孝义传》载，郭原平家种竹，夜间邻居家有人来偷笋，被郭遇见，小偷逃跑时掉到沟中。事后，郭原平在沟上修了小桥，又采竹笋放到篱笆外。偷笋的邻居十分惭愧，从此再没来偷笋。⑤〔开道竟还瓜〕《晋书·孝友传》载，桑虞的菜园中瓜果刚熟，就有人跳墙偷瓜。桑虞恐怕篱笆有刺儿伤到偷瓜人，便命仆人开了一条通道。偷瓜人因此受到感化，将瓜送还，还向他磕头请罪。⑥〔楚国大夫沉汨水〕战国时，楚国大夫屈原忠于祖国却被楚王流放，最后眼看自己的国家一步步走向灭亡，悲愤至极，就跳进汨罗江自杀了。⑦〔洛阳才子谪长沙〕汉朝的贾谊非常有才学，被孝文帝破格提拔，一年之中就做到太中大夫这样的高官。他提出不少变革旧制的意见，惹恼了周勃、灌婴等重臣，遭到攻击，最终被贬到长沙，做长沙王的太傅。⑧〔书箧琴囊，乃士流活计〕书箱和琴袋，是读书人谋生的工具。箧，小箱子。囊，袋子。⑨〔药炉茶鼎，实闲客生涯〕传说东晋很有名的隐士葛洪在山中炼丹修道，终于成仙。当时他炼丹的器具就有药炉和茶鼎。闲客，闲逸之人，古代专指隐士。

七 阳

高对下,短对长。
柳影对花香。
词人对赋客,五帝①对三王②。
深院落,小池塘。
晚眺③对晨妆④。
绛霄唐帝殿⑤,绿野晋公堂⑥。
寒集谢庄衣上雪⑦,
秋添潘岳鬓边霜⑧。
人浴兰汤,事不忘于端午⑨;
客斟菊酒,兴常记于重阳⑩。

◎ **注释** ①〔五帝〕《史记》根据《世本》和《大戴礼》,称黄帝、颛顼(zhuān xū)、帝喾(kù)、尧、舜为五帝。②〔三王〕指夏、商、周三代君王,他们是夏禹、商汤以及周朝的文王、武王。③〔晚眺〕傍晚向远处望。④〔晨妆〕清晨梳妆。⑤〔绛霄唐帝殿〕绛霄殿是唐明皇李隆基时的宫殿。⑥〔绿野晋公堂〕《新唐书·裴度传》载,唐宪宗时的宰相裴度封晋国公,晚年辞官退居洛阳,在午桥建了一座别墅,叫绿野堂。他常在这里和白居易、刘禹锡等人饮酒赋诗,昼夜相欢,不问世事。⑦〔寒集谢庄衣上雪〕《宋书·符瑞志下》载，南朝宋大明五年（461年）正月元旦，花雪降殿廷。当时右卫将军谢庄下殿，衣上沾雪，皇帝认为这是祥瑞的征兆。⑧〔潘岳鬓边霜〕西晋潘岳写《秋兴赋》，在序中说："余春秋三十有（yòu）二，始见二毛。"意思是，自己才32岁，就已经长出了白头发。⑨〔人浴兰汤，事不忘于端午〕出自战国时期楚国屈原《九歌·云中君》："浴兰汤兮沐芳。"指用兰花浸泡过的热水洗身洗发，后来成为端午节纪念屈原的一种习俗。⑩〔重阳〕即重阳节。我国古代以"九"为阳数（奇数）之极，因此以农历九月初九为重阳节。详见本书第123页"知识拓展"。

◎ 知识拓展

晚眺对晨妆

谢朓（tiǎo）楼位于安徽省宣城市区中心，是江南四大文化名楼之一。

谢朓（464—499），字玄晖，陈郡阳夏（今河南太康。夏，音jiǎ）人。南朝齐诗人，出身高门士族，与"大谢"谢灵运同族，世称"小谢"。建武二年（495年），出为宣城守。在任期间，他在郡治之北的陵阳峰上自建一室，取名"高斋"，作为理事起居之所。史志记载，谢朓"视事高斋，吟啸自若，而郡亦治"。唐代无可《过杏溪寺寄姚员外》："谢公多晚眺，此景在南楼。"

唐初，高斋改建为楼，取名"北楼"，后又称"北望楼""谢公楼""谢朓楼"。

登斯楼也，但见山川交错、阡陌纵横、烟霞变幻、云树生辉，北望敬亭崛起于川原之中，东送两水蜿蜒于白云之间。历代文人墨客纷纷然慕名而来，并且赋诗无数。录于志书上的北楼诗文有130多篇，其中包括李白、白居易、杜牧、梅尧臣、文天祥、贡师泰、施闰章、梅文鼎等著名诗人的上品佳作。李白的两篇名作就产生于此：

秋登宣城谢朓北楼

江城如画里，山晚望晴空。两水夹明镜，双桥落彩虹。
人烟寒橘柚，秋色老梧桐。谁念北楼上，临风怀谢公。

宣州谢朓楼饯别校书叔云

弃我去者，昨日之日不可留；
乱我心者，今日之日多烦忧。

长风万里送秋雁，对此可以酣高楼。

蓬莱文章建安骨，中间小谢又清发。

俱怀逸兴壮思飞，欲上青天览明月。

抽刀断水水更流，举杯销愁愁更愁。

人生在世不称（chèn）意，明朝散发弄扁（piān）舟。

◎ **释疑解惑**

说到"江南四大文化名楼"，还真有不少经典故事。

湖北黄鹤楼

黄鹤楼始建于三国时期吴黄武二年（223年），传说是为了军事而建。孙权为实现"以武治国而昌"（"武昌"的名称由来于此），筑城为守，建楼以瞭望。至唐朝，其军事性质逐渐演变为著名的名胜景点，历代名士崔颢、李白、白居易、贾岛、陆游、杨慎、张居正等，都先后到这里游乐，吟诗作赋。唐代诗人崔颢的一首《黄鹤楼》使黄鹤楼名声大噪，而李白的《与史郎中钦听黄鹤楼上吹笛》"一为迁客去长沙，西望长安不见家。黄鹤楼中吹玉笛，江城五月落梅花"，更是为武汉"江城"的美誉奠定了基础。

江西滕王阁

滕王阁，"江南三大名楼"之首，坐落于江西南昌的赣江之滨，始建于唐永徽四年（653年），为唐高祖李渊之子李元婴任洪州都督时所创建。李元婴出生于帝王之家，受到宫廷生活熏陶，"工书画，妙音律，喜蝴蝶，选芳渚游，乘青雀舸，极亭榭歌舞之盛"（明代陈文烛《重修滕王阁记》）。据史书记载，永徽三年（652年），李元婴迁苏州刺史，调任洪州都督时，从苏州带来一班歌舞乐伎，终日在都督府里盛宴歌舞。后来又临江建此楼阁为别居，实乃歌舞之地。因李元婴在贞观年间曾被封于山东省滕州，故为滕王，且于滕州筑一阁楼名为"滕王阁"；后滕王李元婴调任江南洪州，又筑豪阁，仍冠名"滕王阁"，此阁便是后来人们所熟知的滕王阁。

湖南岳阳楼

　　岳阳楼是三国时期东吴将领鲁肃为了对抗驻守荆州的蜀国大将关羽所修建的阅兵台,当时称"阅军楼"。据记载,这就是最早的岳阳楼的原型,也是"江南三大名楼"修建年代最早的楼阁。唐朝以前,其功能主要用于军事。自唐朝始,岳阳楼逐步成为历代游客和风流韵士游览观光、吟诗作赋的胜地。此时的巴陵城已改为岳阳城,巴陵城楼也随之称为岳阳楼了。北宋范仲淹的那篇脍炙人口的《岳阳楼记》更使岳阳楼著称于世。

江苏阅江楼

　　1363年,朱元璋在狮子山上以红、黄旗为号,指挥数万伏兵,击退了劲(jìng)敌陈友谅40万人马的强势进攻,为其建立大明王朝奠定了基础。洪武七年(1374年)春天,朱元璋在狮子山建一楼阁,亲自命名为"阅江楼",并以"阅江楼"为题,命令在朝的文臣们各写一篇《阅江楼记》。留传至今的有朱元璋亲自撰写的《阅江楼记》和《又阅江楼记》,以及元末明初著名文学家、翰林编修宋濂的《阅江楼记》。

　　对于前三楼——黄鹤楼、滕王阁、岳阳楼,大家都没有异议,最后一个也有人说是芙蓉楼、真武楼、浔阳楼、大观楼或太白楼的,莫衷一是。

尧对舜,禹对汤。
晋宋对隋唐。
奇花对异卉①,夏日对秋霜。
八叉手②,九回肠③。
地久对天长。
一堤杨柳绿④,三径菊花黄⑤。

闻鼓塞兵方战斗⑥,
听钟宫女正梳妆⑦。
春饮方归,纱帽半淹邻舍酒⑧;
早朝初退,衮衣微惹御炉香⑨。

◎ **注释** ①〔卉〕草的统称。②〔八叉手〕唐朝诗人温庭筠（yún）才思敏捷,善作小赋。据传每入试押官韵作赋,两手手指交错相插八次即完成八韵,人称"温八叉"。叉,两手手指交错相插。③〔九回肠〕愁肠反复翻转,比喻忧思郁结难解。出自汉司马迁《报任少卿书》："是以肠一日而九回。"④〔一堤杨柳绿〕苏堤之上,杨柳新绿。堤,指苏堤,又名"苏公堤"。北宋元祐（yòu）年间,苏轼做杭州知府时在西湖中修的堤,把西湖分隔为内外两湖,有六桥相通,夹堤种植花柳,有"六桥烟柳"之称。⑤〔三径菊花黄〕出自东晋陶渊明《归去来辞》："三径就荒,松菊犹存。"径,小路。⑥〔闻鼓塞兵方战斗〕听到战鼓声,边塞的兵士正在战斗。闻,听到。塞兵,守卫边疆的兵士。⑦〔听钟宫女正梳妆〕听到钟声,宫中的妃嫔忙着梳妆。《南史·后妃传上》载,南朝齐武帝时,在宫内景阳楼上置钟。早上钟一响,宫人就要起身梳妆。⑧〔纱帽半淹邻舍酒〕见本书第190页注释⑩。⑨〔衮衣微惹御炉香〕衣裳里微微沾着御用香炉的香味。衮衣,朝服。唐代贾至《早朝大明宫呈两省僚友》诗："剑珮声随玉墀（chí）步,衣冠身惹御炉香。"

荀对孟,老对庄①。
郸柳对垂杨。
仙宫对梵宇②,小阁对长廊。
风月窟③,水云乡④。

蟋蟀对螳螂。
暖烟香霭霭⑤，寒烛影煌煌⑥。
伍子欲酬渔父剑⑦，
韩生尝窃贾公香⑧。
三月韶光⑨，常忆花明柳媚⑩；
一年好景，难忘橘绿橙黄⑪。

◎ **注释** ①〔荀、孟、老、庄〕荀子、孟子、老子、庄子。②〔梵宇〕佛教的寺庙。③〔风月窟〕也作"风月场""风月馆""风月所"，均指情场，多指妓院。④〔水云乡〕水云弥漫、风景清幽的地方。多指隐士归隐的地方。⑤〔霭霭〕云密集的样子。⑥〔煌煌〕明亮的样子。⑦〔伍子欲酬渔父剑〕伍子即伍子胥，春秋末期楚国人。楚平王听信谗言，杀了伍子胥的父亲伍奢，随后追捕伍子胥。伍子胥逃到江边，一位渔翁用船载他渡江。上岸后，他拔出随身佩带的宝剑作为酬谢，说："这剑价值百金。"渔翁拒绝接受，说道："楚国悬赏，抓到你给粟五万斛（hú），还可以做大官，你这价值百金的剑算什么！"酬，酬谢，感谢。⑧〔韩生尝窃贾公香〕《世说新语·惑溺》载，晋朝开国元勋贾充的小女儿与他的属下韩寿私下相爱。她偷出皇帝赐给父亲的西域奇香送给韩寿，被父亲发觉。贾充拷问服侍女儿的人，得知女儿与韩寿有私情，便顺水推舟将女儿嫁给了他。⑨〔韶光〕美好的时光。⑩〔花明柳媚〕见宋代辛弃疾《鹊桥仙·寿徐伯熙察院》："东君未老，花明柳媚，且引玉尘沉醉。"又见宋代俞德邻《送王舍人之燕山》："柳媚花明二月天，金羁络马路三千。"⑪〔一年好景，难忘橘绿橙黄〕出自宋代苏轼《赠刘景文》诗："一年好景君须记，最是橙黄橘绿时。"

八 庚

深对浅，重对轻。

有影对无声。

蜂腰对蝶翅，宿醉①对余酲②。

天北缺③，日东生。

独卧对同行。

寒冰三尺厚，秋月十分明。

万卷书容闲客览④，

一樽酒待故人倾⑤。

心侈唐玄，厌看《霓裳》之曲⑥；

意骄陈主，饱闻《玉树》之赓⑦。

◎ **注释** ①〔宿醉〕过了一夜还没有全醒的醉意。②〔余酲〕残留的醉意。酲，喝醉酒神志不清。③〔天北缺〕出自《淮南子·天文训》：共（gōng）工与颛顼相争为帝，共工怒撞不周山，支撑天的柱子折（shé）了，天向西北倾斜，所以日月星辰都朝西北方移动。④〔万卷书容闲客览〕万卷诗书留给高人逸士来阅读。⑤〔一樽酒待故人倾〕一壶好酒正等待着老朋友把它喝干。樽，古代的盛酒器具。倾，尽，完。⑥〔心侈唐玄，厌看《霓裳（cháng）》之曲〕唐玄宗贪图精神上的享受，饱看了杨贵妃伴着《霓裳羽衣曲》跳的舞蹈。厌，通"餍"，满足。《霓裳》之曲，即《霓裳羽衣曲》，唐代乐舞曲名。本为西凉《婆罗门曲》，经唐玄宗润色并作歌词，后改今名。⑦〔意骄陈主，饱闻《玉树》之赓〕陈后主骄奢放纵，饱听了《玉树后庭花》一类的曲子。陈主，即陈后主，南朝陈的末代皇帝陈叔宝。《玉树》，即《玉树后庭花》，乐府吴声歌曲名。陈后主所作，是赞美张贵妃、孔贵嫔容貌姿色的艳曲，被后世看成亡国之音。赓，应和，这里指唱和《玉树后庭花》的曲子。

虚对实，送对迎。
后甲①对先庚②。
鼓琴③对舍瑟④，搏虎⑤对骑鲸⑥。
金匼匝⑦，玉玎琤⑧。
玉宇⑨对金茎⑩。
花间双粉蝶，柳内几黄莺。
贫里每甘藜藿味⑪，
醉中厌听管弦声。
肠断秋闺，凉吹已侵重被冷⑫；
梦惊晓枕，残蟾犹照半窗明⑬。

◎ **注释** ①〔后甲〕出自《易·蛊（gǔ）》："先甲三日，后甲三日。"甲日为旧历每旬的第一日。后甲三日即甲日之后三天，为丁日。宋朝诗人范成大有"庆期符后甲"的诗句。②〔先庚〕颁发命令前先讲述、申明。庚，颁发命令。出自《易·巽（xùn）》："先庚三日，后庚三日，吉。"意思是颁发命令前应该先申明理由，讲清道理；命令颁布后，再反复申述三天。这样，百姓犯了罪而受到处罚，才能没有怨言，从而获"吉"。唐朝诗人刘禹锡有"下令必先庚"的诗句。③〔鼓琴〕弹琴。《庄子·渔父》："孔子弦歌鼓琴，奏曲未半，有渔父者下船而来。"④〔舍瑟〕《论语·先进》载，孔子和几个弟子聊天儿，当问到曾（zēng）点有什么志向时，正在鼓瑟的曾点"舍瑟而作（放下瑟离席而起）"回答。舍，放下。⑤〔搏虎〕"冯妇搏虎"的省称。见本书第93页注释③。⑥〔骑鲸〕也作"骑鲸鱼""骑长鲸"。出自汉朝扬雄《羽猎赋》："乘巨鳞，骑京（鲸）鱼。"俗传李白喝醉了酒，骑着鲸鱼淹死在浔阳江中。⑦〔金匼匝〕马络头。唐代杜甫《送蔡希鲁都尉还陇右，因寄高三十五书记》诗："马头金匼匝，驼背锦模糊。"⑧〔玉玎珰〕玉佩玎珰作响。玎珰，玉佩碰击的声音。⑨〔玉宇〕华丽的宫殿。⑩〔金茎〕用来擎起承露盘的铜柱。⑪〔贫里每甘藜藿味〕在贫困的日子里，常常把吃野菜当成快乐的事。甘，甜，以……为快乐。藜藿，泛指野菜或粗劣的食物。藜，灰菜。藿，豆叶。出自三国魏曹植《七启》："予甘藜藿，未暇此食也。"⑫〔肠断秋闺，凉吹已侵重被冷〕闺中女子伤心过度，盖着两层被子，凉风吹来还觉得冷。南朝梁刘孝威《都（ruò）县遇见人织率尔寄妇》："独眠真自难，重衾犹觉寒。"⑬〔梦惊晓枕，残蟾犹照半窗明〕梦里惊醒，以为天亮了，可月亮还把半个窗户照得很明亮。残蟾，残月。

◎ 知识拓展

搏虎对骑鲸

关于李白的离世，有很多传说，比较流行的是"骑鲸捉月"。

《旧唐书·文苑传下·李白》：

  时侍御史崔宗之谪官金陵，与白诗酒唱和。尝月夜乘舟，自采石达金陵，白衣宫锦袍，于舟中顾瞻笑傲，傍若无人。

《侯鲭（zhēng）录》卷六：

  李白坟，在太平州采石镇民家菜圃中，游人亦多留诗。然州之南有青山，乃有正坟……世传太白过采石，酒狂捉月。窃意当时藁殡（gǎo bìn）于此。

《二老堂杂志·记太平州牛渚矶》：

> 世传太白因醉溺江，故有捉月台。而梅圣俞诗云："醉中爱月江底悬，以手弄月身翻然；不应暴落饥蛟涎，便当骑鲸上九天。"盖信此而为之说也。

李白在唐玄宗时，经贺知章、吴筠等人推荐，任翰林院供奉。但李白为人豪放不羁，蔑视权贵，遭到权臣的忌恨。玄宗听信谗言，把他"赐金放还"。

传说离京之后，李白浪迹江湖，终日以饮酒作诗为乐。当时，侍御史崔宗之也被贬官，居住在金陵。他很仰慕李白，于是两人常常一起游玩、宴饮，诗酒唱和。

一个月白风清的夜晚，李白和崔宗之借着月光登上了小舟，由采石向金陵行驶。二人摆好酒菜，饮酒赋诗。李白穿着御赐的锦袍，在月光的映衬下更显得飘洒俊逸。他在舟中纵情谈笑，旁若无人，借诗抒发自己豪放的情怀，借酒消去官场的郁郁不得志。他们尽情吟唱，陶醉在美妙的夜色中。酒饮到酣畅之时，李白走出船舱，站到船头，欣赏月景。

这时他已有几分醉意，看到水中的月亮隐去，竟然跳入湖中去捉水中的月亮，遂被水淹死。后人将他葬到采石。

也有人说，李白平生喜爱谢家青山，死后便埋葬在那里，采石只是一座空坟。还有人说，李白乘舟饮酒，看到水中有一条鲸游来，就跳到水里，骑在鲸背上，升天而去。

《文选·扬雄〈羽猎赋〉》："乘巨鳞，骑京鱼。"李善注："京鱼，大鱼也，字或为鲸。鲸亦大鱼也。"后因以比喻隐遁或游仙。杜甫《送孔巢父（fǔ）谢病归游江东兼呈李白》："几岁寄我空中书，南寻禹穴见李白。"清代仇兆鳌注："南寻句，一作'若逢李白骑鲸鱼'。按：骑鲸鱼，出《羽猎赋》。俗传太白醉骑鲸鱼，溺死浔阳，皆缘此句而附会之耳。"后用为咏李白之典。宋代陆游《长歌行》："人生不作安期生，醉入东海骑长鲸。"

后来就用"骑鲸捉月"形容诗人文士才气高绝，潇洒豪放。也有的以"骑鲸"婉指文人之死。之后很多诗人在诗中都写这个传说。目前所知写得最早的是女诗人薛涛（约768—832），她出生于李白死后6年，可见这个传说的流传范围之久广。

◎ **释疑解惑**

薛涛是唐代少见的女诗人。上面提到她写李白的诗，就是下面这首《西岩》：

凭阑却忆骑鲸客，把酒临风手自招。

细雨声中停去马，夕阳影里乱鸣蜩（tiáo，蝉）。

薛涛，字洪度，长安（今陕西西安）人，后随父入蜀。幼聪慧辩给（jǐ，口才好），晓音律，能书善诗。贞元中，韦皋镇蜀，召令侍酒赋诗，遂入乐籍，蜀中呼为"女校书"。曾被罚赴边，后返成都。历事十一镇，与节帅王播、武元衡、段文昌、李德裕，诗人元稹、王建、白居易等均有诗作往还。晚年居浣花溪畔，好吟小诗，因自制彩笺，时称"薛涛笺"。王建（或作胡曾）《赠薛涛》：

万里桥边女校书，枇杷花下闭门居。

扫眉才子知多少，管领春风总不如。

诗题一作《寄蜀中薛涛校书》。薛涛为唐代蜀中名妓，"辩慧知诗"（《唐语林》卷六）。元稹、白居易、刘禹锡等皆与之唱和。《唐才子传》卷六云："武元衡入相，奏授校书郎"（一说韦皋奏请之，未成），故称"女校书"。晚岁居万里桥边、浣花溪畔，创吟诗楼，偃息于上。万里桥在今成都市南，相传诸葛亮送费祎（yī）赴吴，云"万里之路，始于此桥"而得名。此诗一、二句即谓薛涛晚岁情况，三、四句以惋叹语气赞美薛涛的才能无人能及。"扫眉才子"特指薛涛，因其"又能扫眉涂粉，与士族不侔"（见明万历洗墨池刻本《薛涛诗》小传），后泛指具有文学才华之女子。

渔对猎，钓对耕。

玉振对金声①。

雉城②对雁塞③，柳袅④对葵倾⑤。

吹玉笛，弄银笙。

阮杖⑥对桓筝⑦。

墨呼"松处士"⑧，纸号"楮先生"⑨。

露浥好花潘岳县⑩，

风搓细柳亚夫营⑪。
抚动琴弦，遽觉座中风雨至⑫；
哦成诗句，应知窗外鬼神惊⑬。

◎ **注释** ①〔玉振、金声〕出自《孟子·万章下》："孔子之谓集大成；集大成也者，金声而玉振之也。"金指钟，玉指磬。振，止。意思是孔子德行全备，正如奏乐，以钟发声，以磬收韵，集众音之大成。后用来比喻才学精妙，声名远扬。②〔雉城〕同"雉堞（dié）"，城上矮墙。泛指城墙。③〔雁塞〕泛指北方边塞。④〔柳袅〕柳枝袅袅飘动。⑤〔葵倾〕向日葵的头随着太阳转。后用以比喻向往思慕的心情。倾，向，倾向。⑥〔阮杖〕阮修的手杖。《晋书·阮修传》载，阮修"常步行，以百钱挂杖头，至酒店，便独酣畅"。⑦〔桓筝〕《晋书·桓伊传》载，东晋右军将军桓伊"善音乐，尽一时之妙，为江左第一"。一次，晋孝武帝命他吹笛。他吹了一曲后，自请抚筝而歌，唱了一首《怨诗》，为忠心辅国却遭到奸人诬陷的宰相谢安鸣不平。谢安听了，"泣下沾衿（jīn）"，孝武帝则"甚有愧色"。⑧〔"松处士"〕墨的代称。墨由松烟制成，所以称为"松处士"。处士，古时称有德有才却隐居起来不做官的人。⑨〔"楮先生"〕韩愈在《毛颖传》中将笔墨纸砚拟人化，把纸叫作"楮先生"，后世就以"楮先生"作纸的别称。楮，树名。楮树皮是制造桑皮纸的原料。⑩〔露浥好花潘岳县〕沾着露水的好花是西晋潘岳担任河阳县令时栽种的。潘岳做河阳县令时，在县境之内到处种桃李花，人称"河阳一县花"。浥，沾湿。⑪〔细柳亚夫营〕《汉书·周亚夫传》载，汉文帝时，将军周亚夫驻军在细柳，军纪严明，连文帝巡视进入军营时也得"按辔（pèi）徐行（压住车马慢慢走）"，文帝极为叹服。细柳，地名，在咸阳西。营，军营。⑫〔抚动琴弦，遽觉座中风雨至〕《韩非子·十过》载，师旷为晋平公所迫，抚琴弹奏清角（jué）之音。他弹了第一支曲子，只见黑云"从西北方起"；弹奏第二支曲子时，"大风至，大雨随之"，帷幕撕裂，祭品损坏，廊瓦尽毁，坐者四散。晋平公吓出一场大病。晋国由此大旱三年。遽，骤然。⑬〔鬼神惊〕出自唐代杜甫《寄李十二白》："笔落惊风雨，诗成泣鬼神。"

九 青

红对紫,白对青。
渔火①对禅灯②。
唐诗对汉史③,释典④对仙经⑤。
龟曳尾⑥,鹤梳翎⑦。
月榭对风亭。
一轮秋夜月,几点晓天星。
晋士只知山简醉⑧,
楚人谁识屈原醒⑨?
绣倦佳人,慵把鸳鸯文作枕⑩;
吮毫画者,思将孔雀写为屏⑪。

◎ **注释** ①〔渔火〕渔船上的灯火。②〔禅灯〕寺庙的灯火。③〔汉史〕指《东观(guàn)汉记》。后来也泛指西汉司马迁的《史记》和东汉班固父子的《汉书》等汉代史书。④〔释典〕指佛经。⑤〔仙经〕泛称道家经典。⑥〔龟曳尾〕《庄子·秋水》载,楚威王想请庄子辅政,便派两个大夫到濮水去找庄子。庄子说:"楚国有一只神龟,已经死了三千年了,楚王把它当成宝贝供在庙堂之上。那么,这只龟是让它死了扬名于庙堂之上好呢,还是让它拖着尾巴在泥潭中爬行好呢?"两位大夫说:"当然是拖着尾巴在泥潭中爬行好。"庄子说:"那就请你们回去吧，我要拖着尾巴在泥潭里爬行了。"意思是：我不愿意去做楚威王的高官，死后扬名于庙堂之上，而宁愿远离官场的祸害，保全自己，过平民那样安定的生活。曳，拖着。⑦〔鹤梳翎〕唐代郑颢《续梦中十韵》诗："日斜鸟敛翼，风动鹤梳翎。"另，宋代苏轼《二月八日与黄焘僧昙颖过逍遥堂何道士宗一问疾》诗："风松时落蕊，病鹤不梳翎。"梳翎，梳理翎毛。翎，鸟的翅膀或尾巴上长而硬的羽毛。⑧〔山简醉〕西晋山简嗜酒，在荆州为官时，常去高阳池一带游玩畅饮，而且一喝就醉，醉后常常倒戴头巾骑在马背上回家。当时的人称他为"醉仙翁"。事见《世说新语·任诞》。⑨〔楚人谁识屈原醒〕楚国人谁知道屈原非常清醒、不肯同流合污呢？出自《史记·屈原贾生列传》："举世混浊而我独清，众人皆醉而我独醒，是以见放（因此被流放）。"⑩〔慵把鸳鸯文作枕〕懒得把鸳鸯绣到枕头上作图案。慵，懒。文，刻画花纹，这里指刺绣。唐代温庭筠《南歌子》词："懒拂鸳鸯枕，休缝翡翠裙，罗帐罢炉熏。"⑪〔吮毫画者，思将孔雀写为屏〕嘴里含着笔的画匠，准备将孔雀画在屏风上。吮毫，即"含毫"，把笔含在嘴里，比喻构思写文章或作画。毫，毛笔。雀屏，《旧唐书·后妃传上》载，唐高祖李渊的皇后窦氏，年少时才貌超人。其父窦毅决心为她择配"贤夫"。于是，他请人在门屏上画了两只孔雀，有来求婚的，就给他两支箭让他射。窦毅与妻子私下商定，谁能射中孔雀的眼睛，就把女儿许配给谁。前后有几十个人来求婚，都没能射中。李渊来得晚，但他两箭各射中一只眼睛。窦毅非常高兴，便选他做了女婿。

xíng duì zuò　　zuì duì xǐng
行对坐，醉对醒。

pèi zǐ　duì yū qīng
佩紫①对纡青②。

qí píng duì bǐ jià　　yǔ xuě duì léi tíng
棋枰③对笔架，雨雪对雷霆。

kuáng jiá dié　　xiǎo qīng tíng
狂蛱蝶④，小蜻蜓。

shuǐ àn duì shā tīng
水岸对沙汀⑤。

tiān tāi sūn chuò fù　　jiàn gé mèng yáng míng
天台孙绰赋⑥，剑阁孟阳铭⑦。

传信子卿千里雁⑧，

照书车胤一囊萤⑨。

冉冉白云，夜半高遮千里月；

澄澄碧水，宵中寒映一天星⑩。

◎ **注释** ①〔佩紫〕佩挂紫色印绶。汉朝相国、丞相都用金印紫绶，所以用"佩紫"借指荣任高官。②〔纡青〕佩挂青色印绶。秦朝御史大夫佩挂银印青绶。借指高官。纡，系，结。③〔枰〕棋盘。④〔狂蛱蝶〕狂舞的蝴蝶。蛱蝶，蝴蝶的一类。⑤〔沙汀〕水边或水中的平沙地。⑥〔天台（tāi）孙绰赋〕东晋文学家孙绰写了著名的《游天台山赋》。天台，指天台山，在浙江天台县东，是佛教天台宗的发源地。⑦〔剑阁孟阳铭〕西晋文学家张载（zǎi）过剑阁时，写了著名的《剑阁铭》。剑阁，即剑阁道，在今四川剑阁县东北大剑山、小剑山之间。三国时，诸葛亮凿剑山，开设阁道三十里，此后便成为川、陕间的主要通道。孟阳，张载的字。铭，铸或刻在器物、碑碣上的记述事实、功德等的文字。⑧〔传信子卿千里雁〕见本书第107页注释⑬和第154页注释③。子卿，苏武的字。⑨〔照书车胤一囊萤〕东晋的车胤年轻时家中贫穷。夏天晚上读书没有灯油，他就捉一些萤火虫放在袋子里，借聚集的萤火虫的光读书。⑩〔宵中寒映一天星〕整夜映照着满天的寒星。宵，夜晚。出自唐代李中《江行夜泊》诗："半夜风雷过，一天星斗寒。"

书对史，传①对经②。

鹦鹉对鹡鸰③。

黄茅对白荻④，绿草对青萍⑤。

241

风绕铎⁶，《雨淋铃》⁷。
水阁对山亭。
渚⁸莲千朵白，岸柳两行青。
汉代宫中生秀柞⁹，
尧时阶畔长祥蓂⁰。
一枰决胜，棋子分黑白⑪；
半幅通灵，画色间丹青⑫。

◎ **注释** ①〔传〕阐述经义的文字。②〔经〕经典。一般指被儒家奉为典范的《诗》《书》《易》《礼》《春秋》等著作。③〔鹡鸰〕一种身体小，头顶黑，肚皮白，嘴、尾巴和翅膀都很长的鸟。《诗经·小雅·常（táng，同"棠"）棣》："脊令（同'鹡鸰'）在原，兄弟急难。"后来就用"鹡鸰"比喻兄弟。④〔黄茅、白荻〕黄色的茅草、白色的芦花。⑤〔青萍〕浮萍的别称。⑥〔风绕铎〕唐末五代王仁裕《开元天宝遗事·占（zhān）风铎》载，唐朝岐王李范在自家宫中的"竹林内悬碎玉片子，每夜闻玉片子相触之声，即知有风，号占风铎"。⑦〔《雨淋铃》〕也作《雨霖铃》。唐朝教坊曲名。《开元天宝遗事》载，唐明皇在"安史之乱"平定后，从蜀中回长安，经过剑阁栈（zhàn）道时，在雨中听到铃声，想起在入蜀避乱途中被六军逼迫而死的杨贵妃，感伤不已，为悼念她，作了《雨淋铃》曲。⑧〔渚〕水中的小块陆地。⑨〔汉代宫中生秀柞〕汉朝皇宫中曾经长出五棵相连的柞树，被当作大吉大利的预兆。柞，栎（lì）的通称。⑩〔尧时阶畔长祥蓂〕传说唐尧时有一种叫蓂荚（jiá）的瑞草，生长在殿前的台阶上。祥，吉祥，祥瑞。蓂，蓂荚。这种草从初一日到十五日，每天长一片叶子；十六日以后，每天落一片叶子。这样，看叶数的多少，就可以知道是哪一天，所以又叫"历荚"。⑪〔一枰决胜，棋子分黑白〕出自宋代王安石《棋》诗："战罢两奁（lián）分白黑（一作'收黑白'），一枰何处有亏成。"⑫〔半幅通灵，画色间丹青〕半幅画也能神采逼真，凭的是各种颜料之间的配合使用。间丹青，指各种颜料配合使用。间，间杂。丹青，两种不同的颜料，此处泛指各种颜料。

◎ 知识拓展

半幅通灵，画色间丹青

　　古代形容一位画家水平高，常常用"点睛之笔"来称赞。晋王嘉《拾遗记·秦始皇》卷四："始皇元年，骞霄国献刻玉善画工名裔……又画为龙凤，骞翥（zhù）若飞。皆不可点睛，或点之，必飞走也。"

　　不过，流传更广的是另一位画家的故事。

　　唐代张彦远《历代名画记·张僧繇》："（梁）武帝崇饰佛寺，多命僧繇画之……金陵安乐寺四白龙不点眼睛，每云：'点睛即飞去。'人以为妄诞，固请点之。须臾，雷电破壁，两龙乘云腾去上天，二龙未点眼者见（xiàn）在。"

　　张僧繇，吴（今苏州）人。梁天监中为武陵王侍郎，直秘阁知画事，历右军将军、吴兴太守。苦学成才，长于写真，并擅画佛像、龙、鹰，多作卷轴画和壁画。他在金陵一乘寺用讲求明暗、烘托的"退晕法"画"凸凹花"，有立体感，可知他已接受了外来的绘画技法。文献里说他作画，"笔才一二，像已应焉"，很像现在的速写，被称为"疏体"。今有唐人梁令瓒临摹的《五星二十八宿真形图》传世，现已流往日本，但这幅画的用笔和记载并不相同。他对后世的影响很大，唐朝画家阎立本和吴道子都远师于他。此外，他还善于雕塑，有"张家样"之称。后人将他与顾恺之、陆探微并称为"六朝三大家"。

　　一天，张僧繇在金陵安乐寺的墙壁上画了四条龙。这四条龙张牙舞爪，形象逼真，但奇怪的是都没有画上眼睛。游客看了，觉得缺少神韵，很是惋惜，就请张僧繇把龙的眼睛补上去。张僧繇推辞说，画上眼睛，龙就会飞走。游客不信，都以为张僧繇在唬人。在众人的一再要求下，张僧繇只好提起笔来，轻轻一点。霎时间，只见雷鸣电闪，风雨交加，两条巨龙撞毁墙壁，腾云驾雾，凌空而起，飞向天空去了。而没有画上眼睛的那两条龙，依然留在墙壁上。

　　张僧繇还画过《天竺二胡僧图》。因为河南王侯景举兵叛乱，在战乱中，画中两僧被拆散。后来，其中一位胡僧像被唐朝右常侍陆坚收藏。陆坚病重时，梦见一位胡僧告诉他："我有个同伴，离散了多年，如今他在洛阳李家，你要是能找到他，将我们俩放在一起，我们当用佛门法力帮助你。"于是，陆坚到洛阳李家，购买了另一位胡僧的画像。不久，陆坚身体便痊愈了。刘长卿写了一篇文章记述这件事情。

◎ 释疑解惑

说到张僧繇，倒引出一个问题来：繇是个多音字，在人名中应该怎么读？

这个字在人名中的读音还真是不好确定，其中最有名的就是钟繇（151—230）的读音问题了。我们先看一下"繇"字的读音和字义。

繇（yáo）：

（1）茂盛；草茂盛。

《书·禹贡》："厥草惟繇。"

（2）通"遥"，远。

《荀子·礼论》："是以繇其期，足之日也。"

繇（yóu）：

（1）通"游"。

《汉书·叙传上》："近者陆子优繇，《新语》以兴。"

（2）通"由"。经由。

《汉书·董仲舒传》："所繇适于治之路也。"

《汉书·魏相传》："政繇冢宰。"颜师古云："繇，与由同。"

繇（zhòu）：

通"籀"。古时占卜的文辞。

《左传·闵公二年》："成风闻成季之繇。"

关于姓名，细说起来是门学问。简单讲，古代人有名有字，二者含义常常相关联。比如诸葛亮字孔明，明、亮就是同义；曹操字孟德，操就是节操、德行的意思；刘备字玄德，玄德是最大的德，备就是无所不至、无所不包；关羽字云长，张飞字翼德，岳飞字鹏举，都跟"飞"相关。

关于钟繇的"繇"的读音，一般都读 yóu，实际应该读 yáo。理由有二：

一、钟繇，名繇，字元常。"繇"读"yáo"时，意义为"花草盛貌"。《老子·第十六章》："夫物芸芸，各复归其根。归根曰静，是曰复命，复命曰常。"河上公注曰："芸芸者，华（花）叶盛。"于是可知，"繇"之义与"芸芸"之义相合。可以说，他的字"元常"是对名"繇"的相辅，取"万物繁盛循环，恒久不易"之义。若读"yóu"，则与"元常"无涉。

二、《世说新语·排调（tiáo）》："晋文帝与二陈共车，过唤钟会同载，即驶车委去。比出，已远。既至，因嘲之曰：'与人期行，何以迟迟？望卿遥遥不至。'会答曰：'矫然懿（yì）实，何必同群？'帝复问会：'皋繇（yáo）何如人？'答曰：'上不及尧、舜，下不逮周、孔，亦一时之懿士。'"

钟会是钟繇的少子。晋文帝司马昭，其父即为司马懿。古代对尊长应避讳，此处两人故意拿对方父亲的名字本字或同音字相戏谑（xuè）。晋文帝用"遥遥不至"来戏钟会，很清楚地表明，钟会的父亲钟繇的"繇"字与"遥"同音，所以应该读作yáo。

按照这个原则，我们考察几个古代人名。

古代应该读yóu的人名：

许繇，或作许由。传说为尧时隐士。

颜无繇（前545—？），春秋时鲁国人，字路。一说名繇、由，字季路。颜回之父。

读yáo的：

周繇，唐池州青阳人，字允元。元有大、茂盛之义。

方士繇，宋兴化军莆田人，字伯谟，一字伯休，号远庵。名和字都跟"长远"相关。

十　蒸

新对旧，降对升。
白犬①对苍鹰②。
葛巾③对藜杖④，涧水对池冰。
张兔网，挂鱼罾⑤。
燕雀对鹍鹏。
炉中煎药火，窗下读书灯⑥。
织锦逐梭成舞凤⑦，
画屏误笔作飞蝇⑧。
宴客刘公，座上满斟三雅爵⑨；
迎仙汉帝，宫中高插九光灯⑩。

◎ **注释**　①〔白犬〕白狗。古人常用作特殊的药引。如《晋书·五行志中》记载百姓谣传流行一种怪病，要用白犬胆作药引才行。白犬还是芍药的别名。②〔苍鹰〕猛禽。古代被人驯化成为猎鹰。另，《史记·酷吏列传》里记载，郅（zhì）都在西汉孝文帝时官中尉，执法严酷，不畏权贵，时人称为"苍鹰"。③〔葛巾〕用葛布制成的头巾。④〔藜杖〕见本书第206页注释②。《晋书·山涛传》记载，皇帝知道山涛母亲年老，就赐给她一根藜杖。⑤〔张兔网，挂鱼罝〕这两句都出自《诗经》。《诗经·周南·兔罝（jū，捉兔子的网）》："肃肃兔罝，椓（zhuó）之丁丁（zhēng zhēng，砸木声）。"又《诗经·邶风·新台》："鱼网（今规范词形为'渔网'）之设，鸿则离之。"在以上诗句里，"兔罝""鱼网"都比喻笼络贤人。罝，一种用竹竿或木棍做支架的方形渔网。⑥〔炉中煎药火，窗下读书灯〕两句都是形容读书人的清贫生活。前一句见于宋代陈起《秋夜怀康节》诗："煎药炉边童梦晓，读书檠（qíng，灯台）下妇纫寒。"后一句出自宋代王禹偁（chēng）《清明》诗："昨日邻家乞新火，晓窗分与读书灯。"⑦〔织锦逐梭成舞凤〕晋陆翙（huì）《邺中记》载，中尚方织锦署的产品中有一款"凤凰朱雀锦"，其他"工巧百数，不可尽名也"。这是描绘后赵石虎称帝邺城（今河北临漳境内）时的豪奢繁华。⑧〔画屏误笔作飞蝇〕《三国志·吴书·赵达传》裴松之注引《吴录》载，画家曹不兴为孙权画屏风，不小心将一个墨点滴到白锦上，于是顺势画了一只苍蝇。屏风画好后送给孙权看，孙权以为滴落墨点的地方是一只活的苍蝇，就用手指去弹。笔，一作"点"。⑨〔三雅爵〕汉末刘表有三种酒爵："大曰伯雅，次曰仲雅，小曰季雅"，分别容七升、六升、五升酒。爵，古代饮酒的器皿，有三条腿。⑩〔迎仙汉帝，宫中高插九光灯〕《汉武帝内传》载，汉武帝在宫中迎接西王母，点燃了九光灯。九光灯，一干（gàn）九枝（即一根灯柱、九个灯盏）的花灯。

儒对士①，佛对僧。

面友②对心朋③。

春残④对夏老⑤，夜寝⑥对晨兴⑦。

千里马，九霄鹏⑧。

霞蔚对云蒸⑨。

寒堆阴岭⑩雪，春泮⑪水池冰。

亚父愤生撞玉斗⑫，
周公誓死作《金縢》⑬。
将军元晖，莫怪人讥为"饿虎"⑭，
侍中卢昶，难逃世号作"饥鹰"⑮。

◎ **注释** ①〔儒、士〕儒，书生。士，士人。②〔面友〕不是真诚相交的朋友。③〔心朋〕知心朋友。④〔春残〕春天将尽。⑤〔夏老〕夏天将过去。⑥〔寝〕睡觉。⑦〔兴〕起床。⑧〔九霄鹏〕能飞到九霄云外的大鹏鸟。九霄，天空的最高处。⑨〔霞蔚、云蒸〕彩霞绚丽，云气蒸腾，形容景物灿烂美好。⑩〔阴岭〕山岭的背阳面。⑪〔泮〕融解。⑫〔亚父愤生撞玉斗〕《史记·项羽本纪》载，楚汉相争时，项羽曾和谋士范增商定在鸿门设宴，除掉刘邦。但在宴会上，项羽不顾范增的再三暗示，心慈手软，坐失良机，让刘邦溜掉了。刘邦走时，托谋士张良转送项羽一双玉璧，转送范增一双玉斗。范增愤怒地将玉斗扔到地上，拔出剑来把它击碎了。亚父，仅次于父。这是项羽对范增的敬称。亚，次。愤生，即生愤，心生怒气。撞，击。玉斗，玉制的酒器。⑬〔周公誓死作《金縢》〕周武王生病时，周公向上天祈祷，愿意代替武王去死，然后将祷词藏在用金属带子封存的秘匣里。后来成王打开秘匣，看到了祷词，非常感动。縢，封闭。⑭〔"饿虎"〕"饿虎将军"的省称，指北魏右卫将军元晖。因为他非常贪婪，又深得世宗宠信，所以被人称为"饿虎将军"。⑮〔"饥鹰"〕"饥鹰侍中"的省称，指北魏侍中卢昶（chǎng）。因为他贪得无厌且受世宗恩宠，所以被人称为"饥鹰侍中"。

◎ **知识拓展**

寒堆阴岭雪

"寒堆阴岭雪"一句，讲的是唐朝诗人祖咏的故事。

终南望余雪

[唐] 祖咏

终南阴岭秀,积雪浮云端。

林表明霁色,城中增暮寒。

祖咏,唐代诗人,洛阳(今属河南)人。开元十二年(724年)进士。后移居汝水以北别业,渔樵终老。曾因张说(yuè)推荐,任过短时期的驾部员外郎。诗多状景咏物,宣扬隐逸生活。与王维友善,代表作有《终南望余雪》《望蓟门》等。《望蓟门》诗描写沙场寒色,写得波澜壮阔,令人震动,其中"万里寒光生积雪,三边曙色动危旌"为有名的佳句。

《唐诗鉴赏辞典》在详析这首诗时写道:据《唐诗纪事》卷二十记载,《终南望余雪》这首诗是祖咏在长安应试时作的。按照规定,应该作成一首六韵十二句的五言排律,但他只写了这四句就交卷。有人问他为什么,他说:"意思已经完满了。"题意是"望终南余雪":从长安城中遥望终南山,所见的自然是它的"阴岭"(山北叫"阴");而且,唯其"阴",才有"余雪"。"秀"是望中所得的印象,既赞颂了终南山,又引出下句。"积雪浮云端",就是"终南阴岭秀"的具体内容。终南山的阴岭高出云端,积雪未化。日衔西山,余晖染红了林表,也照亮了浮在云端的积雪。日暮之时,终南余雪寒光闪耀,令人更增寒意。写到这里,意思的确完满了,何必死守格律再凑几句呢?

王士禛《渔洋诗话》卷上把这首诗和陶潜的"倾耳无希声,在目皓已洁"、王维的"洒空深巷静,积素广庭宽"等并列,称为咏雪的最佳作。

玄宗开元十二年(724年),祖咏考取进士。这种敢于冒险打破常规而又被主考官破格录取的事情,实在是极为难得!然而,祖咏的仕途并不怎么顺畅,后来甚至到了以捕鱼砍柴为生的地步,这真是那个时代读书人的无限悲哀了。所以,好友王维就在《赠祖三咏》诗中悲叹道:"结交二十载,不得一日展。贫病子既深,契阔余不浅!"

◎ 释疑解惑

唐朝人为什么喜爱终南山呢?

终南山,道教全真派发祥圣地,又名太乙山、地肺山、中南山、周南山,简称"南山",是秦岭山脉的一段,素有"仙都""洞天之冠""天下第一福地"的美称。

在自然地理方面,终南山环拱都城长安,峰峦秀异,有着独特的自然景致。对于长安社会的名利世界来说,终南山是世外桃源;但是就空间而言,终南山地临都城长安,也被赋予了世俗社会的一面。

位于帝都之南的终南山与长安宫阙遥对,满山秀色辉映城内。这种地理区域的一体性,加上人们的认识与历史观念的赋予,从而使之具有了文化的意义,也自然造就了二者不可或分的关联。正是从这个意义上来说,一直是长安一景的终南秀色,在自然景观上又增添了一层人文的含义。由于终南山景色宜人,又接近长安城南郭,因此,京城的许多达官贵族置别业于此。春夏之时,这里往往会成为游赏避暑之地。终南山与王朝的都城联系紧密,更是成为个人争取仕禄的一条途径。对于古代知识阶层而言,非居处于通都大邑,则归隐于山林溪谷。而终南山与长安城的对倚,则是一理想的"世外桃源"。在此处高卧隐栖以提高身价,获得天子的眷顾,不失为一种走上荣达之路的便当快捷方式。

终南山也是长安通往地方的重要交通孔道,为公私行旅之要途,自京城往返西南、东南,均须途经终南山。自长安逾南山通汉中、楚、蜀,自古便有散关、褒斜、骆谷、子午、蓝田诸道,唐时不乏文士行踪,盛唐亦有帝君行幸。正是借此,终南山得以分别与长安城及地方社会保持联系,同时也成为维系地方与京城的重要孔道。因而,南山诸道不仅具有军事上的重要性,更有政治、经济与文化沟通的重要意义。

规① 对 矩②,墨 对 绳③。

独步④ 对 同 登⑤。

吟 哦⑥ 对 讽 咏⑦,访 友⑧ 对 寻 僧⑨。

风 绕 屋,水 襄 陵⑩。

紫 鹄⑪ 对 苍 鹰。

鸟寒惊夜月[12]，鱼暖上春冰[13]。
扬子口中飞白凤[14]，
何郎鼻上集青蝇[15]。
巨鲤跃池，翻几重之密藻[16]，
颠猿饮涧，挂百尺之垂藤[17]。

◎ **注释** ①〔规〕画圆形的工具，圆规。②〔矩〕画直角或正方形、矩形用的曲尺。③〔墨、绳〕指墨斗、墨线。④〔独步〕一个人走路。⑤〔同登〕几个人一块儿登山。⑥〔吟哦〕有节奏地诵读诗文。⑦〔讽咏〕抑扬顿挫（cuò）地诵读文章。⑧〔访友〕用吕安拜访嵇康的典故。见本书第216页注释⑩。⑨〔寻僧〕用王徽之寻访戴逵的典故。见本书第201页注释⑫。⑩〔水襄陵〕水势奔腾，漫上丘陵。出自《尚书·益稷》："洪水滔天，浩浩怀山襄陵。"襄，冲上，漫上。⑪〔紫鹄〕紫天鹅。⑫〔鸟寒惊夜月〕因为天气寒冷，鸟群在有月亮的夜里受到惊吓而鸣叫起来。唐代王维《鸟鸣涧》诗："月出惊山鸟，时鸣春涧中。"⑬〔鱼暖上春冰〕鱼儿感受到暖意，跳到春天正在融化的冰面上。《礼记·月令》："（孟春之月）东风解冻，蛰虫始振，鱼上冰。"⑭〔扬子口中飞白凤〕相传西汉扬雄著《太玄经》时，梦见自己吐出了白色的凤凰。扬子，即扬雄。⑮〔何郎鼻上集青蝇〕《三国志·魏书·方技传》载，吏部尚书何晏连连梦见几十只黑苍蝇飞到自己的鼻子上，轰也轰不走。他请相士管辂（lù）给自己算卦、解梦。管辂直言不讳（huì）地警告他说，这不是吉祥之兆，"位峻（高）者颠（摔下来）"。果然，十多天后，何晏便被诛杀。⑯〔巨鲤跃池，翻几重之密藻〕大鲤鱼跳出池面，要翻过好几层密密的水草。唐代杜甫《观打鱼歌》："众鱼常才尽却弃，赤鲤腾出如有神。"⑰〔颠猿饮涧，挂百尺之垂藤〕颠狂跳脱的猿猴到山涧里去喝水，倒挂着长长的藤萝垂下身来。唐代李洞（一作许浑）《岁暮自广江至新兴往复中题峡山寺》诗："鹭巢横卧柳，猿饮倒垂藤。"

十一 尤

荣对辱，喜对忧。

夜宴对春游。

燕关①对楚水②，蜀犬③对吴牛④。

茶敌睡⑤，酒消愁。

青眼对白头⑥。

马迁修《史记》⑦，

孔子作《春秋》⑧。

适兴子猷常泛棹⑨，

思归王粲强登楼⑩。

窗下佳人，妆罢重将金插鬓⑪；

筵前舞妓，曲终还要锦缠头⑫。

◎ **注释** ①〔燕关〕指山海关。清朝李木庵《处安雅集》诗："一自辽阳弃瓯（ōu）脱，燕关不固胡尘越。"②〔楚水〕泛指古代楚地的江河湖泊。③〔蜀犬〕"蜀犬吠日"的省称。唐代柳宗元在《答韦中立论师道书》中说，蜀地多雾，那里的狗不常见日光，所以，每逢日出，狗都叫起来。④〔吴牛〕"吴牛喘月"的省称。汉朝应劭（yīng shào）《风俗通义》载，吴地的牛在酷日下辛勤耕作，苦于暑热，所以看见月亮竟以为是太阳，而条件反射般不断地喘气。⑤〔茶敌睡〕茶能防止瞌睡。敌，对抗。⑥〔青眼、白头〕青眼，比喻青春年少。白头，比喻人到晚年。唐代张祜《喜王子载话旧》诗："相逢青眼日，相叹白头时。"⑦〔马迁修《史记》〕司马迁编写了《史记》。修，写，编写。⑧〔孔子作《春秋》〕孔子根据鲁国的历史编写了《春秋》。⑨〔适兴子猷常泛棹〕东晋王徽之为了解闷散心，常常泛舟（访友）。适兴，解闷散心。子猷，王徽之的字。棹，船桨，代指船。⑩〔思归王粲强（qiǎng）登楼〕汉末的王粲在荆州依附刘表十多年，不受重用。他思念北方家乡，强打起精神登上城楼，写出了著名的《登楼赋》。⑪〔窗下佳人，妆罢重将金插鬓〕绣窗下的美人打扮完后，重新将金钗插上双鬓。唐代赵鸾鸾《云鬟》诗："侧边斜插黄金凤，妆罢夫君带笑看。"⑫〔锦缠头〕古时歌舞艺人表演完毕，客人赠送罗锦，放在其头上，叫"缠头"。后来赠送妓女财物也通称"缠头"。唐代杜甫《即事》诗："笑时花近眼，舞罢锦缠头。"

◎ 知识拓展

青眼对白头

《世说新语·简傲》："嵇康与吕安善。"刘孝标注引《晋百官名》："嵇喜字公穆，历扬州刺史，康兄也。阮籍遭丧，往吊之。籍能为青白眼，见凡俗之士，以白眼对之。及喜往，籍不哭，见其白眼，喜不怿（yì，高兴）而退。康闻之，乃赍（jī）酒挟琴而造之，遂相与善。"

阮籍（210—263），字嗣宗，陈留尉氏（今河南尉氏县）人，是魏晋时的一位著名诗人。传说，阮籍能作"青白眼"：两眼正视，露出虹膜，则为"青眼"，以看他尊敬的人；两眼斜视，露出眼白，则为"白眼"，以看他不喜欢的人。据说，阮籍母亲死时，其好友嵇康来慰问，阮籍给的就是"青眼"；而阮籍看不顺眼的嵇康的哥哥嵇喜来吊唁时，他给的就是"白眼"。

《世说新语·言语》："顾悦与简文同年，而发蚤（通'早'）白。简文曰：'卿何以先白？'对曰：'蒲柳之姿，望秋而落；松柏之质，经霜弥茂。'"南朝梁刘孝标注引顾恺之为父《传》曰："君以直道陵迟于世。入见王，王发无二毛，而君已斑白，问君年，乃曰：'卿何偏蚤白？'君曰：'松柏之姿，经霜犹茂；臣蒲柳之质，望秋先零。受命之异也。'王称善久之。"

顾悦，晋代名士，字君叔，今江苏武进人，官至尚书左丞。他和简文帝司马昱（320—372）同岁，可顾悦的头发早白了。简文帝问："你的头发为什么先白了？"顾悦回答："蒲柳柔弱，到秋天叶子就落了；松柏坚实，越历经风霜越茂盛。"顾悦以蒲柳自喻，以松柏喻简文帝，简文帝听后大悦。

◎ 释疑解惑

蒲柳是什么植物？为什么古人喜欢拿它打比方？

蒲柳，即水杨，枝叶易凋，不耐寒。古人常用"蒲柳之姿"自喻体质衰弱，是客套之言；亦用来暗喻韶华易逝、容颜易老。

南北朝庾信《谨赠司寇淮南公诗》："丹灶风烟歇，年龄蒲柳衰。"

隋代孙万寿《远戍江南寄京邑亲友》："壮志后风云，衰鬓先蒲柳。"

唐代李赤（一作李白）《姑熟杂咏·慈姥（mǔ）竹》："不学蒲柳凋，贞心常自保。"

唐代白居易《感旧》："四人先去我在后，一枝蒲柳衰残身。"

唐代刘禹锡《酬杨八庶子喜韩吴兴与余同迁见赠》："烟霞为老伴，蒲柳任先凋。"

唐代宋齐丘《陪游凤皇台献诗》："松竹无时衰，蒲柳先愁落。"

唐代李咸用《和人湘中作》："年华蒲柳凋衰鬓，身迹萍蓬滞别乡。"

唐代杜甫《枯棕》："交横集斧斤，凋丧先蒲柳。"

唐代杜甫《上水遣怀》："孤舟乱春华，暮齿依蒲柳。"

chún duì chǐ　　jiǎo duì tóu
唇 对 齿 ， 角 对 头 。

cè mǎ　duì qí niú
策 马① 对 骑 牛 。

háo jiān duì bǐ dǐ　　qǐ gé duì diāo lóu
毫 尖 对 笔 底 ， 绮 阁② 对 雕 楼③ 。

杨柳岸,荻芦洲④。
语燕⑤对啼鸠⑥。
客乘金络⑦马,人泛木兰舟⑧。
绿野耕夫春举耜⑨,
碧池渔父晚垂钩。
波浪千层,喜见蛟龙得水⑩;
云霄万里,惊看雕鹗横秋⑪。

◎ **注释** ①〔策马〕用鞭子赶马。策,马鞭。②〔绮阁〕华丽的楼阁。绮,华丽,美丽。③〔雕楼〕装饰着浮雕、彩绘的楼阁。④〔荻芦洲〕长满芦苇的水中陆地。洲,河流中由沙石、泥土淤积而成的陆地。⑤〔语燕〕啼叫的燕子。《诗经·邶风·燕燕》:"燕燕于飞,上下其音。"前蜀牛峤(jiào)《菩萨蛮》词:"舞裙香暖金泥凤,画梁雨燕惊残梦。"⑥〔啼鸠〕啼鸣的斑鸠。《诗经·小雅·小宛》:"宛彼鸣鸠,翰飞戾天。"⑦〔金络〕即金络头,铜饰的马笼头。⑧〔木兰舟〕用木兰树为材造的船。木兰,一种落叶乔木,又叫紫玉兰、木笔,树皮好像桂皮一样,而且有香气。⑨〔举耜〕耕地。耜,古代一种与铧(huá)相似的农具。⑩〔蛟龙得水〕蛟龙在水中才能腾云驾雾,兴风作雨。《魏书·杨大眼传》:"大眼顾谓同僚曰:'吾之今日,所谓蛟龙得水之秋。自此一举,不复与诸君齐列矣。'"⑪〔雕鹗横秋〕秋天,鹰鹫(jiù)在空中盘旋翻飞。雕,也叫鹫,猛禽。鹗,通称鱼鹰,猛禽。横秋,充塞(sè)于秋天的空中。这里指才望超群的人。唐代杜甫《奉赠严八阁老》诗:"蛟龙得云雨,雕鹗在秋天。"《旧唐书·韦思谦传》:"思谦在宪司,每见王公,未尝行拜礼。或劝之,答曰:'雕鹗鹰鹯(zhān),岂众禽之偶,奈何设拜以狎之?'"韦当时任监察官员,故以目力极佳的"雕鹗鹰鹯"等猛禽自比。

255

庵对寺，殿对楼。

酒艇①对渔舟。

金龙对彩凤，豮豕②对童牛③。

王郎帽④，苏子裘⑤。

四季对三秋。

峰峦扶地秀，江汉接天流。

一湾绿水渔村小，万里青山佛寺幽⑥。

龙马呈河，羲皇阐微而画卦⑦；

神龟出洛，禹王取法以陈畴⑧。

◎ **注释** ①〔酒艇〕载酒的小船。艇，轻便的小船。②〔豮豕〕年幼的公猪。《易·大畜》："六五：豮豕之牙，吉。"是说小公猪长出獠牙来了，是好事。③〔童牛〕未长角的小牛。《易·大畜》："六四：童牛之牿（gù），元吉。"牿，绑在牛角上防止其撞人的横木。一说指牛角。童牛有角，是比喻人逐渐成长而有主见。④〔王郎帽〕《晋书·外戚传》载，王濛（méng）长得很俊美。一次，他的帽子破了，自己到市上去买。一位老妇人很喜欢他的容貌，便送给他一顶新帽子。⑤〔苏子裘〕《战国策·秦策一》载，战国时，苏秦游说（shuì）秦国，上书十次仍不被采用。因为旷日持久，他身上的黑貂皮衣都穿破了，黄金百斤都用光了，只好失魂落魄地从秦国回家。裘，毛皮的衣服。⑥〔幽〕幽静。⑦〔龙马呈河，羲皇阐微而画卦〕相传黄河里浮出了神秘的龙马，马背有旋毛如星点，称作"龙图"。伏羲氏据此阐释玄理，造出了八卦。呈，呈现。⑧〔神龟出洛，禹王取法以陈畴〕相传大禹治水时，洛水里出现了神龟，龟背上有裂纹如文字，称为"洛书"。夏禹据此作了《尚书·洪范》"九畴"。陈，写出。畴，类，这里指"九畴"，即"洛书"中天帝赐给大禹治理天下的九类大法。

十二　侵

眉对目，口对心。

锦瑟①对瑶琴②。

晓耕对晚钓，寒笛③对秋砧④。

松郁郁，竹森森⑤。

闵损对曾参⑥。

秦王亲击缶⑦，虞帝自挥琴⑧。

三献卞和尝泣玉⑨，

四知杨震固辞金⑩。

寂寂秋朝，庭叶因霜摧嫩色⑪；

沉沉春夜，砌花随月转清阴⑫。

◎ **注释**　①〔锦瑟〕漆有织锦纹的瑟。唐代李商隐《锦瑟》诗："锦瑟无端五十弦，一弦一柱思华年。"②〔瑶琴〕用玉装饰的琴。③〔寒笛〕寒夜的笛声。意思出自唐代李益的诗《夜上受降城闻笛》："回乐峰前沙似雪，受降城外月如霜。不知何处吹芦管，一夜征人尽望乡。"诗中的"芦管"就是笛、箫一类的管乐器。④〔秋砧〕秋天的捣衣声。砧，捣衣石。制衣的布帛须先放在砧上，用杵捣平捣软。这里指捣衣的声音。意思出自唐代李白的诗《子夜吴歌·秋歌》："长安一片月，万户捣衣声。秋风吹不尽，总是玉关情。何日平胡虏，良人罢远征?"⑤〔竹森森〕竹子繁密的样子。⑥〔闵损、曾参〕均为孔子的弟子。闵损,字子骞(qiān)。曾参,字子舆(yú),后世称曾子。⑦〔秦王亲击缶〕《史记·廉颇蔺相如列传》载,秦王在渑池相会时羞辱赵王,他叫赵王鼓瑟,并让史官记下此事。随赵王出行的蔺相如以牙还牙,以死相争,迫使"秦王为赵王击缶",并让史官同样记下此事,从而挽回了赵王的面子,维护了国家的尊严。⑧〔虞帝自挥琴〕见本书第162页注释⑦。⑨〔三献卞和尝泣玉〕《韩非子·和氏》载,楚人卞和在荆山中得到一块玉璞(pú),先后献给厉王和武王,结果都被当成骗子,并先后被砍掉两只脚。文王即位后,卞和就抱着玉璞,在荆山下哭了三天三夜,眼睛都哭出了血。文王派人问他为什么哭。他说:"明明是宝玉,却说是石头;明明是说实话的君子,却被当成骗子。我所悲伤的就是这个。"尝,曾经。泣,哭泣。⑩〔四知杨震固辞金〕《后汉书·杨震传》载,东汉杨震新任东莱太守,上任时,过去经他举荐的荆州茂才、时任昌邑县令的王密"至夜怀金十斤"送给他,被他拒绝了。王密说:"暮夜无知者。"杨震说:"天知,神知,我知,子(你)知,何谓无知!"固,坚决。辞,拒绝。⑪〔寂寂秋朝,庭叶因霜摧嫩色〕秋天的早晨静悄悄的,庭院里的嫩树叶因为下霜而由绿变黄。⑫〔沉沉春夜,砌花随月转清阴〕春天的夜晚黑沉沉的,台阶上的花朵因为月亮升起来而变得清晰明亮。

qián duì hòu　　gǔ duì jīn
前 对 后 , 古 对 今 。

yě shòu duì shān qín
野 兽 对 山 禽 。

jiān niú　duì pìn mǎ　　shuǐ qiǎn duì shān shēn
犍 牛①对 牝 马② , 水 浅 对 山 深 。

zēng diǎn sè　　dài kuí qín
曾 点 瑟③ , 戴 逵 琴④ 。

pú yù duì hún jīn
璞 玉 对 浑 金⑤ 。

yàn hóng huā nòng sè　　nóng lǜ liǔ fū yīn
艳 红 花 弄 色⑥ , 浓 绿 柳 敷 阴⑦ 。

不雨汤王方剪爪⁸,
有风楚子正披襟⁹。
书生惜壮岁⑩韶华⑪,寸阴尺璧⑫;
游子爱良宵⑬光景,一刻千金⑭。

◎ **注释** ①〔犍牛〕阉割过的公牛。②〔牝马〕母马。③〔曾点瑟〕孔子的弟子曾点擅长鼓瑟。④〔戴逵琴〕《晋书·隐逸传》载,戴逵善于弹琴。一次,武陵王召他弹琴,他不去,并当着使者的面把琴摔碎,说:"戴安道(戴逵的字)不为(wéi)王门伶人(艺人)。"⑤〔璞玉、浑金〕比喻未加修饰的天然美质。璞玉,未经琢磨的玉。浑金,未经提炼的金。《世说新语·赏誉》载,王戎把山涛看成"璞玉浑金"。⑥〔艳红花弄色〕花儿摇摆着鲜红的颜色。⑦〔浓绿柳敷阴〕柳林铺开翠绿的浓阴。敷,铺开,摆开。⑧〔不雨(yù)汤王方剪爪〕《帝王世纪第四》载,商汤时连续七年大旱,洛水干涸(hé)。史臣占卜说:"要以人做祭品向神灵祈祷。"商汤说:"我求雨是为了百姓。如果一定要用人做祭品,那么就让我来做祭品吧!"于是,他斋戒时,剪下自己的头发和指甲做祭品,在桑林向神灵祈祷。祷词还没说完,方圆几千里都下起了大雨。雨,下(雨、雪等)。⑨〔有风楚子正披襟〕宋玉《风赋》载,楚襄王在兰台宫游玩,有风飒然吹来,他便敞开衣襟迎着吹来的清风。楚子,指楚襄王。春秋时,楚属子爵,所以楚国的君主称子。披襟,敞开衣襟。⑩〔壮岁〕壮年。⑪〔韶华〕美好的年华。指青年时期。韶,美好。⑫〔寸阴尺璧〕《帝王世纪第三》载,夏禹"不重径尺之璧,而爱日之寸阴"。又,《淮南子·原道训》:"故圣人不贵尺之璧,而重寸之阴,时难得而易失也。"寸阴,日影在日晷(guǐ)上移动一寸的时间,指片刻、很短的时间。尺璧,即直径为一尺的玉璧。在古代,一般只有诸侯以上身份的人,才可以配置这种大璧。璧,古代一种玉器,扁平,圆形,中间有小孔。⑬〔良宵〕景色美好的夜晚。⑭〔一刻千金〕短暂的时间价值千金。宋代苏轼《春夜》诗:"春宵一刻值千金。"

丝对竹①，剑对琴。

素志②对丹心。

千愁对一醉，虎啸对龙吟。

子罕玉③，不疑金④。

往古对来今。

天寒邹吹律⑤，岁旱傅为霖⑥。

渠说子规为帝魄⑦，

侬知孔雀是家禽⑧。

屈子沉江，处处舟中争系粽⑨；

牛郎渡渚，家家台上竞穿针⑩。

◎ **注释** ①〔丝、竹〕丝，弦乐器。竹，管乐器。②〔素志〕平素的志愿。③〔子罕玉〕《左传·襄公十五年》载，春秋时，宋国有一个人向大夫子罕献上一块玉，子罕不肯接受。来人说："经过治玉的工匠鉴定，这是块宝玉，我才敢拿来献给您。"子罕说："我把不贪当成珍宝，你把玉当成珍宝。如果我接受了你的玉，那么咱俩都丢了珍宝。不如各自保存自己的珍宝吧！"④〔不疑金〕《史记·万石张叔列传》载，直不疑在文帝时是官中侍卫。一次，同屋一个人回家时错拿了另一个人的薪金。丢薪金的人怀疑是直不疑偷了，直不疑就买了铜币给他。后来，拿错薪金的人返回来归还时，那个丢薪金的人才明白真相，感到非常惭愧。此后，直不疑被人称为忠厚长者。⑤〔天寒邹吹律〕汉朝刘向《别录》载，战国时，邹衍住在燕国一条山谷附近。这条山谷景色美丽，但很冷，以致庄稼都不生长。邹衍吹律管，于是天气转暖，黍子生长起来。从此，这条山谷就叫黍谷。律，古代用来定音的仪器，用竹管或金属管制成，也用来预测季节气候的变化。宋朝诗人黄庭坚《赠送张叔和》诗："张侯温如邹子律，能令阴谷黍生春。"⑥〔岁旱傅为霖〕《尚书·说命上》载，商王武丁请傅说（yuè）当宰相，并对他说："你对于我，像磨刀的石、过大河的船。如果天大旱，你就是甘霖。"霖，连下三天以上的雨。⑦〔渠说子规为帝魄〕见本书第172页注释⑫。渠，他。⑧〔侬知孔雀是家禽〕《世说新语·言语》载，晋朝孔君平到一户姓杨的人家做客。主人不在，主人9岁的孩子出来见他。孔君平见摆放的水果中有杨梅，就开玩笑地问："这杨梅是你们杨家的家果吗？"孩子应声回答："没听说孔雀是您孔家的家禽哪！"侬，我。⑨〔系粽〕端午节时，人们用楝（liàn）叶包米，再用丝绳系上，投到汨罗江里来纪念屈原。《续齐谐记》载，汉朝建武年间，一个自称屈原的读书人对长沙人区（ōu）曲说："您每年用竹筒装米投到江中来祭我，这很好，但往常这些米都被蛟龙吃掉。以后您把米用楝叶包上，系上彩丝，蛟龙就不敢碰了。"区曲照他的话办了，以后相沿成习，人们每年五月初五都向江中投粽子以纪念屈原。⑩〔牛郎渡渚，家家台上竞穿针〕传说农历七月初七是牛郎织女相会的日子。这一天晚上，唐宫中搭起高台，摆上瓜果。宫女们比赛在暗处穿针，穿过的人认为自己得到了天孙（织女）之巧。以后，这个习俗流传到民间。渚，水边，这里指银河。竞，争，比。

◎ 知识拓展

素志对丹心

文天祥（1236—1283），字宋瑞，一字履善，号文山，吉州庐陵（今江西吉安）人。宋理宗宝祐四年（1256年）举进士第一。宋恭帝德祐元年（1275年），闻元兵东下，于赣州组织义军，入卫临安（今浙江杭州）。次年任右丞相兼枢密使，出使元军议和被拘，后脱逃至温州，转战于赣、闽、岭南等地，曾收复州县多处。宋末帝祥兴元年（1278年）兵败被俘，誓死不屈，元世祖至元十九年腊月初九（1283年1月9日），他在柴市从容就义。能诗文，诗词多写其宁死不屈的决心。

过零丁洋

辛苦遭逢起一经，干戈寥落四周星。
山河破碎风飘絮，身世浮沉雨打萍。

惶恐滩头说惶恐，零丁洋里叹零丁。

人生自古谁无死？留取丹心照汗青。

这首诗作于宋祥兴二年（1279年）。宋祥兴元年，文天祥在广东海丰北五坡岭兵败被俘，押到船上，次年过零丁洋时作此诗。随后又被押解至崖山，张弘范逼迫他写信招降固守崖山的张世杰、陆秀夫等人，文天祥不从，出示此诗以明志。此诗前二句，诗人回顾平生；中间四句紧承"干戈寥落"，明确表达了作者对当时局势的认识；末二句是作者对自身命运的一种毫不犹豫的选择。全诗表现了慷慨激昂的爱国热情、视死如归的英雄气节，以及舍生取义的高尚追求，是中华民族传统美德的崇高表现。

◎ 释疑解惑

文天祥被押送大都后，并没有马上被杀害。那么，这中间又发生了怎样的故事呢？

文天祥从至元十六年（1279年）十月抵达大都，到至元十九年腊月被杀，一共被囚禁了三年两个月。这期间，元人千方百计地对文天祥劝降、逼降、诱降，参与劝降的人物之多、威逼利诱的手段之毒、许诺的条件之优厚、等待的时间之长久，都超过了其他的宋臣，甚至连忽必烈都亲自劝降，却并未能说服他。文天祥经受的考验之严峻，以及其意志之坚定，都是史所罕见的。

文天祥的妻子欧阳夫人和两个女儿柳娘、环娘被元军俘虏后送到大都，元廷想利用骨肉亲情软化文天祥。文天祥一共育有二子六女，当时在世的只剩此二女，年龄都是十三四岁。文天祥接到女儿的信，虽然痛断肝肠，但仍然坚定地说："人谁无妻儿骨肉之情，但今日事已如此，于义当死，乃是命也。奈何！奈何！"又写诗道："痴儿莫问今生计，还种来生未了因。"表示国既破，家亦不能全，因为骨肉团聚就意味着变节投降。

利诱和亲情都未能使文天祥屈服，元朝统治者又变换手法，用酷刑折磨他。他们给文天祥戴上木枷，关在一间潮湿寒冷的土牢里。牢房空气恶浊，臭秽不堪。文天祥每天吃不饱，睡在高低不平的木板上，又被穷凶极恶的狱卒呼来喝去，过着地狱一般的生活。由于他坚决不低头，大元丞相孛（bó）罗威胁他说："你要死，偏不让你死，就是要监禁你！"文天祥毫不示弱："我既不怕死，还怕什么监禁!"在囚禁的孤寂岁月里,他写下了不少感人肺腑的诗篇。

至元十九年(1282年),忽必烈问大臣们:"南方和北方的宰相,谁最贤能?"群臣奏称:"北人无如耶律楚材,南人无如文天祥。"忽必烈遂下谕旨,拟授文天祥高官显位。投降元朝的宋臣王积翁等写信将此事告诉了文天祥,文天祥回信说:"管仲不死,功名显于天下;天祥不死,遗臭于万年。"王积翁见他如此决断,也就不敢再劝。不久,忽必烈又下令优待文天祥,给他上等饭食。文天祥请人转告说:"我不吃官饭数年了,现在更不吃。"忽必烈召见文天祥,当面许他宰相、枢密使等高职,又被他严词拒绝,并说:"但愿一死!"

至元十九年腊月初九,是文天祥就义的日子。这一天,兵马司监狱内外布满了全副武装的卫兵,戒备森严。上万市民听到文天祥即将就义的消息,都聚集在街道两旁观看。从监狱到刑场,文天祥神态自若,举止安详。行刑前,文天祥问明了方向,随即向着南方拜了几拜。监斩官问:"丞相有什么话要说?回奏尚可免死。"文天祥不再说话,从容就义,终年47岁。

文天祥的碧血,抛洒在柴市口;文天祥的丹心,跳动在史册里。

十三 覃

千对百，两对三。

地北对天南。

佛堂对仙洞，道院对禅庵。

山泼黛①，水浮蓝②。

雪岭对云潭。

凤飞方翙翙③，虎视已眈眈④。

窗下书生时讽咏，

筵前酒客日耽酣⑤。

白草满郊，秋日牧征人之马⑥；

绿桑盈亩⑦，春时供农妇之蚕。

◎ **注释** ①〔山泼黛〕山的颜色就像青黛泼成的一样。黛，青黑色的颜料。唐代顾况《华山西岗游赠隐玄叟》诗："群峰郁初霁，泼黛若鬟（huán，古代妇女的环形发髻）沐。"②〔水浮蓝〕水面就像用蓼蓝染过一样。蓝，草本植物，有蓼蓝、马蓝、木蓝等，其叶子可以做蓝靛（一种染料）染出青碧色，由此得名。唐代白居易《忆江南》词："春来江水绿如蓝。"③〔凤飞方翙翙〕凤凰飞去，正在发出翙翙的声音。出自《诗经·大雅·卷阿（quán ē）》："凤凰于飞，翙翙其羽。"翙翙，众鸟振动翅膀的声音。④〔眈眈〕威严地注视的样子。《易·颐》："虎视眈眈，其欲逐逐。"一般用于形容心怀不轨的臣子或势力。而上一句"凤飞方翙翙"是形容君臣和睦的治平景象。这是反义作对，是对对子的最好格式。⑤〔日耽酣〕每天都喝得尽兴。耽，沉溺，入迷。酣，饮酒尽兴。⑥〔征人之马〕兵士的军马。征人，兵士。⑦〔绿桑盈亩〕田地里满是桑树。亩，田亩，田地。

◎ 知识拓展

窗下书生时讽咏

苏舜钦（1008—1048），字子美，原籍梓州铜山（今属四川），生于开封。宋代文人、词家。早年与其兄舜元等提倡古文。27岁中进士，历任大理评事、集贤校理等职。后罢职，居苏州，建沧浪（láng）亭以自适。

宋代龚明之《中吴纪闻》卷二有"苏子美饮酒"一节，说的就是名士苏舜钦"《汉书》下酒"的生动故事。苏舜钦性情豪放，酷爱喝酒。他住在岳父家中，每天晚上读书时总要饮一斗酒（斗，古代盛酒器）。他岳父很奇怪，就派人去偷偷地看他，只听他在朗读《汉书·张子房传》。当读到张良狙击秦始皇而误中副车（指随从侍卫之车）时，就拍案叫道："惜乎，击之不中！"说完就满饮一大杯。又听他读到汉高祖说张良"此天以臣授陛下"时，他又拍案叫道："君臣相遇，其难如此！"说完又满饮了一大杯。他岳父听说这情景后大笑道："有这样的下酒物，一斗实在不算多了。"

元代陆友仁《研北杂志》以及明·何良俊《何氏语林》也都说到苏舜钦"《汉书》下酒"的故事。明·吴从先《小窗自纪》也提到这一故事，并且以其他史书和《汉书》比较："苏子美读《汉书》，以此下酒，百斗不足多。予读《南唐书》，一斗便醉。"

以书佐饮，既是古人饮酒不忘学习的风雅表现，又反映了古人饮酒不事铺张的直率纯朴之风。陆游也曾以书佐饮。他在《雁翅夹口小酌》诗中写道："欢言酌清醥（piǎo，清酒），侑（yòu）以案上书。虽云泊江渚，何异归林庐。"清代文人屈大均《吊雪庵和尚》一诗中有"一叶《离骚》酒一杯"之句。清代后期曾做过礼部侍郎的宝廷也有诗云:"《离骚》少所喜,年来久未温。姑作下酒物,绝胜肴馔陈。愈读饮愈豪,酒尽杯空存。"

◎ 释疑解惑

为什么吴从先"读《南唐书》,一斗便醉"?

南唐太懦弱了。

南唐(937—975),五代时十国之一,建都金陵,历时39年,有烈祖李昪(biàn)、中主李璟(jǐng)和后主李煜(yù)三位帝王。

南唐立国后,烈祖李昪以保境安民为基本国策,休兵罢战,敦睦邻国,与毗邻诸国保持了较为平和的关系,同时结好契丹以牵制中原政权。江南地区于是保持了较长时期的和平,社会生产逐渐复苏并迅速发展。

升元七年(943年),烈祖李昪驾崩,其子李景(初名景通)继位,改名李璟(916—961)。这一时期,南唐与吴越间战祸频起,而吴越的军事行动往往与中原政权互相呼应。保大十三年(955年)至交泰元年(958年),北方后周政权三度入侵南唐。寿州一战,周世宗柴荣御驾亲征,周军势如破竹,遂攻占泗、濠、楚等州,南唐军一溃千里,淮河水军全军覆没。李璟上表柴荣自请传位于太子弘冀,请划江为界,南唐尽献江北之地。为避后周锋芒,李璟迁都洪州,称南昌(今属江西)府。自此南唐国力大损,不复昔日强盛。

宋建隆二年(961年),李璟驾崩,因其长子太子弘冀已亡,其六子李煜(937—978)继位,复都金陵。此时的南唐,社会矛盾尖锐,政治日益混乱。随着新主登基,朝廷内部新一轮的党争开始了。当宋军从周围步步紧逼时,南唐仍陷于周而复始的内争中,人心涣散。

宋开宝七年(974年)九月,赵匡胤以李煜拒命不朝为辞,发兵10余万,三路并进,进攻南唐:东路、西路牵制唐军,中路曹彬与都监潘美率水陆军10万,由江陵(今湖北江陵)沿长江东进。由于后主李煜过于依赖长江天险,坐失利用宋军渡江时反击的机会。十月,宋军顺利渡过长江。采石、秦淮河、皖口三战,南唐屡战屡败,在长江中游的精锐兵力全部丧失。开宝八年(975年)三月,宋军攻至金陵城下。六月,吴越军队攻陷金陵东面的门户润州。南唐都城金陵陷入合围之中。十月,由江西赶往金陵的15万水军〔朱令赟(yūn)部〕在湖口一战中几乎全军覆没。金陵成了一座孤城，但后主执意守城到底。十一月十二日，北宋曹彬大军开始从三面攻城，南唐五千兵夜袭宋军北寨，未果。十一月二十七日，宋军破城，李煜奉表投降，南唐遂亡。

《南唐书》是记载五代时南唐历史的纪传体史书。前后共有三部：宋代胡恢撰，已佚；宋代马令撰；宋代陆游撰。马、陆二书都记载了南唐自李代吴至李煜降宋间的兴衰史。

将对欲，可对堪①。

德被②对恩覃③。

权衡④对尺度⑤，雪寺对云庵。

安邑⑥枣，洞庭柑⑦。

不愧对无惭。

魏征⑧能直谏，王衍⑨善清谈。

紫梨⑩摘去从山北，

丹荔⑪传来自海南。

攘鸡非君子所为，但当月一⑫；

养狙是山公之智，止用朝三⑬。

◎ **注释** ①〔堪〕能够。②〔德被〕恩德广布。被，覆盖。③〔恩覃〕恩泽遍施。覃，遍及，广施。④〔权衡〕称量物体轻重的器具。引申指法度、标准。权，秤锤。衡，秤杆。⑤〔尺度〕指计量长度的定制。引申指准则、法度。

267

⑥〔安邑〕古地名，在今山西运城。古时以产枣出名。⑦〔洞庭柑〕据《群芳谱》载，洞庭山所产柑，"皮细味美，其色如丹，其熟最早"。⑧〔魏征〕唐初名臣。太宗时曾任谏议大夫、左光禄大夫，封郑国公。以直言敢谏著称。⑨〔王衍〕西晋大臣。他喜谈老庄，常拿着玉柄麈（zhǔ）尾与人清谈，遇到说不通的时候，就随口更改，时称"口中雌黄"。⑩〔紫梨〕相传涂山北坡出产一种紫轻梨，大得像瓜，紫色，千年才开一次花。⑪〔丹荔〕荔枝。因为色红，所以称"丹荔"。⑫〔攘鸡非君子所为，但当月一〕出自《孟子·滕文公下》。孟子说："有一个小偷，每天都偷邻居的鸡。有人对他说：'这不是君子的行为。'小偷说：'我打算减少偷鸡的次数，每月偷一只鸡，等到明年就不偷了。'"攘，盗窃。但，尽管。⑬〔养狙是山公之智，止用朝三〕出自《庄子·齐物论》。养猕（mí）猴的老人给猴子分橡子，说早晨三个晚上四个，猴子都发了怒；老人改说早晨四个晚上三个，猴子便都高兴了。

中对外，北对南。

贝母①对宜男②。

移山③对浚井④，谏苦⑤对言甘。

千取百⑥，二为三⑦。

魏尚⑧对周堪⑨。

海门翻夕浪⑩，山市拥晴岚⑪。

新缔直投公子纻⑫，

旧交犹脱馆人骖⑬。

文达淹通，已咏冰兮寒过水⑭；

永和博雅,可知青者胜于蓝[15]。

◎ **注释** ①〔贝母〕多年生草本植物,其鳞茎可以做药材。②〔宜男〕萱(xuān)草的别名。旧时迷信说法,孕妇佩了它的花就能生男孩儿。③〔移山〕指愚公移山。《列子·汤问》载,北山愚公,年近九十,家住深山,出门便被太行、王屋二山阻挡。他就发动家人,发誓移走这两座大山。后多用来比喻不怕困难、坚持不懈的奋斗精神。④〔浚井〕深挖水井。宋代苏轼《颜乐亭诗》序:"颜子之故居所陋巷者,有井存焉,而不在颜氏久矣。胶西太守孔君宗翰,始得其地,浚治其井,作亭于其上,命之曰'颜乐'。"颜子,孔子的弟子颜回。他居住在破旧的房子里,穿布衣、吃糙粮而安贫乐道。在众弟子当中,孔子最欣赏颜回。⑤〔谏苦〕苦言相劝。⑥〔千取百〕在一千个当中已得到一百个。出自《孟子·梁惠王上》:"千乘(shèng)之国,弑(shì,杀)其君者,必百乘之家。"孟子认为,这是因为百乘之家只想利而不顾义,千中得百,还不知足。⑦〔二为三〕二和一相加为三。《庄子·齐物论》:"一与一为二,二与一为三。"⑧〔魏尚〕西汉人。文帝时曾经当过云中郡太守,战功卓著,后因上报战果时多算了六颗首级而被"削其爵",罚做苦工。当时郎中署长冯唐劝谏文帝不应如此苛待名将,文帝听了很高兴,当天就命冯唐持节赦免了魏尚,恢复了他云中郡太守的职务。⑨〔周堪〕西汉人。汉宣帝时,参与石渠阁会议论定"五经"。元帝时任光禄大夫,领尚书事,因受当权宦官石显等人排挤、挟(xié)制,抱恨而死。⑩〔海门翻夕浪〕长江入海口傍晚时大浪翻滚。海门,今江苏海门,位于长江入海处。唐代李白曾经游览江南,到海门观潮,并作《横江词》诗六首,其中第四首:"海神来过恶风回,浪打天门石壁开。浙江八月何如此?涛似连山喷雪来。"⑪〔山市拥晴岚〕晴天时,山中的雾气形成蜃景。山市,山中的蜃景。晴岚,晴天山中的雾气。"山市晴岚"是著名的"潇湘八景"之一。元代赵显宏《昼夜乐·春》曲:"游赏园林酒半酣,停骖;停骖看山市晴岚。"⑫〔新缔直投公子纻〕《左传·襄公二十九年》载,春秋时,吴国公子季札出使郑国,与郑国大夫子产第一次见面就像老朋友一样。季札送给子产缟(gǎo)带,子产回赠他纻麻做的衣服。缔,结交。⑬〔旧交犹脱馆人骖〕《礼记·檀(tán)弓上》载,孔子周游列国到了卫国时,正好碰到旧时舍馆主人的葬礼,于是他让弟子解下拉车的边马作为礼物送出去。脱，解开，解下。骖，古时车为单辕，夹辕的马为服马，两边的马为骖马。⑭〔文达淹通，已咏冰兮寒过水〕《旧唐书·儒学传上》载，冀州刺史窦抗召集儒生互相辩论，讲谈学问。当时的儒学大师刘焯（zhuō）、刘轨思和孔颖达都在座。盖（gě）文达讲论的水平"皆出诸儒意表，（窦）抗大奇之"。当得知刘焯是盖文达的老师时，窦抗说："可谓冰生于水而寒于水也。"淹通，精通，学识贯通。冰兮寒过水，出自《荀子·劝学》："冰，水为之而寒于水。"⑮〔永和博雅，可知青者胜于蓝〕《魏书·逸士传》载，李谧（mì）开始时跟着小学博士孔璠（fán）学习。几年后，孔璠反而向李谧请教学业。李谧的同窗们说："青成蓝，蓝谢青。师何常？在明经。"永和，李谧的字。

十四　盐

悲对乐，爱对嫌。
玉兔对银蟾①。
"醉侯"②对"诗史"③，眼底对眉尖。
风飘飘④，雨绵绵。
李苦对瓜甜。
画堂施锦帐，酒市舞青帘⑤。
横槊赋诗传孟德⑥，
引壶酌酒尚陶潜⑦。
两曜迭明⑧，日东生而月西出；
五行式序，水下润而火上炎⑨。

◎ **注释**　①〔玉兔、银蟾〕均指月亮。②〔"醉侯"〕对好（hào）酒善饮者的美称。唐代皮日休《夏景冲澹偶然作》诗之二："他年谒帝言何事？请赠刘伶为醉侯。"③〔"诗史"〕指能够反映某一历史时期真实情况的诗歌。《新唐书·杜甫传赞》说杜甫"善陈时事，律切精深，至千言不少衰，世号'诗史'"。④〔飘飘〕同"习习"。形容风轻轻地吹。⑤〔画堂施锦帐，酒市舞青帘〕画堂里悬挂着锦绣的帐幕，酒店前飘舞着青色的幌（huǎng）子。⑥〔横槊赋诗传孟德〕横握着长矛作诗的是三国的曹操。横槊赋诗,军旅征途中,在马上横握着长矛吟诗。唐代元稹(zhěn)《唐故工部员外郎杜君墓系铭》:"建安之后,天下文士罹(lí)兵战,曹氏父子鞍马间为文,往往横槊赋诗。"槊,杆儿比较长的矛。孟德,曹操的字。⑦〔引壶酌酒尚陶潜〕人们尊崇的是举着酒壶自斟自饮的陶潜。东晋陶潜《归去来辞》中有"引壶觞以自酌"的句子。引,举。尚,崇尚,推崇,尊崇。⑧〔两曜迭明〕太阳和月亮轮流照耀。曜,太阳、月亮和星辰的统称。迭,轮流。⑨〔五行式序,水下润而火上炎〕五行排列有序,水往下滋润,而火向上燃烧。五行,指金、木、水、火、土五种物质,我国古代思想家用它来说明世界万物的起源。式序,按次第,按顺序。

rú duì sì　jiǎn duì tiān
如对似,减对添。

xiù mù duì zhū lián
绣幕①对朱帘②。

tàn zhū duì xiàn yù　　lù lì duì yú qián
探珠③对献玉④,鹭立对鱼潜⑤。

yù xiè fàn　　shuǐ jīng yán
玉屑饭⑥,水晶盐⑦。

shǒu jiàn duì yāo lián
手剑对腰镰⑧。

yàn cháo yī suì gé　　zhū wǎng guà xū yán
燕巢依邃阁,蛛网挂虚檐⑨。

duó shuò zhì sān táng jìng dé
夺槊至三唐敬德⑩,

yì qí dì yī jìn wáng tián
奕棋第一晋王恬⑪。

nán pǔ kè guī　　zhàn zhàn chūn bō qiān qǐng jìng
南浦⑫客归,湛湛⑬春波千顷净;

xī lóu rén qiāo　　wān wān yè yuè yī gōu xiān
西楼人悄,弯弯夜月一钩纤⑭。

◎ **注释**　①〔绣幕〕锦绣的帐子。②〔朱帘〕朱红色的帘子。③〔探珠〕见本书第129页注释⑫。④〔献玉〕见本书第258页注释⑨。⑤〔鹭立、鱼潜〕鹭立,鹭鸟立在沙滩上。鱼潜,鱼潜进深水里。⑥〔玉屑饭〕传说用玉的碎末做的饭,吃了可以不生病。出自唐代段成式《酉阳杂俎(zǔ)》,说是有一个人抖开包袱,取出两兜玉屑饭,分给另外两个人,告诉他们说,吃了它,"虽不足长生,可一生无疾耳"。⑦〔水晶盐〕也叫"水精盐"。像水晶般晶莹透明的盐。明代陆容《菽(shū)园杂记》卷一:"环庆之墟(xū)有盐池,产盐皆方块……色莹然明彻,盖即所谓水晶盐也。"⑧〔手剑、腰镰〕手里拿宝剑,腰里挂镰刀。手持刀剑是动武,腰悬镰刀是务农。在古代指战争之世与和平年代。这是反义作对。⑨〔燕巢依邃阁,蛛网挂虚檐〕燕子在深深的楼阁里搭窝,蜘蛛在空阔的屋檐下结网。邃,深。⑩〔夺槊至三唐敬德〕唐朝将军尉(yù)迟敬德善于使长矛。李世民让他和自己的弟弟齐王李元吉比武,敬德一会儿工夫三次夺下齐王手中的长矛。⑪〔奕棋第一晋王恬〕东晋王恬善于下围棋,当时称天下第一。奕,同"弈",下棋。⑫〔南浦〕南面的水边。《楚辞·九歌·河伯》:"子交手兮东行,送美人兮南浦。"后常用来称送别之地。⑬〔湛湛〕清明澄澈的样子。⑭〔西楼人悄(qiǎo),弯弯夜月一钩纤〕出自南唐李煜《相见欢》:"无言独上西楼,月如钩。"用来描写孤寂忧愁的心情。悄,忧愁。

féng duì yù　　yǎng duì zhān
逢对遇,仰对瞻①,

shì jǐng duì lǘ yán
市井对闾阎②。

tóu zān duì jié shòu　　wò fà duì xiān rán
投簪③对结绶④,握发⑤对掀髯⑥。

zhāng xiù mù　　juǎn zhū lián
张绣幕,卷珠帘。

shí què duì jiāng yān
石碏⑦对江淹⑧。

xiāo zhēng fāng sù sù　　yè yǐn yǐ yān yān
宵征方肃肃⑨,夜饮已厌厌⑩。

xīn biǎn xiǎo rén cháng qī qī
心褊⑪小人长戚戚⑫,

礼多君子屡谦谦⑬。
美刺殊文⑭，备三百五篇⑮诗咏；
吉凶异画⑯，变六十四卦⑰爻占⑱。

◎ **注释** ①〔仰、瞻〕仰视、瞻望。②〔闾阎〕里巷的门。借指平民。③〔投簪〕丢下固定帽子用的簪子。比喻弃官。④〔结绶〕见本书第156页注释②。⑤〔握发〕《史记·鲁周公世家》载，周公嘱咐儿子伯禽要礼贤下士，并以自己为例，说自己曾因为接待来访的士人，洗一次头发的工夫竟三次中断，握发而出。⑥〔掀髯〕开口大笑，胡须张开。宋代蔡絛（tāo）《铁围山丛谈》称，宣和年间，苏轼与朋友于中秋节游览金山，听当时的歌唱家袁绹（táo）唱他的《水调歌头·明月几时有》，高兴得"掀髯起舞"。⑦〔石碏〕春秋时卫国大夫，曾大义灭亲，处死反叛国家的儿子石厚。⑧〔江淹〕南朝梁文学家。所撰《恨赋》《别赋》较有名。晚年所作诗文不如前期，世称"江郎才尽"。事见《南史·江淹传》及南朝梁钟嵘《诗品》。⑨〔宵征方肃肃〕夜里行军正走得很快。肃肃，走得很快的样子。出自《诗经·召（shào）南·小星》："肃肃宵征，夙（sù）夜在公。"⑩〔夜饮已厌厌（yān yān）〕晚上安闲地在皇宫喝酒。出自《诗经·小雅·湛露》："厌厌夜饮，不醉无归。"厌厌，安闲的样子。⑪〔褊〕狭小，狭隘。⑫〔小人长戚戚〕出自《论语·述而》："君子坦荡荡，小人长戚戚。"戚戚，忧虑不安的样子。⑬〔谦谦〕谦恭的样子。古代指君子。《易·谦》："谦谦君子，卑以自牧也。"⑭〔美刺殊文〕诗篇有歌颂和讽刺的区别。古代儒家把《诗经》的诗歌分为"美"与"刺"两类。殊，不同。⑮〔三百五篇〕指《诗经》，共305篇。⑯〔吉凶异画〕《周易》的卦有吉凶的不同。画，古代指卦象的横线，代指卦象。整画"—"叫阳爻（yáo），断画"- -"叫阴爻。⑰〔六十四卦〕指《周易》，有六十四卦。⑱〔占〕用龟甲、蓍（shī）草占卜，古人以此预测吉凶。

◎ 知识拓展

投簪对结绶

萧育（前76—公元3），东海兰陵（今山东苍山）人，前将军、光禄勋萧望之之子，相国萧何七世孙。西汉晚期官员。他辅佐过元帝、成帝、哀帝三代君主，曾任南郡太守，冀州、青州两郡刺史，长水校尉，泰山太守，入守大鸿胪。后来，萧育因病辞官，病好后被任为光禄大夫、执金吾，汉平帝元始三年去世，终年80岁。

萧育为人威严勇猛，做官数次被免职，很少提拔。小时候和陈咸、朱博为友，在当时很有名。因为过去有王阳、贡公是好友，所以长安有句俗话说："萧育、朱博结绶交好，王阳、贡公弹冠相知。"是说他们互相推荐以至显达。

开始时，萧育和陈咸都因为是公卿的儿子而闻名。陈咸是最早进官的，18岁任左曹，20多岁任御史中丞。当时朱博还是杜陵亭长，受陈咸、萧育所引荐，进入王氏门下，后来又同时担任刺史、郡守、国相。朱博先任将军上卿，经历的官位比陈咸、萧育多，一直做到丞相。萧育和朱博后来有嫌隙，不能善终，所以世人认为交朋友是件难事。

◎ 释疑解惑

"萧朱结绶"和"王贡弹冠"是很有名的两个典故。那么"弹冠相庆"又讲的是谁的事呢？

《汉书·王吉传》："吉与贡禹为友，世称'王阳在位，贡公弹冠'，言其取舍同也。"

王吉（？—前48），字子阳，西汉时琅邪皋虞人。少年好学，兼通"五经"。汉昭帝时，举贤良，充任昌邑王中尉。

昌邑王刘贺贪酒好色，喜欢游猎，不问政事，致使百姓劳役过重，怨声载道。王吉上疏力谏，但未被采纳。

汉昭帝死后，大将军霍光执政，刘贺被迎立为皇帝。王吉再次上疏规劝刘贺要敬重大臣，勤于国政，但仍被拒绝。刘贺在位仅27天就因淫乱被废黜，他为昌邑王时的臣僚大多受株连被处死或下狱，唯有王吉与郎中令龚遂因屡次进谏，幸得免死。

汉宣帝时，王吉被起用为博士、谏议大夫。他针对当时皇室奢侈靡费、任人唯亲等时弊，上疏劝宣帝选贤任能，废除荫袭制度；提倡俭朴，爱惜财力，以整顿吏治，淳厚民风，使国家兴旺发达。但他的这些建议不仅未被汉宣帝采纳，反被认为是迂腐之见而失去信任。为此王吉以病辞官，回故里闲居。

王吉为官十分清廉。当时流传着"东家有树，王阳妇去；东家枣完，去妇复还"的佳话。见第111页注⑩。王吉辞官回乡时，只带着自己的行装，毫无积蓄。回乡后，其衣食亦如同平民百姓。

贡禹（前127—前44），字少翁，琅邪人，"以明经洁行著闻"（《汉书·贡禹传》）。主张选贤能，诛奸臣，罢倡乐，修节俭。西汉元帝即位，闻其贤，征为谏议大夫，后迁光禄大夫、长信少府、御史大夫等。他多次上书，奏言治国安民之道，认为当时"内多怨女，外多旷夫"，人口出生率不高，主要是汉武帝后期"多取好女至数千人，以填后宫"和"诸侯妻妾或至数百人，豪富吏民畜歌者至数十人"造成的，主张将"诸官奴婢十万余人"全部遣散。

贡禹还是西汉著名的经学家。《汉书·艺文志》将其与王吉同列于"齐诗"派。另外，他还是董仲舒的再传弟子，因此于"春秋"学上应属"公羊"学派。

汉宣帝时，王吉和贡禹是很好的朋友，贡禹多次被免职，王吉在官场也很不得志。汉元帝时，王吉被召去当谏议大夫。贡禹听到这个消息很高兴，就把自己的官帽取出，弹去多年布满的灰尘，准备戴用。果然没多久，贡禹也被任命为谏议大夫。

十五　咸

清对浊，苦对咸。
一启①对三缄②。
烟蓑对雨笠③，月榜④对风帆。
莺睍睆⑤，燕呢喃⑥。
柳杞对松杉。
情深悲素扇⑦，泪痛湿青衫⑧。
汉室既能分四姓⑨，
周朝何用叛三监⑩？
破的而探牛心，豪矜王济⑪；
竖竿以挂犊鼻，贫笑阮咸⑫。

◎ **注释**　①〔启〕开启。②〔三缄〕封口三重（chóng）。缄，封。汉朝刘向《说苑·敬慎》载，孔子在周太庙看见一个铜人，嘴上封了三层，而其后背刻着字："古之慎言人也。"后用来形容言语谨慎，少说话或不说话。③〔烟蓑、雨笠〕在蒙蒙细雨中穿的蓑衣、戴的雨帽。④〔榜（bàng）〕船桨。⑤〔睍睆〕形容鸟的叫声清和圆转。《诗经·邶风·凯风》："睍睆黄鸟，载好其音。"黄鸟，莺。⑥〔呢喃〕形容燕子的叫声。五代刘兼《春燕》诗："多时窗外语呢喃，只要佳人卷绣帘。"⑦〔情深悲素扇〕汉成帝的妃子班婕妤（jié yú）写了一首《团扇歌》，意思是说，齐纨（wán）素裁成的合欢扇，夏天让人喜爱，秋凉便被扔到盛衣物的小箱子中，以此寄托君主的"恩情中道绝"，以及自己被抛弃的悲哀。⑧〔泪痛湿青衫〕唐代白居易《琵琶行》："座中泣下谁最多？江州司马青衫湿。"白居易当时被贬官为江州司马，他听了琵琶女的陈述后，联想到自己的身世、处境，不觉泪洒青衫。青衫，唐朝八、九品文官穿的青色长衫。⑨〔汉室既能分四姓〕据东汉荀悦所撰《汉纪》载，汉朝按等级和官职分为甲、乙、丙、丁四姓：尚书以上为甲姓，九卿、方伯为乙姓，散骑常侍、太中大夫为丙姓，吏部正元郎为丁姓。⑩〔周朝何用叛三监〕周武王派去监督武庚的三个弟弟为什么会叛变呢？周灭商以后，武王把商的旧都封给纣王的儿子武庚，还派了自己的弟弟管叔、蔡叔、霍（huò）叔分别在卫、鄘（yōng）、邶（bèi），从东、西、北三面监督他，叫三监。但到后来，他们三人反而帮助武庚叛乱。何用，何为（wèi），为什么。用，因为（wèi）。⑪〔破的而探牛心，豪矜王济〕《晋书·王济传》载，西晋时，后军将军王恺（kǎi）有一头珍贵的牛叫八百里驳。一次，侍中王济用"钱千万"与王恺的这头牛对赌比赛射箭。王济先射，一箭便射中靶心，然后坐在胡床上，命人把牛心取来。一会儿工夫，烧好的牛心被送来，王济吃了一块便走了。的，箭靶的中心。豪，豪奢。矜，夸耀。⑫〔竖竿以挂犊鼻，贫笑阮咸〕《世说新语·任（rèn）诞》载，西晋阮咸小时候，家里很穷。旧俗农历七月初七晾晒衣服、经书以避免虫蠹。路北的阮家都是富户，晾晒的是用绫罗锦缎做的衣服，住在路南的阮咸把短裤挑在竹竿上晾晒。别人觉得奇怪，他说："未能免俗，聊复尔耳。（我也不能免俗。别人这么做，我也这么做罢了。）"犊鼻，即犊鼻裤。也作犊鼻裈（kūn）、犊鼻裩（kūn）。古人所穿类似牛犊鼻的短裤。一说是围裙之类。

◎ **知识拓展**

情深悲素扇

班婕妤（前48—公元2），名不详，汉成帝刘骜（ào）的妃子。善诗赋，有美德。初为少使（下等女官），后被立为婕妤。《汉书·外戚传》有传。她也是班固、班超和班昭的祖姑。她的作品很多，但大部分已佚。现存作品仅3篇，即《自伤赋》《捣素赋》和一首五言诗《怨歌行》（亦称《团扇歌》）。

班婕妤是楚令尹子文的后人，左曹越骑校尉班况的女儿。班婕妤出身功勋之家，其父班况在汉武帝时抗击匈奴，驰骋疆场，立下汗马功劳。而她自幼聪明伶俐，秀色聪慧，工于诗赋，文才出众，读书甚多。

汉建始元年（前32年），汉成帝刘骜即位，班氏被选入皇宫，刚开始为少使，不久得宠，赐封"婕妤"。成帝让班婕妤居于后宫第三区增成舍宫。她曾为皇帝生下一皇子，但是皇子数月即夭折，之后她再也没有生育。班婕妤经常诵读《诗经》等，而且每次觐见皇帝，都依照古代礼节。

汉成帝为班婕妤的美貌及文才吸引，很喜爱她。为了能与班婕妤形影不离，他特别命人制作了一辆较大的辇车，以便同车出游，但遭到班婕妤的拒绝。她说："看古代留下的图画，圣贤之君都是让名臣在侧，而夏、商、周三代的末主夏桀、商纣、周幽王，却让嬖（bì，宠爱）幸的妃子坐在旁边，最后落到国亡身毁的境地。我如果和你同车出进，那陛下就跟他们很相似了，能不令人凛然而惊吗？"汉成帝认为她言之成理，同辇出游的想法只好作罢。

当时王太后听说班婕妤以理制情，不与皇帝同车出游，非常赞赏，对左右的人说："古有樊姬，今有班婕妤。"樊姬曾辅佐楚庄王成为"春秋五霸"之一。王太后把班婕妤比作樊姬，使她在后宫的地位更加突出。班婕妤不断加强在妇德、妇容、妇才、妇工等方面的修养，希望对汉成帝产生更大的影响，使他成为一个有道的明君。但是汉成帝不是楚庄王，自赵飞燕姐妹入宫后，他愈发沉醉于声色犬马之中，而班婕妤则受到冷落。

班婕妤不愿陷入逸构、忌妒、排挤之中，她认为不如急流勇退，明哲保身，因而缮就一篇奏章，自请前往长信宫侍奉王太后，想把自己置于王太后的羽翼之下，也就不怕赵飞燕姐妹的陷害了。汉成帝允其所请。

班婕妤前往长信宫侍奉王太后，从此待在深宫。她慨叹年华老去，曾借秋扇自伤，作《团扇歌》（又称《怨歌行》）。不久，赵飞燕被册封为皇后，赵合德也成了昭仪。

绥和二年（前7年）三月，汉成帝崩逝，班婕妤要求到成帝陵守墓以终其生。于是，王太后让她担任守护陵园的职务。从此，她每天陪着石人石马，冷冷清清地过了大概一年就病逝了，时约40岁。死后，她被葬于汉成帝陵中。

团扇歌

新裂齐纨素，皎洁如霜雪。

裁为合欢扇，团团似明月。

出入君怀袖，动摇微风发。

常恐秋节至，凉风夺炎热。

弃捐箧笥（qiè sì）中，恩情中道绝。

◎ 释疑解惑

班婕妤广为人知，问题是，婕妤是人名还是官名呢？

婕妤是宫中嫔妃的"职称"，汉武帝时始置，为妃嫔之首，位视上卿，秩比列侯。《汉书·外戚传》："至武帝制倢伃（jié yú）、娙（xíng）娥、傛（róng）华、充依，各有爵位……倢伃视上卿，比列侯。"其名之意，据《史记·外戚世家》《索隐》韦昭云："婕，承；妤，助也。"一说"妤"有美好义。汉代婕妤往往晋封皇后。也作"倢伃"。《汉书·昭帝纪》："孝昭皇帝，武帝少子也。母曰赵倢伃。"颜师古注："倢，接幸也。伃，美称也。故以名宫中妇官。"自魏晋至明多沿设。据说当时宫中的嫔妃名号分为十四等：昭仪、婕妤、娙娥、容华、美人、八子、充依、七子、良人、长使、少使、五官、顺常、舞涓。汉元帝时因增设昭仪，婕妤退居第二；曹魏时退居十二等中的第九；晋时尚在九嫔之内；南朝宋以下，降至九嫔以下；至清废。

前蜀花蕊夫人《宫词》："婕妤生长帝王家，常近龙颜逐翠华。杨柳岸长春日暮，傍池行困倚桃花。"

néng duì fǒu　　shèng duì xián
能对否，圣对贤。

wèi guàn　duì hún jiān
卫瓘①对浑瑊②。

què luó duì yú wǎng　　cuì yǎn duì cāng yá
雀罗对鱼网③，翠巘对苍崖④。

◎ 声律启蒙

红罗帐，白布衫。

笔格对书函⑤。

蕊香蜂竞采⑥，泥软燕争衔⑦。

凶孽誓清闻祖逖⑧，

王家能乂有巫咸⑨。

溪叟新居，渔舍清幽临水岸；

山僧久隐，梵宫⑩寂寞倚云岩。

◎ **注释** ①〔卫瓘〕晋武帝时大臣，官至司空。②〔浑瑊〕唐朝将领。代宗时，任左金吾卫大将军。德宗时，任检校司徒兼中书令。与李晟（shèng）、马燧（suì）号为"三大将"。见本书第163页注释⑨。③〔雀罗、鱼网〕捕鸟的网、捕鱼的网。鱼网，现在规范词形写作"渔网"。④〔翠巘、苍崖〕翠巘，翠绿色的山峰。巘，山峰。苍崖，青黑色的悬崖。⑤〔笔格、书函〕笔格，笔架。书函，书箱。⑥〔蕊香蜂竞采〕花蕊香浓，蜜蜂争着来采花酿蜜。⑦〔泥软燕争衔〕春泥湿软，燕子抢着衔去做窝。唐代白居易《钱塘湖春行》诗："几处早莺争暖树，谁家新燕啄春泥？"⑧〔凶孽誓清闻祖逖〕祖逖是晋朝名将，西晋末率亲党数百家南迁京口（今江苏镇江）。公元313年，他要求北伐，晋元帝任命他为豫州刺史，率部渡江。《晋书·祖逖传》载，祖逖率领军队北伐，渡过长江时，在江心敲打着船桨发誓："祖逖不能清中原而复济者，有如大江！"凶孽，指当时危害西晋的匈奴族刘曜（yào）、羯（jié）族石勒等势力。⑨〔王家能乂有巫咸〕出自《尚书·君奭（shì）》："巫咸乂王家。"意思是说商王的大臣巫咸能治理国家。乂，治理。⑩〔梵宫〕佛寺。

冠对带，帽对衫。

议鲠①对言谗②。

行舟对御马，俗弊③对民喦④。

鼠且硕⑤，兔多毚⑥。

史册对书缄⑦。

塞城闻奏角，江浦认归帆⑧。

河水一源形弥弥⑨，

泰山万仞势岩岩⑩。

郑为武公，赋《缁衣》而美德⑪；

周因巷伯，歌《贝锦》以伤谗⑫。

◎ **注释** ①〔鲠〕同"耿"，正直，直爽。②〔谗〕在别人面前说某人的坏话。③〔俗弊〕风俗败坏。弊，败坏。④〔民喦〕民意不同，民心不齐。引申为百姓僭（jiàn）越，不守规矩。喦，参差（cēn cī）不齐的样子。⑤〔鼠且硕〕老鼠中有大老鼠。出自《诗经·魏风·硕鼠》："硕鼠硕鼠，无食我黍。"⑥〔兔多毚〕野兔大都（dōu）是狡猾的兔子。出自《诗经·小雅·巧言》："跃跃毚兔，遇犬获之。"毚，狡兔。⑦〔书缄〕书信。⑧〔塞城闻奏角，江浦认归帆〕在边塞的城堡上听到号角声，在江边辨认自家返航的船。"江浦认归帆"，指"洞庭八景"之一的"远浦归帆"，说的是从橘子洲沿湘江往北一带，自古是打鱼的地方。每到黄昏，归帆片片，渔歌不绝。等待船归的渔妇纷纷站在岸边，显得温馨动人。浦，水边。帆，代称船（以特征代本体）。⑨〔弥弥〕水又深又满的样子。《诗经·邶风·新台》："新台有泚（cǐ，清澈），河水弥弥。"⑩〔岩岩〕突兀（wù）高峻的样子。出自《诗经·鲁颂·閟（bì）宫》："泰山岩岩，鲁邦所詹。"⑪〔郑为武公，赋《缁衣》而美德〕郑武公做周王室的司徒时，因为忠于职守而被周人敬爱，于是作《缁衣》来称颂他的美德。出自《诗经·郑风·缁衣》。赋，作（诗、词）。美，称颂。⑫〔周因巷伯，歌《贝锦》以伤谗〕巷伯在周幽王时，曾遭受谗言的伤害，于是周人作《贝锦》之诗来描写被谗害者忧伤的心情。出自《诗经·小雅·巷伯》。贝锦，有贝形花纹的锦缎。用来比喻谗人善于罗织罪名陷害他人，其谗言有迷惑力。伤谗，描写被谗言损害的忧伤。

后　记

　　《千字文》和《声律启蒙》的译注从 2004 年起，数易其稿，2015 年由济南出版社·汉唐书局出版。

　　担任两书副主编的是卓有成就的中年学者刘汛涛和闫立君，主要译注人员有张立群、崔颖昌、员思君和邢小柱。

　　此外，王亚明、马春香、张明洁、朱花花、于明珠、刘景欣、蒋会谦、阎妍、张红雷、方培勋等学者和亲友均曾提出过不少宝贵意见。汉唐书局又特聘郭齐家、张岂之、俞家庆等方家审读书稿，确保了两书的质量。汉唐书局冀瑞雪董事长和冯文龙等尽职尽责、认真修改，使两书得以顺利出版。今年汉唐书局将两书收入"中华典藏"丛书，我借机又做了一次修订。在此，谨向汉唐书局董事长冀瑞雪同志和责编孙育臣、殷剑、张子涵同志致以诚挚的谢意！

张圣洁
2023 年 4 月 15 日